Macrocriminalidade
e sistema de justiça criminal

www.editorasaraiva.com.br/direito
Visite nossa página

Série IDP/Saraiva
Conselho Científico

Presidente: Gilmar Ferreira Mendes
Secretário-Geral: Jairo Gilberto Schäfer
Coordenador-Geral: João Paulo Bachur
Coordenador Executivo: Atalá Correia

Alberto Oehling de Los Reyes
Alexandre Zavaglia Pereira Coelho
António Francisco de Sousa
Arnoldo Wald
Carlos Blanco de Morais
Elival da Silva Ramos
Everardo Maciel
Fábio Lima Quintas
Felix Fischer
Fernando Rezende
Francisco Balaguer Callejón
Francisco Fernández Segado
Ingo Wolfgang Sarlet
Jorge Miranda
José Levi Mello do Amaral Júnior
José Roberto Afonso
Katrin Möltgen
Laura Schertel Mendes
Lenio Luiz Streck
Ludger Schrapper
Maria Alicia Lima Peralta
Michael Bertrams
Miguel Carbonell Sánchez
Paulo Gustavo Gonet Branco
Pier Domenico Logroscino
Rainer Frey
Rodrigo de Bittencourt Mudrovitsch
Rui Stoco
Ruy Rosado de Aguiar
Sérgio Antônio Ferreira Victor
Sergio Bermudes
Sérgio Prado
Walter Costa Porto

Carolina Costa Ferreira
Organização

Macrocriminalidade
e sistema de justiça criminal

debates criminológicos e doutrinários

....

Alekssandro Libério • Anamaria Prates Barroso • Carolina Costa Ferreira
Chiavelli Facenda Falavigno • Demóstenes Torres • Fábio Gondinho de Oliveira
Francisco Codevila • Fernanda Ravazzano • Jaques Fernando Reolon
João Rafael de Oliveira • Joel Ilan Paciornik • Manoel Veridiano F. R. Pinho
Marcus Vinicius Aguiar Faria • Maria Eduarda Pacheco • Rossana Brum Leques

2022

Av. Paulista, 901, Edifício CYK, 3º andar
Bela Vista – SP – CEP 01310-100

SAC | sac.sets@saraivaeducacao.com.br

Diretoria executiva	Flávia Alves Bravin
Diretoria editorial	Ana Paula Santos Matos
Gerência editorial e de projetos	Fernando Penteado
Novos projetos	Aline Darcy Flôr de Souza
	Dalila Costa de Oliveira
Gerência editorial	Isabella Sánchez de Souza
Edição	Deborah Caetano de Freitas Viadana
Produção editorial	Daniele Debora de Souza (coord.)
	Cintia Aparecida dos Santos
	Daniela Nogueira Secondo
Arte e digital	Mônica Landi (coord.)
	Camilla Felix Cianelli Chaves
	Claudirene de Moura Santos Silva
	Deborah Mattos
	Guilherme H. M. Salvador
	Tiago Dela Rosa
Projetos e serviços editoriais	Daniela Maria Chaves Carvalho
	Emily Larissa Ferreira da Silva
	Kelli Priscila Pinto
	Klariene Andrielly Giraldi
Diagramação	LGB Publicações
Revisão	Carmen Becker
Capa	Tiago Dela Rosa
Imagem de capa	iStock/GettyImagesPlus/Goja1
Produção gráfica	Marli Rampim
	Sergio Luiz Pereira Lopes
Impressão e acabamento	Gráfica Paym

DADOS INTERNACIONAIS DE CATALOGAÇÃO NA PUBLICAÇÃO (CIP)
VAGNER RODOLFO DA SILVA - CRB-8/9410

M174   Macrocriminalidade e sistema de justiça criminal: debates criminológicos e doutrinários / Alekssandro Libério ... [et al.] ; org. Carolina Costa Ferreira. – São Paulo : Saraiva Jur, 2022. (Série IDP - Linha Pesquisa Acadêmica)
320 p.
ISBN 978-65-5559-715-8 (Impresso)
1. Direito. 2. Direito Penal. 3. Criminalidade Econômica. 4. Criminologia. 5. Macrocriminalidade. 6. Legalidade. 7. Seletividade penal. 8. Culpabilidade. 9. Assessoriedade. 10. Evasão de divisas. 11. Continuidade Delitiva. 12. Responsabilidade Penal da Pessoa Jurídica. 13. Combate à corrupção. 14. Lei Anticorrupção. 15. Compliance Partidário. 16. Impunidade. 17. Crimes de colarinho branco. I. Libério, Alekssandro. II. Ferreira, Carolina Costa. III. Título. IV. Série.

	CDD 364
2021-3313	CDU 343.9

Índices para catálogo sistemático:
1. Criminologia   364
2. Direito : Criminologia   343.9

Data de fechamento da edição: 21-2-2022

Dúvidas? Acesse www.editorasaraiva.com.br/direito

Nenhuma parte desta publicação poderá ser reproduzida por qualquer meio ou forma sem a prévia autorização da Saraiva Educação. A violação dos direitos autorais é crime estabelecido na Lei n. 9.610/98 e punido pelo art. 184 do Código Penal.

CL	607503	CAE	777580

Sumário

Apresentação 9
Sobre as autoras e os autores 13

___
I
Aspectos gerais da criminalidade econômica **17**

1. Retomando agendas de pesquisa: aportes
   criminológicos para a crítica penal à
   macrocriminalidade – Carolina Costa Ferreira 18
2. A crise da legalidade no direito penal brasileiro:
   os princípios do bem jurídico e da ofensividade como
   balizas para a política criminal e para a filtragem
   jurisdicional – João Rafael de Oliveira 45

___
II
Aspectos criminológicos da macrocriminalidade **57**

1. Seletividade penal como forma de impunidade aos crimes
   dos poderosos – Maria Eduarda Pacheco da Silva Olcha ... 58
2. Uma proposta de reconstrução da dogmática jurídico-
   -penal *unfinished* da culpabilidade a partir e além do
   pensamento criminológico de Eugenio Raúl Zaffaroni
   – Marcus Vinicius Aguiar Faria 74

3. O controle penal da macrocriminalidade no município de São Francisco do Maranhão: um retrato da seletividade e da manutenção das estruturas de poder nos rincões do Brasil – Fábio Gondinho de Oliveira 101

III
Aspectos dogmáticos da macrocriminalidade 111

1. Impactos da assessoriedade administrativa no crime de evasão de divisas: as Resoluções n. 4.841/2020 e n. 4.844/2020 do Conselho Monetário Nacional – Chiavelli Facenda Falavigno e Rossana Brum Leques 112
2. Macrocriminalidade e a continuidade delitiva nos crimes do art. 1º, I a IV, da Lei n. 8.137/90 – Anamaria Prates Barroso 123

IV
A macrocriminalidade e o Direito Administrativo 149

1. A comunicação do poder entre público e privado e a efetividade no combate à corrupção: a flexibilização normativa em tempos de pandemia – Joel Ilan Paciornik 150
2. Combate à corrupção e o reforço dos órgãos de controle: intersecção entre direito penal e direito administrativo – Jaques Fernando Reolon 172
3. A aplicabilidade da Lei Anticorrupção aos partidos políticos: a necessária adoção dos programas de *compliance* partidário – Fernanda Ravazzano Lopes Baqueiro 191

V

A macrocriminalidade e o processo penal brasileiro 223

1. A presunção de inocência: tradição e ideologia – Demóstenes Lázaro Xavier Torres 224
2. A porta aberta para a impunidade dos crimes do colarinho-branco no Brasil: a abrangência do acordo de não persecução penal – Francisco Codevila 245
3. Aspectos da denúncia criminal na macrocriminalidade – Manoel Veridiano F. R. Pinho .. 281
4. A função da pena à luz da criminalidade de colarinho--branco – Alekssandro Souza Libério 298

Apresentação

O presente livro é fruto de debates travados na disciplina "Macrocriminalidade e Sistema de Justiça Criminal", ministrada pela Profa. Dra. Carolina Costa Ferreira no Programa de Pós-Graduação em Direito Constitucional no Instituto Brasileiro de Ensino, Desenvolvimento e Pesquisa (IDP). A coletânea reúne discussões atualizadas e relevantes sobre os múltiplos aspectos da macrocriminalidade, atualizando o debate e o relacionando às mais diversas perspectivas.

A publicação está dividida em cinco eixos temáticos: o primeiro abrange aspectos gerais da criminalidade econômica, com textos de Carolina Costa Ferreira e João Rafael de Oliveira, que abordam, respectivamente, a importância de aportes criminológicos à interpretação do conceito de macrocriminalidade e do conceito de bem jurídico que a orienta, e a importância da definição do bem jurídico e do princípio da ofensividade como balizas para a política criminal econômica.

A segunda parte do livro apresenta reflexões criminológicas sobre o conceito de macrocriminalidade, dividido pelas reflexões de Maria Eduarda Pacheco em torno da seletividade penal, em texto que oferece, de forma muito didática, os conceitos-chave desta tão importante discussão criminológica; em seguida, Marcus Vinicius Aguiar Faria discute o conceito de culpabilidade, tão importante para a reflexão sobre os bens jurídicos tutelados no campo da macrocriminalidade, enquanto Getúlio Velasco Moreira Filho desenvolve uma análise acerca da "administrativização" das penas em Tribunais de Contas. Para finalizar esta seção, Fábio Gondinho de Oliveira realiza pesquisa empírica para refletir sobre a expansão do controle penal em São Francisco do Maranhão, por meio da análise quantitativa das condenações em ações de improbidade.

A terceira parte da publicação conta com três textos que apresentam a atualização de discussões dogmáticas a respeito da macrocriminalidade: o primeiro, de autoria de Chiavelli Falavigno e Rossana Brum Lopes, discute os impactos da assessoriedade administrativa no crime de evasão de divisas, analisando resoluções do Conselho Monetário Nacional, em continuidade às discussões travadas em sala de aula virtual, em que a Profa. Dra. Chiavelli Falavigno, gentilmente, participou de uma das aulas da disciplina ministrada em julho de 2020, articulando as noções de deslegalização e expansão do direito penal.

Anamaria Prates Barroso traz a discussão criminológica à aplicação da Súmula Vinculante 24, aplicada em casos de continuidade delitiva de crimes tributários. A pesquisa, baseada em casos julgados pelo Supremo Tribunal Federal, oferece aportes interessantes para o aprofundamento da discussão da ampliação dos bens jurídicos indicados.

Na quarta seção, as relações entre macrocriminalidade e o Direito Administrativo marcam os textos que a compõem. Joel Ilan Paciornik reflete sobre a flexibilização normativa do regramento de licitações à luz da teoria dos sistemas, de Niklas Luhmann, enquanto Jaques Reolon desenvolve uma análise sobre a interseção de órgãos administrativos de controle para a visibilidade (penal e administrativa) da macrocriminalidade.

Na última parte do livro, as garantias processuais penais ganham destaque, com o texto de Demóstenes Torres sobre as concepções que orientam – ou deveriam orientar – a presunção de inocência, a reflexão sobre os impactos do acordo de não persecução penal à criminalidade de colarinho-branco, em estudo desenvolvido por Francisco Codevila; os aspectos processuais mais importantes do oferecimento de ações penais em crimes econômicos, em texto de Manoel Veridiano Pinho e, por último, mas não menos importante, uma reflexão provocativa de Alekssandro Libério a respeito da reintegração social dos "já integrados" condenados por crimes de colarinho-branco.

O livro reúne artigos que discutem os sentidos de macrocriminalidade em um contexto de constante ampliação dos bens jurídicos tutelados, atualizando a discussão sobre a chamada "expansão do direito penal", para contemplar o seu alcance em relação aos crimes econômicos, ambientais e contra a administração pública. Os artigos desta obra coletiva abordam os desafios da implementação de programas de integridade no Brasil, em meio à expansão do bem jurídico "administração pública" e as tensões entre a administrativização das penas e o recrudescimento das leis penais; a atuação dos órgãos administrativos em meio à criminalização de novas condutas; o impacto de ações de improbidade para o controle penal em municípios; as consequências da adoção de recentes mecanismos de justiça negocial, como os acordos de colaboração premiada e os acordos de natureza não penal, aspectos processuais da macrocriminalidade, além da discussão de posicionamentos do Supremo Tribunal Federal sobre crimes tributários, entre outros temas candentes.

As reflexões do campo criminológico crítico trazem uma perspectiva crítica a tais análises, quando se examina a adaptação (seletiva) do sistema de justiça criminal às novidades dos campos teórico e legislativo. A publicação traz reflexões de alunas e alunos do Programa de Pós-Graduação em Direito Constitucional do IDP, que encontraram nas discussões promovidas em sala de aula a oportunidade de aprofundamento de seus temas de pesquisa e de atuação profissional, resultando em textos que apresentam o que há de mais atualizado no estado da arte da macrocriminalidade no Brasil.

Brasília, outubro de 2021.

João Paulo Bachur

Sobre as autoras e os autores

Alekssandro Souza Libério – Mestre em Direito Constitucional pelo Mestrado Interinstitucional (Minter IDP/iCEV). Advogado criminalista. Professor universitário.

Anamaria Prates Barroso – Doutoranda em Direito pelo Instituto Brasileiro de Ensino, Desenvolvimento e Pesquisa (IDP). Mestra em Direito pela Universidade Federal de Pernambuco (UFPE). Advogada criminalista. Procuradora do Distrito Federal.

Carolina Costa Ferreira – Doutora e Mestra em Direito, Estado e Constituição pela Universidade de Brasília. Professora do Programa de Pós-Graduação em Direito Constitucional do Instituto Brasileiro de Ensino, Desenvolvimento e Pesquisa (IDP). Colíder do Observatório de Direitos Humanos (IDP). Pesquisadora do Grupo de Investigación en Ciencias Penales y Criminológicas da Universidad Pablo de Olavide (Sevilha – Espanha). Advogada criminalista.

Chiavelli Facenda Falavigno – Doutora em Direito Penal pela Universidade de São Paulo, com período de investigação na Universidade de Hamburgo, Alemanha. Pesquisadora convidada do Instituto Max Planck de Direito Penal estrangeiro, em Freiburg, Alemanha, e da Faculdade de Direito da Universidade de Coimbra, em Portugal. Consultora na área de Direito Penal Econômico. Professora Adjunta de Direito Penal e Processo Penal da Universidade Federal de Santa Catarina e de Programas de Pós-Graduação *lato sensu* em São Paulo, Curitiba, Santa Catarina e Maranhão. Estágio pós-doutoral em Política Legislativa Penal pela Universidade de Málaga, Espanha.

Demóstenes Lázaro Xavier Torres – Mestrando em Direito Constitucional pelo Instituto Brasileiro de Ensino, Desenvolvimento e Pesquisa (IDP). Especialista em Direito Penal e Processo Penal pela Academia de Polícia Civil do Estado de Goiás. Graduado em Direito pela Pontifícia Universidade Católica de Goiás. Advogado. Procurador de Justiça de Goiás (aposentado).

Fábio Gondinho de Oliveira – Mestre em Direito Constitucional (Minter IDP/iCEV). Graduado em Direito pelo Instituto de Ciências Jurídicas e Sociais Professor Camillo Filho (2006) e pós-graduado em Direito Público e Privado pela ESMEPI/UFPI. Foi Consultor Jurídico Especial no Tribunal de Justiça do Estado do Piauí (2008-2017) e Professor Substituto da Universidade Federal do Piauí – UFPI (biênio 2011-2013). Atualmente é Juiz de Direito do Tribunal de Justiça do Estado do Maranhão.

Fernanda Ravazzano Lopes Baqueiro – Pós-doutoranda em Criminal Compliance pela Universidade do Rio de Janeiro (UERJ). Pós-doutora em Relações Internacionais pela Universidade de Barcelona, Espanha (2016). Doutora em Direito Público pela Universidade Federal da Bahia, linha de pesquisa "Direito Penal e Constituição" (2015). Mestra em Direito Público pela Universidade Federal da Bahia, linha de pesquisa "Direito Penal Garantidor" (2009). Graduada em Direito pela Universidade Federal da Bahia (2007). Professora do Mestrado e Doutorado em Políticas Sociais e Cidadania da UCSAL. Professora do Mestrado em Direito da UCSAL. Advogada-sócia do Escritório Thomas Bacellar Advogados Associados. Membro fundador do Instituto Compliance Bahia (ICBAHIA). Membro do Centro de Pesquisas em Crimes Econômicos e Compliance professor João Marcello de Araújo Jr. (CPJM). Membro do Instituto Baiano de Direito Processual Penal (IBADPP). Membro da Associação dos Advogados criminalistas do Brasil (Abracrim).

Francisco Codevila – Doutorando em Direito pelo Instituto Brasileiro de Desenvolvimento e Pesquisa (IDP). Mestre em Direito pela Universidade Católica de Brasília (UCB). Bacharel em Direito pela Universidade de Brasília (UnB). Juiz Federal Titular da 15ª Vara da Seção Judiciária do Distrito Federal (Criminal). Juiz Corregedor da Penitenciária Federal de Brasília. Representante do Conselho da Justiça Federal (CJF) na Estratégia Nacional de Combate à Corrupção e Lavagem de Dinheiro (ENCCLA).

Jaques Fernando Reolon – Doutorando em Direito Constitucional pelo Instituto Brasileiro de Ensino, Desenvolvimento e Pesquisa (IDP). Mestre em Administração Pública pelo Instituto Brasileiro de Ensino, Desenvolvimento e Pesquisa (IDP). Advogado e economista.

João Rafael de Oliveira – Doutorando em Direito Constitucional, com ênfase em Direito Processual Penal, pelo Instituto Brasileiro de Ensino, Desenvolvimento e Pesquisa (IDP). Mestre em Direito do Estado pela Universidade Federal do Paraná (UFPR). Coordenador da Pós-graduação *lato sensu* em Direito Penal e Processual Penal da Associação Brasileira de Direito Constitucional (ABDCONST). Professor de Direito Processual Penal no Centro Universitário Unibrasil, Curitiba. Advogado criminalista sócio do escritório Monteiro Rocha Advogados.

Joel Ilan Paciornik – Doutorando em Direito Constitucional pelo Instituto Brasileiro de Ensino, Desenvolvimento e Pesquisa (IDP). Mestre em Direito pela Universidade Federal do Rio Grande do Sul (UFRGS). Ministro do Superior Tribunal de Justiça (STJ).

Manoel Veridiano F. R. Pinho – Doutorando em Direito Constitucional pelo Instituto Brasileiro de Ensino, Desenvolvimento e Pesquisa (IDP). Mestre pela Universitat de Girona. Bacharel pela Faculdade de Direito da Universidade de São Paulo. Promotor de Justiça do Estado de Mato Grosso do Sul. Membro auxiliar da Corregedoria Nacional do Ministério Público.

Marcus Vinicius Aguiar Faria – Doutorando e Mestre em Direito Constitucional pelo Instituto Brasileiro de Ensino, Desenvolvimento e Pesquisa (IDP). Especialista em Direito Tributário pela Universidade para o Desenvolvimento do Estado e da Região do Pantanal (Uniderp) e em Direito Penal Econômico pela Universidade de Coimbra (IBCCrim). Graduado em Direito pelo Centro Universitário São Francisco de Barreiras (Unifasb). Professor de Direito Penal e de Direito da Criança e do Adolescente no Unifasb. Advogado.

Maria Eduarda Pacheco da Silva Olcha – Estudante do curso de graduação em Direito do Instituto Brasileiro de Ensino, Desenvolvimento e Pesquisa (IDP).

Rossana Brum Leques – Mestre em Direito Penal pela Universidade de São Paulo. Pós-graduada em Crime Organizado, Corrupção e Terrorismo pela Fundación General de la Universidad de Salamanca, Espanha (USAL), em Direito Penal Econômico pelo Instituto de Direito Penal Económico e Europeu da Faculdade de Direito da Universidade de Coimbra, em parceria com o Instituto Brasileiro de Ciências Criminais (IDPEE/IBCCRIM), bem como pela Fundação Getulio Vargas (GVLaw – curso de curta duração). Advogada criminalista. Professora de Direito Penal e Direito Processual Penal na Universidade São Judas Tadeu.

I

ASPECTOS GERAIS DA CRIMINALIDADE ECONÔMICA

1

Retomando agendas de pesquisa: aportes criminológicos para a crítica penal à macrocriminalidade

Carolina Costa Ferreira[1]

Resumo: O presente artigo apresentará reflexões criminológicas em torno das discussões dogmático-penais a respeito da macrocriminalidade. Esta agenda de pesquisa foi bastante movimentada nos anos 1990 e 2000 e, na década de 2020, necessita de algumas provocações para que reflita, de forma mais atenta, aos fenômenos processuais que atravessam a tutela de seus bens jurídicos, como é o caso da probidade administrativa e do combate à corrupção, objetos recentes de ampliações legislativas. No mesmo período, as Criminologias Críticas caminharam em um campo de aproximação com a Política Criminal, especialmente para que pudessem se identificar com ações mais propositivas. Em meio a discussões dogmáticas em

---

[1] Doutora e Mestra em Direito, Estado e Constituição pela Universidade de Brasília. Professora do Programa de Pós-Graduação em Direito Constitucional do Instituto Brasileiro de Ensino, Desenvolvimento e Pesquisa (IDP). Colíder do Observatório de Direitos Humanos (IDP). Pesquisadora do Grupo de Investigación en Ciencias Penales y Criminológicas da Universidad Pablo de Olavide (Sevilha – Espanha). Advogada criminalista.

torno da ampliação dos bens jurídicos, o trabalho pretende abordar, sem a intenção de esgotar o tema, as possibilidades de intervenção criminológica em um campo tão dominado pelas disputas dogmáticas.

Palavras-chave: Criminologia crítica. Política criminal. Macrocriminalidade. Direito Penal Econômico.

INTRODUÇÃO

Retomar antigos objetos de pesquisa pode ser desafiador. Estudei os crimes contra a ordem econômica em meu Trabalho de Conclusão de Curso, na Universidade Estadual Paulista, em 2004, sob a orientação do Prof. Dr. Fernando Andrade Fernandes[2]. Os temas que foram objeto de minha primeira incursão acadêmica se reapresentaram em minha vida profissional, ao longo do exercício da advocacia criminal no âmbito da macrocriminalidade e em minha dissertação de Mestrado[3], em que o uso da perspectiva criminológica crítica permitiu a ampliação da discussão em torno da seletividade do sistema de justiça criminal, tanto em termos quantitativos – na medida em que mais crimes contra o patrimônio eram rapidamente julgados, em que pese a competência da Justiça Federal pudesse ser um elemento limitador para essa forma de criminalidade – quanto em termos qualitativos – as diferentes interpretações sobre os conceitos de "princípio da insignificância" ou de "livre convencimento motivado" demonstraram o reforço da seletividade em relação à proteção de bens jurídicos tutelados associados ao patrimônio privado, e não ao patrimônio público.

Dez anos depois de minha última incursão nesse campo, volto a abordá-lo, já com uma consciência maior de que as Crimi-

---

2 FERREIRA, Carolina Costa. *Perspectivas criminológicas dos crimes contra a ordem econômica*. Trabalho de Conclusão de Curso – Faculdade de História, Direito e Serviço Social (FHDSS) da Universidade Estadual Paulista "Júlio de Mesquita Filho", Franca, 2004.
3 FERREIRA, Carolina Costa. *Discursos do sistema penal*: a seletividade no julgamento dos crimes de furto, roubo e peculato nos cinco Tribunais Regionais Federais do Brasil. Curitiba: CRV, 2013.

nologias Críticas adotaram um caminho que, em muitos momentos, ignorou um amplo debate dogmático-penal. Esse distanciamento provoca problemas de ordem teórica e prática, no que se refere tanto à concepção de bem jurídico quanto às reflexões críticas necessárias ao debate jurídico-penal que se organiza em torno da macrocriminalidade.

Nesse sentido, o presente texto apresentará reflexões criminológicas sobre o conceito de macrocriminalidade, contextualizando a agenda de pesquisa, que ficou tão presente nos anos 1990 e 2000, no Brasil; além disso, o texto avança para contribuir para as discussões acerca do bem jurídico para a macrocriminalidade, indicando pontos de avanço em relação à matéria. Ao final, reflito sobre o papel da Criminologia na organização dos conceitos de bem jurídico e das amarras necessárias para que a conjugação entre Criminologia, Política Criminal e Direito Penal possa contribuir para a análise dos fenômenos da macrocriminalidade.

1. MACROCRIMINALIDADE: CONCEITO E RUMOS

Raúl Cervini homenageia Roberto Lyra ao relembrar que, nos anos 1960, o criminólogo brasileiro foi o primeiro a discutir o fenômeno que, anos mais tarde, seria chamado de "macrocriminalidade". Tal conceito a compreendia como "muito bem ajustada, de enorme danosidade social, que se mostravam cada vez mais acessíveis à evidência científica", mas ainda não alcançadas pelo sistema de justiça criminal[4]. Em seu texto, Cervini entende que a macrocriminalidade pressupõe a prática de fatos, em sucessão, com o objetivo de tutelar bens jurídicos de natureza ampla ou difusa, por meio de estratégias econômicas, comerciais ou políticas que não são comuns às lentes do sistema de justiça criminal, preocupado

---

4   CERVÍNI, Raúl. Macrocriminalidad económica: apuntes para una aproximación metodológica. *Revista Brasileira de Ciências Criminais*, São Paulo, 1995. In: FRANCO, Alberto Silva; NUCCI, Guilherme de Souza. *Doutrinas essenciais* – Direito Penal. São Paulo: Revista dos Tribunais, 2010. p. 768. Tradução livre.

com condutas individuais e com as demandas dos chamados "crimes de todos os dias"[5].

O conceito de macrocriminalidade encontrou o de cifra oculta da criminalidade. Para compreender o significado criminológico desse termo, é importante indicar o que Lola Aniyar de Castro considera ser as três dimensões da criminalidade: (i) a *legal* (a criminalidade que chega ao conhecimento das instâncias formais de controle e que é objeto das estatísticas oficiais); (ii) a *aparente* (aquela que chega ao conhecimento de algum dos componentes das instâncias formais de controle, sem que haja alguma ação no sentido de exaurir o conflito); e (iii) a *real* (a que agrega a ocorrência verdadeira de delitos em uma determinada comunidade – trata-se de um número muito difícil de ser obtido). A "cifra oculta" consiste na diferença entre a delinquência real – não alcançada pelas instâncias formais de controle social e, dessa forma, não inserida nas estatísticas oficiais – e a delinquência oficial, presente nessas estatísticas[6].

A noção de macrocriminalidade encontra as dimensões de proteção a bens jurídicos de natureza difusa ou coletiva, como a ordem tributária, as relações de consumo, o meio ambiente e a administração pública, mas, por outro lado, enfrenta a imunidade do sistema de justiça criminal, constatada para este tipo de criminalidade – e para este grupo de pessoas e empresas que demarcam seu território – por Edwin Sutherland[7].

Os impactos da macrocriminalidade não demoraram a chegar à Dogmática Penal. A determinação mais utilizada para designar a legislação especial acerca das relações econômicas, bem como de seus principais instrumentos de materialização, é, sem muitas discussões na doutrina, *Direito Penal Econômico*. Porém, René Ariel Dotti acrescenta que outras terminologias também podem ser utili-

---

5   ZAFFARONI, Eugenio Raúl. *Em busca das penas perdidas*: a perda de legitimidade do sistema penal. Rio de Janeiro: Revan, 1991.
6   CASTRO, Lola Aniyar de. *Criminologia da reação social.* Trad. Ester Kosovski. Rio de Janeiro: Forense, 1983. p. 67-68.
7   SUTHERLAND, Edwin. *Crime de colarinho branco*: versão sem cortes. Trad. Clécio Lemos. Rio de Janeiro: Revan/ICC, 2015.

zadas para o tratamento de tais leis, como Direito Penal da Economia ou Direito Penal das Corporações, entre outras[8].

Manuel Pedro Pimentel entende ser o Direito Penal Econômico um "conjunto de normas que têm por objeto sancionar, com as penas que lhes são próprias, as condutas que, no âmbito das relações econômicas, ofendam ou ponham em perigo bens ou interesses juridicamente relevantes"[9]. Especialmente no que tange à relevância dos bens jurídicos, concordamos inteiramente com essa definição, embora ampla, e também a adotamos no presente trabalho.

Houve a necessidade de se inserir o Direito Penal Econômico basicamente em leis penais especiais, segundo René Ariel Dotti, pelo fato de a criminalidade econômica possuir uma estrutura peculiar e pela "flutuação" de seus bens e interesses tutelados, sem falar na diversidade de condutas e na existência de normas penais em branco e tipos abertos no que tange à criminalidade econômica[10].

Criminologicamente, e exatamente em função das descobertas de Edwin H. Sutherland a respeito dos crimes do colarinho-branco, a preocupação com a criminalidade econômica e seu possível combate por meio de legislações sobre o tema surgiu a partir de um movimento de crítica da Dogmática Jurídico-Penal, em um contexto histórico de crescimento da Criminologia Crítica, cuja tônica é essencialmente a crítica aos mecanismos formais de controle social punitivo.

Lola Aniyar de Castro critica a generalização do termo "crimes econômicos", que diluiria o caráter classista almejado por Sutherland, quando da conceituação de *White-collar crimes*. Para Castro, o delito econômico pode ser praticado por qualquer pessoa devidamente

---

8 DOTTI, René Ariel. O Direito Penal Econômico e a proteção do consumidor. *Revista de Direito Penal e Criminologia*, Rio de Janeiro, n. 33, 1982, p. 143.
9 PIMENTEL, Manoel Pedro. *Direito Penal Econômico*. São Paulo: Revista dos Tribunais, 1973. p. 10.
10 Cf. DOTTI, René Ariel. O Direito Penal Econômico e a proteção do consumidor, cit., p. 147.

inserida no mundo dos negócios, e o crime de colarinho-branco teria uma especificidade muito maior de agentes[11].

Juarez Cirino dos Santos, por sua vez, entende que a concepção criminológica dos delitos econômicos, neste trabalho já abordada no que tange aos crimes do colarinho-branco, é mais ampla do que as concepções previstas nas leis penais especiais, uma vez que o legislador não conseguiu acompanhar as frequentes mudanças proporcionadas pelo desenvolvimento tecnológico, restringindo o conceito às práticas, sem analisar que estas podem ser alteradas, sem se mudar a lesão ao bem jurídico ordem econômica[12].

2. SOBRE O CONCEITO DE "BEM JURÍDICO"

Antes de se determinar, propriamente, o bem jurídico tutelado no contexto da macrocriminalidade, é necessário que se conheçam, brevemente, as principais noções sobre o conceito de bem jurídico, bem como a sua importância fulcral para o equilíbrio do ordenamento jurídico-penal.

Winfried Hassemer preleciona que o primeiro conceito de bem jurídico foi obra do pensamento iluminista, tendo como fundamento as obras de Paul Johann Anselm Feuerbach[13]. Nessa época, o bem jurídico teria uma característica de fundo moral, ético ou divino. Todas as condutas tipificadas – isto é, que possuíam determinações de bens jurídicos – relacionavam-se à tutela de bens de cunho moral ou religioso. Em obra sensivelmente relevante sobre o bem jurídico, Luiz Regis Prado, após realizar evolução histórica sobre o conceito de bem jurídico – partindo das concepções neokantianas, que compreendiam o bem jurídico como valor cultural, normativo, até as

---

11 CASTRO, Lola Anyiar de. Projeto para uma investigação comparada sobre crimes de colarinho branco na América Latina. *Revista de Direito Penal*, Rio de Janeiro, v. 25, 1979, p. 89-102.
12 SANTOS, Juarez Cirino dos. Direito Penal Econômico. *Revista de Direito Penal e Criminologia*, Rio de Janeiro, n. 33, 1982, p. 198.
13 HASSEMER, Winfried. *Fundamentos del derecho penal.* Trad. Francisco Muñoz Conde e Luis Arroyo Zapatero. Barcelona: Bosch, 1984. p. 37.

correntes funcionalistas atuais, que atestam a função dos bens jurídicos como "pressupostos imprescindíveis para a existência em comum"[14] –, cria a concepção de bem jurídico como o "decorrente das necessidades do homem surgidas na experiência concreta da vida"[15].

Como pode ser visto, a concepção de bem jurídico foi se modificando, tendo a atual noção objetiva, e prezando o caráter da *essencialidade* dos bens jurídicos. Por seu turno, Franz von Liszt determinou, de forma considerada como conceito fundamental até nossos dias, bem jurídico como "o interesse juridicamente protegido"[16]. Tal interesse não é produzido pelo Direito, simplesmente, mas sim pela vida, pelas necessidades atestadas pela convivência social; porém, compete somente ao direito converter tal interesse em bem jurídico. Consideramos tal conceito o mais amplo, e mais condizente com as situações que já estão previstas em legislações ou que são passíveis de previsão.

Uma das principais discussões que envolvem o bem jurídico se refere exatamente ao conteúdo deste trabalho – discute-se se bens jurídicos cuja natureza é metaindividual – difusa ou coletiva – seriam efetivamente relevantes. Luiz Regis Prado entende que, para a tutela desses bens jurídicos, a função do Estado deve ser considerada e, obedecendo-se à tendência de que a tutela penal deve se restringir apenas aos bens jurídicos considerados relevantes, deve ser analisada a suficiência de outros meios de defesa para a proteção de dado bem jurídico[17]. A determinação do bem jurídico tutelado, nos casos

---

14 ROXIN, Claus. *Problemas fundamentais de direito penal*. Lisboa: Vega, 2004. p. 27-28.
15 PRADO, Luiz Regis. *Bem jurídico-penal e Constituição*. São Paulo: Revista dos Tribunais, 2007. p. 49.
16 LISZT, Franz von. *Tratado de direito penal allemão*. Trad. José Hygino Duarte Pereira. Rio de Janeiro: Briguiet & C, 1899. t. I, p. 93.
17 "(...) o juízo de valor sobre a relevância de um determinado bem jurídico metaindividual – coletivo ou difuso – exige o reflexo na órbita individual ou social para a sua vulneração. (...) Não basta que um bem possua suficiente relevância social para vir a ser tutelado penalmente; é preciso que não sejam suficientes para sua adequada tutela outros meios de defesa menos lesivos. (...) A lei penal, advirta-se, atua não como *limite* da liberdade pessoal, mas sim como seu *garante*" (PRADO, Luiz Regis. *Bem jurídico-penal e Constituição*, cit., p. 111).

de ocorrência dos crimes contra a ordem econômica, é assunto que deve ser desenvolvido neste trabalho sob uma perspectiva político--criminal, para que seja compreendida a valoração dos fatos criminológicos apurados, principalmente com a descoberta da existência dos *white collar crimes*.

De acordo com Juan Bustos Ramírez, muitos autores confundem a determinação do bem jurídico dos crimes econômicos com as hipóteses, proporcionadas pelo cometimento desses delitos, de violação de outros bens jurídicos, tais como o patrimônio – particular ou estatal[18]. Se não houver essa confusão, as medidas sancionatórias em relação aos crimes econômicos podem vir a ofender bens jurídicos que não estavam envolvidos na conduta delituosa, criando situações ainda mais problemáticas ao delinquente e a todas as instâncias formais de controle envolvidas em sua punição.

Para finalizar esta discussão mais geral, importante apontar a constatação de Tatiana Badaró:

> A origem da noção de bem jurídico-penal coincide com a derrocada do *Ancién Regime* e o surgimento do Estado de Direito. Nesse momento, os esforços da filosofia política se concentram em limitar a atividade do legislador por meio de um conceito pré-jurídico de crime, capaz de impor às leis penais padrões de racionalidade. Os primeiros esboços de um conceito desse tipo foram permeados pela noção de danosidade social, oriunda da substituição da ordem divina pela ordem humana como referência para a identificação do fato delituoso[19].

Ao criticar a determinação da validade do conceito de bem jurídico no que se refere aos delitos econômicos, Odone Sanguiné expõe uma crítica frequente entre os doutrinadores, segundo os quais o conceito de bem jurídico, por ter sua origem extremamente ligada às questões liberais, possuiria um caráter eminen-

---

18   RAMÍREZ, Juan Bustos. Perspectivas atuais do Direito Penal Econômico. *Fascículos de Ciências Penais*, Porto Alegre, v. 4, n. 2, p. 06.
19   BADARÓ, Tatiana. *Bem jurídico penal supraindividual*. Belo Horizonte: D'Plácido, 2017. p. 107.

temente individual, não podendo ser determinado em delitos de natureza difusa, como é o caso dos delitos econômicos[20]. Por seu turno, Juan Bustos Ramírez entende que o bem jurídico ligado aos crimes contra a ordem econômica tem natureza coletiva, pois se relaciona com todos os cidadãos e se liga ao funcionamento do sistema[21].

João Marcello de Araújo Júnior é categórico, após discutir muitos desses problemas envolvendo a determinação do bem jurídico dos delitos econômicos, ao apontar como bem jurídico maior, supraindividual, a *ordem econômica*, que influi sobre o mercado, a acumulação de capitais e, principalmente, "o equilíbrio na produção, circulação e distribuição da riqueza entre os grupos sociais"[22]. O autor alerta que, embora seja metaindividual, o bem jurídico "ordem econômica" deve sempre ter sua base na Constituição Federal, sendo seu equilíbrio e manutenção um verdadeiro princípio norteador do próprio Estado Democrático de Direito.

O autor ainda cita o patrimônio individual como bem jurídico tutelado pelos delitos contra a ordem econômica; entretanto, é necessário que se saiba que tal proteção deve ser realizada apenas em caráter secundário, pois o bem jurídico ordem econômica possui caráter coletivo e, abrangendo naturalmente um número muito maior de indivíduos, prevalece sobre interesses individuais, que devem ser protegidos de forma mais direta por outras legislações.

2.1. Classificação do bem jurídico

Há uma forte discussão, em meio à doutrina penal, a respeito da classificação do bem jurídico ordem econômica, se se trataria,

---

20 SANGUINÉ, Odone. Introdução aos crimes contra o consumidor: perspectiva criminológica e penal. *Fascículos de Ciências Penais*, Porto Alegre, v. 4, n. 2, 1991, p. 31.
21 RAMÍREZ, Juan Bustos. Perspectivas atuais do Direito Penal Econômico, cit., p. 06.
22 ARAÚJO JÚNIOR, João Marcello de. *Dos crimes contra a ordem econômica*. São Paulo: Revista dos Tribunais, 1987. p. 36.

primeiramente, de crimes de dano ou de perigo e, em seguida, de delitos de perigo abstrato ou concreto.

A respeito da primeira diferenciação, deve-se entender que crimes de *dano* são os que têm sua consumação com a efetiva violação ou lesão ao bem jurídico. Como exemplo, o mais citado pela doutrina é o delito de homicídio (art. 121, *caput*, do CP), que é apenas materializado se há a violação do bem jurídico vida.

Delitos de *perigo* são aqueles nos quais há a simples probabilidade de lesão concreta a um bem jurídico tutelado pelo ordenamento jurídico. É exatamente essa probabilidade que o legislador tenta evitar, por meio da materialização dos delitos de perigo. Odone Sanguiné ressalta que, com a evolução crescente da tecnologia, os delitos de perigo passaram a ter uma projeção muito maior nos ordenamentos jurídico-penais mais modernos. Além disso, a crescente proposição do Estado a tutelar tarefas ditas "solidarísticas" vem induzindo o legislador a projetar, no campo da Dogmática Jurídico-Penal, o simples risco de desrespeito a determinados bens jurídicos essenciais[23]. Além disso, deve-se ressaltar que os delitos de perigo podem ser considerados formais, no sentido de que se quer evitar dado resultado, mas são crimes materiais, se se considera o fato caracterizador do perigo. Esta é a posição do jurista Eduardo Correia, devidamente acompanhada por Assis Toledo. O autor português exemplifica com o delito de falsificação de moeda; segundo ele, a lei pune a fabricação de moedas falsas, prevendo o perigo de estas circularem no comércio, e não apenas pela constatação de sua falsidade. O que interessa é a *produção de um certo resultado*, conforme os interesses da sociedade, e uma devida interpretação teleológica dos fatos[24].

Os delitos de perigo podem ser classificados em delitos de perigo *concreto* ou *abstrato*. Sanguiné conceitua delitos de perigo *concreto* como aqueles em que a probabilidade de ocorrência da lesão concreta implica, de alguma forma, uma alteração do bem jurídico em determinado momento. Francisco de Assis Toledo destaca que,

---

23 SANGUINÉ, Odone. Introdução aos crimes contra o consumidor, cit., p. 35.
24 CORREIA, Eduardo. *Direito criminal*. Coimbra: Almedina, 1968. v. I, p. 288.

nos delitos de perigo concreto, há a necessidade premente de se comprovar a probabilidade de dano; a realização do tipo penal, portanto, demandaria constatação, de acordo com o caso concreto[25].

Os delitos de perigo *abstrato*, entretanto, não são passíveis de comprovação – sua presunção é *iure et de iure* –, não havendo negativas. O delito de perigo abstrato apenas deve conter a realização de uma conduta formalmente coincidente com a descrita na norma[26].

Odone Sanguiné expõe sua opinião sobre tal classificação, segundo a qual a danosidade provocada pelos delitos econômicos proporcionaria a criação de delitos de *perigo abstrato*,"que dissolveriam a função do bem jurídico, já que eles não apareceriam ligados nem ao princípio da responsabilidade pelo fato nem ao de lesividade"[27]. Admitir a hipótese de consideração de tal classificação significaria a atribuição do caráter ilícito à simples conduta, sem uma real ofensa ao bem jurídico protegido, conforme defende o autor. A simples *colocação em perigo* de determinado bem jurídico, sem a necessidade real de ofendê-lo, já seria justificativa para a imposição das sanções previstas nas normas penais econômicas. A falta de importância do desrespeito ao bem jurídico implicaria, segundo o autor, a penalização de uma atitude pessoal do agente, e não de um real atentado ao bem jurídico. Esta é a principal crítica daqueles que entendem que caracterizar os crimes contra a ordem econômica ou contra o sistema financeiro nacional, como se faz no Brasil, como "crimes do colarinho-branco", seria enfatizar a característica de que tal criminalidade estaria adstrita ao agente, e não ao bem jurídico[28]. Assim, com as atenções voltadas primeiramente ao agente, o bem jurídico estaria sendo abandonado, com uma importância secundária, o que não pode prosperar, pois não é condizente com as teorias criminais modernas e com a orientação constitucional vigente.

---

25 TOLEDO, Francisco de Assis. *Princípios básicos de direito penal*. São Paulo: Saraiva, 2004. p. 143.
26 SANGUINÉ, Odone. Introdução aos crimes contra o consumidor, cit., p. 36.
27 Idem, p. 31.
28 Cf. TORON, Alberto Zacharias. Crimes de colarinho branco: os novos perseguidos? *Revista Brasileira de Ciências Criminais*, São Paulo: Revista dos Tribunais, a. 7, n. 28, out.-dez. 1999.

Em suma, para que não haja maiores confusões a respeito da natureza dos delitos econômicos, Sanguiné defende que estes sejam sempre considerados delitos de perigo *concreto* – que atentem a bem jurídico determinado, prejudicando-o diretamente. Como se trata de um bem jurídico de natureza difusa, o autor alerta que, se se considerar o delito como de perigo abstrato, a punibilidade ficaria comprometida, pois não haveria uma "vítima visível", e sim uma coletividade indeterminável[29].

Por seu turno, Juan Bustos Ramírez entende que, pela própria determinação do bem jurídico tutelado – a ordem econômica, bem como seus instrumentos mais importantes para a manutenção do equilíbrio das relações econômicas na sociedade, e não o patrimônio ou a propriedade –, pode-se chegar à conclusão de que, em relação à infração contra tais instrumentos, devem ser configurados tipos penais de *lesão* ou de *perigo concreto*[30]. Obviamente, se um dos delitos econômicos afeta, secundariamente, o bem jurídico patrimônio ou propriedade, surgirá um delito de perigo abstrato em relação a eles.

Os autores alemães, defensores da estrita divisão entre Direito Penal Criminal e Direito Penal Administrativo, defendem que os ilícitos administrativos seriam simplesmente uma infração a uma norma determinada pelo legislador, porém não com o intuito de uma formalização do atentado ao bem jurídico; dessa forma, não haveria a constituição de lesão ou ameaça a bem jurídico devidamente protegido pelo ordenamento, mas somente a lesão de um interesse do Estado ou da Administração. Assim, se se considerar os delitos econômicos como passíveis de receber sanções meramente administrativas, tais delitos deverão ser classificados como delitos de perigo *abstrato*[31].

---

29 SANGUINÉ, Odone. Introdução aos crimes contra o consumidor, cit., p. 38. Esta também é a posição, segundo o autor, de Klaus Tiedemann.
30 RAMÍREZ, Juan Bustos. Perspectivas atuais do Direito Penal Econômico, cit., p. 07.
31 As considerações de autores alemães, como Wolf, Lange, Bockelmann e Michels, constam em: MIR, José Cerezo. Sanções penais e administrativas no direito penal espanhol. *Revista Brasileira de Ciências Criminais*, São Paulo, n. 2, 1993, p. 28.

Nesse sentido, deu-se a consideração de uma série de juristas no XIII Congresso Internacional de Direito Penal, realizado em 1984, no Cairo, que estabeleceu que "o emprego de tipos delitivos de perigo abstrato é um meio válido para a luta contra a delinquência econômica e da Empresa"[32]. Na realidade, essa posição adotada no referido Congresso legitimaria a imposição de sanções criminais nos crimes de perigo abstrato, independentemente da tutela pela via administrativa.

Assim, tendo em vista a opinião de parte dos penalistas, deve-se entender que os delitos econômicos são crimes de *perigo*, pois não necessitam diretamente da concretização do delito. A Lei n. 8.137/90, por exemplo, em seu art. 4º, V, dispõe que constitui crime contra a ordem econômica provocar oscilação de preços em detrimento de empresa concorrente ou vendedor de matéria-prima, mediante ajuste ou acordo, ou por outro meio fraudulento. Assim, a simples materialização de um acordo com esse objetivo põe em *perigo* a ordem econômica, sendo, por isso, importante a sua tutela penal para a inibição de tais condutas.

Portanto, se se trata de crime de perigo, deve-se determinar se pode ser classificado como crime de perigo abstrato ou concreto. Em nossa opinião, trata-se de crime de perigo *concreto*, pois se deve atentar sempre à possibilidade efetiva de violação do bem jurídico *ordem econômica*. Não entendemos que os delitos econômicos deveriam receber apenas sanções de caráter administrativo simplesmente, mas também de caráter *penal administrativo*, sem se retirar as características de tipicidade, ilicitude, culpabilidade e punibilidade, próprias dos delitos penais. A consideração dos delitos econômicos em simplesmente delitos de perigo abstrato traria consequências para nós, geradoras de impunidade, pois se trata de desconsiderar a efetividade da lesão ao bem jurídico para a punição de determinada conduta.

---

32   Cf. RAMÍREZ, Juan Bustos. Perspectivas atuais do Direito Penal Econômico, cit., p. 07.

3. PREVISÃO CONSTITUCIONAL

A determinação do bem jurídico, bem como de sua essencialidade, somente pode ser realizada em consonância com a linha de valores prevista na Constituição Federal. A primeira Constituição Federal que dispôs medidas protetivas da ordem econômica foi a de 1934, que previu acerca das práticas de usura, para a efetiva proteção da economia cafeeira, abalada com a crise de 1929. Antes disso, não houve nenhum dispositivo constitucional que tutelasse as relações econômicas, sob a justificativa de que o Estado não deveria interferir nas relações comerciais e econômicas dos indivíduos, respeitando os princípios do Liberalismo.

A Constituição de 1937, em seu art. 135, por sua vez, previa a direta repressão aos abusos do poder econômico, dispondo que a riqueza e a propriedade nacional se fundavam na iniciativa individual, nos poderes de criação, organização e invenção dos indivíduos, exercidos nos limites do bem público. Assim, a intervenção do Estado na economia se daria em casos de excesso da iniciativa individual. Tal dispositivo foi inspirado na *Carta del Lavoro*, da Itália[33].

A Constituição de 1946 determinou que a intervenção estatal na economia deveria ocorrer, assim como no que concernia aos monopólios de determinadas atividades. Em seu art. 146, há a disposição de que a ordem econômica deve se organizar conforme os princípios da *justiça social*, conciliando a *liberdade de iniciativa* com a *valorização do trabalho humano*. Pode-se notar que é a primeira vez que um dispositivo constitucional atrela a justiça social à ordem econômica, dando importância à valorização do trabalho humano. A Constituição seguinte, de 1967, consolidou a ordem econômica, aumentando seus princípios, incluindo a liberdade de iniciativa, a valorização do trabalho como condição da dignidade humana, a função social da propriedade, a harmonia e a solidariedade entre os fatores de produção, o desenvolvimento econômico e a repressão ao abuso do poder econômico.

---

33 Cf. DOTTI, René Ariel. O Direito Penal Econômico e a proteção do consumidor, cit., p. 136.

A ordem econômica encontra-se tutelada em muitos dispositivos da nossa atual Carta Magna, de 1988, e por isso seus princípios basilares devem ser analisados. O art. 170, primeiramente em seu *caput*, prevê:

> **Art. 170.** A ordem econômica, fundada na valorização do trabalho humano e na livre-iniciativa, tem por fim assegurar a todos existência digna, conforme os ditames da justiça social, observados os seguintes princípios: (...).

Conforme o que trata a Constituição no presente dispositivo, o bem jurídico ordem econômica, para a sua real materialização, possui duas bases fundamentais: a existência digna e a justiça social. Dessa forma, o que se pode concluir é que a característica econômica não decorre da natureza econômica dos fatos ligados ao bem jurídico, mas sim do aspecto teleológico que dá sentido aos crimes. No que concerne a este aspecto teleológico, deve-se considerar o grau de danosidade social provocada pelo delito econômico. Sabe-se que os crimes contra a ordem econômica, especialmente em algumas condutas tipificadas nos arts. 4º a 6º da Lei n. 8.137/90, possuem alto grau de danosidade social – esse impacto é muito importante para a determinação do bem jurídico contra o qual houve atentado ou tentativa de atentado[34].

Os incisos do art. 170 da CF preveem os princípios fundamentais da ordem econômica, que são a soberania nacional, a propriedade privada, a função social da propriedade, a livre concorrência, a defesa do consumidor, a defesa do meio ambiente, a redução das desigualdades sociais e regionais, a busca do pleno emprego e o tratamento favorecido às empresas de pequeno porte constituídas sob as leis brasileiras e que tenham sua sede e administração no país.

---

34 Como é o caso do art. 4º, I, *f*, da Lei n. 8137/90, que prevê como crime contra a ordem econômica abusar do poder econômico, dominando o mercado ou eliminando, total ou parcialmente, a concorrência mediante impedimento à constituição, funcionamento ou desenvolvimento de empresa concorrente. Trata-se de abuso do poder econômico, que também atenta a um princípio atinente ao bem jurídico ordem econômica, que seria exatamente a valorização do trabalho.

Até mesmo em razão da previsão constitucional acima, não se pode dissociar os crimes contra a ordem econômica dos crimes contra a ordem financeira e tributária. Para João Marcello de Araújo Júnior, estes são espécies do gênero "ordem econômica"; a Lei n. 8.137/90, por sua vez, diferenciou-os, como será visto adiante.

Todos esses princípios são extremamente importantes para a manutenção do equilíbrio econômico, e estão intimamente ligados entre si. Além deles, é necessário ressaltar o disposto no parágrafo único do art. 170 da CF, que prevê o princípio da livre-iniciativa – é assegurado a todos o livre exercício de qualquer atividade econômica, independentemente de autorização de órgãos públicos, salvo em casos de disposição expressa em lei.

4. A QUESTÃO DA DANOSIDADE SOCIAL NO DIREITO PENAL ECONÔMICO E SUA COMPARAÇÃO COM A PROTEÇÃO A DEMAIS BENS JURÍDICOS

Hodiernamente, dá-se uma valoração maior – em relação à atenção das instâncias formais e informais de controle – à proteção de determinados bens jurídicos, em detrimento de outros. Há, segundo Alessandro Baratta, uma verdadeira "seleção de bens jurídicos", que determina, na maioria das vezes, uma maior proteção à vida ou à incolumidade física do que a bens jurídicos de natureza difusa ou coletiva, muito embora o alcance destes seja a um número muito maior de indivíduos[35]. O que deveria ser levado em conta

---

35 "O aludido caráter fragmentário não consiste unicamente no fato de que o Direito Penal deixe a descoberto determinadas áreas de interesse e importantes necessidades. Ao contrário, os sistemas de Direito Penal modernos denotam uma acentuada tendência à representação universal dos âmbitos de interesse em seus sistemas de bens jurídicos. O caráter fragmentário em questão refere-se, sobretudo, à maneira altamente seletiva pela qual são cobertos apenas parcialmente os interesses representados nos sistemas de bens jurídicos, bem como também a diferente intensidade de tal proteção. Com relação a este último ponto há que se assinalar que o privilégio da tutela e a intensidade da mesma nem sempre se encontram em relação com o grau em que merecem ser protegidos os interesses in-

para a determinação da forma de tal proteção seria a *danosidade social* provocada pela ausência de tutela daquele bem jurídico, ou descumprimento de alguma norma em relação a ele. Hassemer entende que nem toda lesão a um interesse humano deve ser levada às instâncias penais, mas apenas as que apresentam um caráter "socialmente danoso", em que os danos provocados pelo cometimento do delito ultrapassem os limites entre autor e vítima, prejudicando a sociedade como um todo. Esse é o conceito de danosidade social que se pode deter[36].

Para a medida de tal danosidade social, deve-se levar em conta uma série de critérios; se se analisar as estatísticas oficiais, estará totalmente clara a supremacia da tutela dos bens jurídicos propriedade e patrimônio em relação aos demais bens jurídicos, entre os quais a ordem econômica[37].

---

dividuais ou coletivos e com o nível de perigo das diferentes situações. Assim, por exemplo, interesses que pertencem ao âmbito da incolumidade física ou da vida são privilegiados em relação àqueles interesses difusos ou coletivos (também do ponto de vista jurídico-processual), mesmo quando estes últimos não sejam menos importantes para a qualidade de vida dos indivíduos e afetem a um número maior deles" (BARATTA, Alessandro. Criminologia e dogmática penal: passado e futuro do modelo integral da ciência penal. *Revista de Direito Penal*, Rio de Janeiro, n. 31, 1981, p. 21).

36 HASSEMER, Winfried. *Fundamentos del derecho penal*, cit., p. 38.

37 "A importante característica das estatísticas oficiais é que elas demonstram o que deve ser óbvio: nomeadamente, em uma sociedade desigual, o crime é contra a *propriedade* (e que, mesmo as várias infrações contra a pessoa são, frequentemente, cometidas na busca da propriedade). O crime patrimonial é melhor compreendido como uma tentativa *normal* e consciente para adquirir propriedade, do que, por exemplo, como o produto de socialização defeituosa ou rotulação imprecisa e espúria. Ambos os crimes, de classe trabalhadora e da classe alta (registrados, apreendidos, processados ou não) são caracteres *reais* de uma sociedade envolvida em uma luta pela propriedade, riqueza e autocrescimento econômico. Posto simplesmente, uma sociedade que está predicada sobre direito desigual de acumulação de propriedade *dá origem* a desejos legais de acumular propriedade tão rapidamente quanto possível" (TAYLOR, Ian; WALTON, Paulo; YOUNG, Jock. *Criminologia crítica*. Trad. Juarez Cirino dos Santos e Sergio Tancredo. Rio de Janeiro: Edições Graal, 1980. p. 40).

Por outro lado, percebe-se a consideração, sob uma outra análise, acerca das penalidades a que se deve proceder sobre a macrocriminalidade. As sanções administrativas são consideradas mais viáveis para os agentes em questão, pelo fato de que as sanções criminais não tutelariam de forma mais efetiva a proteção dos bens jurídicos. Dessa forma, seria mais eficaz a aplicação de multas do que a imposição de penas privativas de liberdade ou restritivas de direito. Porém, com a expansão dos mecanismos de justiça negocial, notadamente após a entrada em vigor da Lei n. 12.850/2013, com a formatação de acordos de colaboração premiada muito especialmente voltados ao controle da chamada "criminalidade dos poderosos", é importante perceber que, para a macrocriminalidade, o sistema de justiça criminal tem se tornado um meio de alcance de novas provas. Também tem se tornado um meio hábil para constranger pessoas que, como desenhava Sutherland, nos anos 1940, possuem boa formação, boa reputação e necessitam dessa boa impressão social para se manterem em seus negócios. As agências formais e informais de controle lidam com isso, sabem que esse é um valor importante para a pressão por mais controle, por parte das agências informais, e por descontrole, para as partes envolvidas.

Interessante perceber que se tem utilizado, para as discussões sobre controle penal e corrupção, nos anos 2010 e 2020, o argumento da "danosidade social" da chamada corrupção pública[38]. Isso ocorre devido à posição de poder que, na maioria das vezes, qualifica o criminoso do colarinho-branco. Seu poder não é só econômico, mas social e muitas vezes político, o que muda a formatação de sua punição: em vez da prisão-pena, a prisão provisória[39]; para a colaboração premiada, alterações nos regimes legais das prisões domi-

---

38 MACHADO, Bruno Amaral; QUEZADO, Marina. Corrupção pública pelos olhos da Criminologia: dano social e violação dos direitos humanos. *Revista de Estudos Criminais*, Porto Alegre, n. 70, 2019, p. 133-174.
39 Sobre este assunto, ver a dissertação de Mestrado de Pedro Ivo Velloso Cordeiro: CORDEIRO, Pedro Ivo Velloso. A prisão provisória em crimes de colarinho branco: redução da desigualdade do sistema penal? Dissertação (Mestrado) – Faculdade de Direito da Universidade de Brasília, Brasília, 2013.

ciliares, com a inovação da "prisão domiciliar diferenciada"[40]. Ou seja, a dimensão de seletividade, tão discutida pela Criminologia Crítica, também atinge a criminalidade dos poderosos e lança novas perguntas e agendas de pesquisa, que devem ser exploradas num contexto "pós-Lava Jato"[41].

5. A "ADMINISTRATIVIZAÇÃO" DA MACROCRIMINALIDADE

O Direito Penal e o Direito Administrativo, cada um à sua maneira, determinam uma espécie de resposta a uma conduta considerada ilícita ou ilegal, impondo sanções que têm como natureza a determinação de multas pecuniárias, prisão privativa de liberdade, restritiva de direitos etc. No que tange ao Direito Penal, a imposição de sanções pode se dar por meio de imposição de multas, prisões privativas de liberdade, restritivas de direitos ou medidas de segurança, estas reservadas aos considerados inimputáveis segundo nosso ordenamento jurídico[42]. Dentre tantas sanções, cabe ao magistrado/à magistrada, sempre de acordo com o que mandam as normas penais, determinar qual a sanção mais efetiva ao caso em questão. Porém, em determinadas condutas, alguns autores entendem que se pode determinar, em sede administrativa, a imposição de sanções. Por isso, fala-se num "Direito Penal Administrativo", ou na "administrativização do Direito Penal". Especialmente no que tange aos delitos econômicos, esta é uma discussão deveras importante, que deverá ter em vista uma série de critérios, a seguir expostos.

---

40 BOTTINO, Thiago. Colaboração premiada e incentivos à cooperação no processo penal: uma análise crítica dos acordos firmados na Operação Lava Jato. *Revista Brasileira de Ciências Criminais*, São Paulo, v. 122, 2016, p. 359-390.
41 Sobre o alcance da Operação Lava Jato e os discursos criminalizantes, ver CASTILHO, Ela Wiecko Volkmer de. A ilusória democratização do (pelo) controle penal. In: PRANDO, Camila Cardoso de Mello; GARCIA, Mariana Dutra de Oliveira; ALVES, Marcelo Mayora. *Construindo as criminologias críticas*: a contribuição de Vera Andrade. Rio de Janeiro: Lumen Juris, 2018. p. 289-321.
42 De acordo com os arts. 26 e 27 do CP de 1940.

José Cerezo Mir atribui a Goldschmidt, na Alemanha, a primeira proposição condizente para "isolar" o que seria chamado de "Direito Penal meramente Administrativo" do Direito Penal essencialmente criminal, que impõe sanções físicas, de prisão ou semelhantes[43]. É importante ressaltar que Goldschmidt não tinha a intenção de desconsiderar os elementos formais da infração penal, mas apenas referir-se teleologicamente às condutas não carecedoras de punições criminais. Deve-se, sobretudo, analisar a "natureza das coisas", pois determinadas condutas não mereceriam *status* criminal[44]. A fundamentação filosófica para tal argumentação teria sido desenvolvida por Erik Wolf e, atualmente, por Schmidt, Lange, Michels e Bockelmann. Tais autores entendem que os delitos relativos ao Direito Penal Criminal seriam delitos "naturais", enquanto os administrativos teriam natureza "artificial", ou teriam sido criados de acordo com a "vontade do Estado". Assim, o ilícito administrativo seria apenas a infração a uma determinação do legislador, puramente formal. Goldschmidt ainda separava o Direito Penal Criminal do Direito Penal Administrativo pela posição do homem em cada um deles: no primeiro, o homem possuiria autonomia de vontades, enquanto o segundo seria mero componente da sociedade "a serviço dos fins do progresso social"[45].

Eduardo Correia, por sua vez, entendia que determinadas condutas deveriam ser "libertadas" da condição de sanções criminais. Seria uma "purificação do ilícito criminal de justiça"; para o autor, as contravenções seriam condutas que, naturalmente, deveriam sofrer apenas sanções administrativas, e não necessariamente criminais[46].

---

43 MIR, José Cerezo. Sanções penais e administrativas no direito penal espanhol, cit., p. 27.
44 Quem também expõe o posicionamento de Goldschmidt, bem como cita sua principal obra (*Der Verwaltungsstrafrecht*, de 1902) é Eduardo Correia (*Direito criminal*, cit., p. 23, nota 1).
45 Cf. MIR, José Cerezo. Sanções penais e administrativas no direito penal espanhol, cit., p. 35, nota 10.
46 CORREIA, Eduardo. *Direito criminal*, cit., p. 22.

Deve-se ter em mente que a utilização de "ilícitos penais administrativos" é uma característica dos defensores do Direito Penal como *ultima ratio* para a solução de conflitos; assim, como propunha Jellineck, o Direito Penal deve tutelar apenas o "mínimo ético" essencial à manutenção do equilíbrio da sociedade[47].

A forma de imposição de sanções, no âmbito dos crimes contra a ordem econômica, não é uma discussão privativa dos juristas brasileiros, ou relativa apenas à legislação pátria. Eduardo Correia argumentava, em 1973, que acreditava que as infrações cometidas pelos "criminosos econômicos" não atingiam diretamente as preocupações do âmbito penal. O autor português – seguindo uma tendência dos juristas daquele país – procede a uma separação entre Direito Penal e o que denomina "Direito de mera ordenação social", que se relaciona a problemas sociais, que de fato influenciaram a organização social, mas que podem ser solucionados de outras formas, sem a interferência direta dos mecanismos penais[48]. A denominação "Direito de mera ordenação social" também foi acolhida pelo sistema jurídico-penal alemão[49].

---

[47] Conforme CORREIA, Eduardo. Direito penal e direito de mera ordenação social. *Boletim da Faculdade de Direito da Universidade de Coimbra (BFDUC)*, v. XLIX, 1973. p. 266. Além deste, Juan Bustos Ramírez dispõe: "(...) o Direito Penal é extrema *ratio* e subsidiário, isto é, a intervenção penal há de ser o último recurso a utilizar pelo Estado e depois de haver lançado mão de todos os demais instrumentos de política econômica ou de controle de que dispõe" (RAMÍREZ, Juan Bustos. Perspectivas atuais do Direito Penal Econômico, cit., p. 14).

[48] "Se a hipertrofia do direito criminal está, assim, ligada – com vista a salvaguardar as garantias dos particulares – à criminalização das contravenções e das reacções que visam tutelar a promoção de certas finalidades sociais, não há dúvida, por outro lado, que a legislação penal clássica estava já sobrecarregada com a proteção de interesses, que melhor se realizaria (...) mediante uma adequada política social, ou com a descrição de tipos de crimes, fruto de um dogmatismo moral ultrapassado, como é o caso de certos delitos sexuais, contra a família, etc." (CORREIA, Eduardo. Direito penal e direito de mera ordenação social, cit., p. 260).

[49] Sobre a influência da administrativização das penas no sistema jurídico-penal alemão, ver: COUTINHO, Heliana Maria de Azevedo. Direito de mera ordenação social no sistema jurídico-penal alemão. *Revista Brasileira de Ciências Criminais*, São Paulo, n. 4, 1994.

É importante ressaltar que, em razão de seus resultados terem natureza coletiva e causarem danos apenas indiretos a pessoas, a macrocriminalidade é, segundo alguns autores, passível de ser responsabilizada, de forma eficiente e com o objetivo de atender a fins de prevenção, em âmbito administrativo. Eduardo Correia, assim, insiste que não se trata da inserção dessas condutas num "Direito Penal Administrativo", mas no referido "Direito de mera ordenação social", que seria responsável por tutelar as relações sociais de forma mais branda, sem a real necessidade de imposição de sanções de caráter criminal. O autor português entende que, no âmbito de certas infrações ao Direito Penal Econômico – e nestas se incluem as infrações relativas à concorrência –, isso é plenamente possível, em razão dos resultados provocados pela ocorrência do delito. Muitos autores defendem que a reação a um delito contra a ordem econômica é muito mais proporcional se atingir o patrimônio do agente – e, especialmente, se ocorrer a responsabilização direta da pessoa jurídica[50]. Mesmo a administrativização, em certas condutas, é apoiada por Correia, por este julgar que isso diminuiria a "hipertrofia" da legislação penal, considerada cada vez mais como única medida de salvação, em âmbito de prevenção tanto geral quanto especial, e evitaria a "insuportável massificação das sentenças" de tribunais ordinários, incompetentes para tratar de questões que seriam meramente administrativas[51].

Juan Bustos Ramírez defende a administrativização das sanções criminais relativas à criminalidade econômica, tendo como fundamento para sua argumentação o interesse da sociedade. Para o autor, interessa à sociedade que o criminoso tributário pague os seus tributos, que a prática que tenha atentado contra a livre concorrência restaure as condições do mercado e volte a atender os consumidores da melhor maneira possível, e assim por diante. Se o Direito Penal não oferece essas possibilidades de forma clara, em função da pre-

---

50   CORREIA, Eduardo. Direito penal e direito de mera ordenação social, cit., p. 279.
51   Idem, p. 271-272.

valência do interesse social, deve-se recorrer a outros métodos de sanção que tragam maior efetividade à sociedade[52].

Para um maior controle social em relação aos delitos econômicos, Ramírez enfatiza a obrigatoriedade da existência de mecanismos formais de controle, em âmbito administrativo, que sejam responsáveis pela imposição das multas e demais medidas – tanto preventivas quanto repressivas. Herman Mannheim, por sua vez, pondera que a substituição das sanções penais por administrativas deve ser objeto de profunda reflexão, limitando-se aos casos em que as sanções administrativas ofereçam "vantagens" em relação às sanções criminais[53]. Entendemos como essas "vantagens" a prevalência do interesse público sobre o particular, como no caso de possível desfazimento de concentração de ações ou de regularização de mercados antes concentrados.

CONCLUSÕES POSSÍVEIS

Em suma, no que concerne aos delitos econômicos, a administrativização das sanções criminais é perfeitamente possível e deve ser incentivada entre os componentes das instâncias formais de controle[54], desde que seja proporcional à conduta praticada e que siga critérios coerentes de Política Criminal[55].

Considerando-se os aspectos mais atuais da macrocriminalidade, percebe-se que a discussão sobre os paradigmas criminológicos críticos pode colaborar para a imposição de políticas criminais

---

52 "Logo, se o Direito Penal e o Processo Penal podem desembocar em que algo esteja mais além do Direito Penal ou em algo melhor que este, como dizia Radbruch, e que resolva a danosidade social do delito, aparece como o caminho mais adequado a seguir" (RAMÍREZ, Juan Bustos. Perspectivas atuais do Direito Penal Econômico, cit., p. 13).
53 MANNHEIM, Hermann. *Criminologia comparada*. Trad. J. F. Faria Costa e M. Costa Andrade. Lisboa: Fundação Calouste Gulbenkian, 1984. p. 739.
54 "Assim, a multa, (...), o confisco, a admoestação, devem ser providências comuns que alcancem não somente as pessoas singulares, mas também as pessoas jurídicas, admitida a sua capacidade penal em relação às contravenções penais" (DOTTI, René Ariel. O Direito Penal Econômico e a proteção do consumidor, cit., p. 151).
55 Como dispõe acertadamente CORREIA, Eduardo. *Direito criminal*, cit., p. 34.

condizentes com a complexidade dos bens jurídicos tutelados. O que se percebe é que não há o que José Luíz Díez Ripollés chama de "racionalidade legislativa"[56]. Para a Política Criminal, parece ser um grande desafio a identificação dos movimentos de regulação e análise em torno da expansão do controle penal. O Direito Penal, por seu turno, diante das lacunas legislativas e da assessoriedade em assuntos relacionados à criminalidade, necessita de interpretações dos Tribunais a respeito da aplicação de um ou outro dispositivo, necessitando de segurança jurídica e uma tentativa de imunidade institucional às instabilidades políticas.

Importante refletir, nos contextos de controle da macrocriminalidade, a respeito de uma maior análise sobre os novos deveres de prevenção, especialmente em relação às medidas do *compliance*, os *standards* de definição de risco[57] e a adaptação dos sistemas de *compliance* aos controles financeiros.

Para conclusão deste levantamento bibliográfico e a abertura para novas agendas de pesquisa, é importante refletir sobre a macrocriminalidade como superestrutura, que indica punitividades seletivas e diversas, sem perder de vista o alerta mais recente de Eugenio Raúl Zaffaroni[58], de que a busca pela resposta penal à danosidade social seria apenas a "ponta do iceberg" para a discussão sobre os interesses do totalitarismo financeiro. Tenhamos consciência das limitações do sistema de justiça criminal, de suas seletividades e opções político-institucionais. Sigamos alertas.

---

56 RIPOLLÉS, José Luis Díez. *La política criminal en la encrucijada*. Buenos Aires: Julio Cesar Faira Editor, 2007.

57 "(...) o *compliance* guarda íntima relação com o ideário de prevenção, pois a partir dele, empresas se organizam a fim de instituir um sistema de prevenção de responsabilidade, bem como de cumprimento da legislação" (SAAVEDRA, Giovani Agostini. *Compliance* criminal – Revisão teórica e esboço de uma delimitação conceitual. In: LOBATO, José Danilo; MARTINELLI, João Paulo Orsini; SANTOS, Humberto Souza (orgs.). *Comentários ao direito penal econômico brasileiro*. Belo Horizonte: D'Plácido, 2018. p. 705-719).

58 ZAFFARONI, Eugenio Raúl; SANTOS, Ílison Dias dos. *A nova crítica criminológica*: criminologia crítica em tempos de totalitarismo financeiro. São Paulo: Tirant Lo Blanch, 2019. p. 83-85.

REFERÊNCIAS

ARAÚJO JÚNIOR, João Marcello de. *Dos crimes contra a ordem econômica*. São Paulo: Revista dos Tribunais, 1987.

BADARÓ, Tatiana. *Bem jurídico penal supraindividual*. Belo Horizonte: D'Plácido, 2017.

BARATTA, Alessandro. Criminologia e dogmática penal: passado e futuro do modelo integral da ciência penal. *Revista de Direito Penal*, Rio de Janeiro, n. 31, 1981.

BOTTINO, Thiago. Colaboração premiada e incentivos à cooperação no processo penal: uma análise crítica dos acordos firmados na Operação Lava Jato. *Revista Brasileira de Ciências Criminais*, São Paulo, v. 122, p. 359-390, 2016.

CASTILHO, Ela Wiecko Volkmer de. A ilusória democratização do (pelo) controle penal. In: PRANDO, Camila Cardoso de Mello; GARCIA, Mariana Dutra de Oliveira; ALVES, Marcelo Mayora. *Construindo as criminologias críticas*: a contribuição de Vera Andrade. Rio de Janeiro: Lumen Juris, 2018.

CASTRO, Lola Aniyar de. *Criminologia da reação social*. Trad. Ester Kosovski. Rio de Janeiro: Forense, 1983.

CASTRO, Lola Anyiar de. Projeto para uma investigação comparada sobre crimes de colarinho branco na América Latina. *Revista de Direito Penal*, Rio de Janeiro, v. 25, p. 89-102, 1979.

CORDEIRO, Pedro Ivo Velloso. A prisão provisória em crimes de colarinho branco: redução da desigualdade do sistema penal? Dissertação (Mestrado) – Faculdade de Direito da Universidade de Brasília, Brasília, 2013.

CORREIA, Eduardo. *Direito criminal*. Coimbra: Almedina, 1968. v. I.

CORREIA, Eduardo. Direito penal e direito de mera ordenação social. *Boletim da Faculdade de Direito da Universidade de Coimbra (BFDUC)*, v. XLIX, 1973.

COUTINHO, Heliana Maria de Azevedo. Direito de mera ordenação social no sistema jurídico-penal alemão. *Revista Brasileira de Ciências Criminais*, São Paulo, n. 4, 1994.

DOTTI, René Ariel. O Direito Penal Econômico e a proteção do consumidor. *Revista de Direito Penal e Criminologia*, Rio de Janeiro, n. 33, 1982.

FERREIRA, Carolina Costa. *Discursos do sistema penal*: a seletividade no julgamento dos crimes de furto, roubo e peculato nos cinco Tribunais Regionais Federais do Brasil. Curitiba: CRV, 2013.

FERREIRA, Carolina Costa. Perspectivas criminológicas dos crimes contra a ordem econômica. Trabalho de Conclusão de Curso – Faculdade de História, Direito e Serviço Social (FHDSS) da Universidade Estadual Paulista "Júlio de Mesquita Filho", Franca, 2004.

FRANCO, Alberto Silva; NUCCI, Guilherme de Souza. *Doutrinas essenciais* – Direito Penal. São Paulo: Revista dos Tribunais, 2010.

HASSEMER, Winfried. *Fundamentos del derecho penal*. Trad. Francisco Muñoz Conde e Luis Arroyo Zapatero. Barcelona: Bosch, 1984.

LISZT, Franz von. *Tratado de direito penal allemão*. Trad. José Hygino Duarte Pereira. Rio de Janeiro: Briguiet & C. t. I.

MACHADO, Bruno Amaral; QUEZADO, Marina. Corrupção pública pelos olhos da Criminologia: dano social e violação dos direitos humanos. *Revista de Estudos Criminais*, Porto Alegre, n. 70, p. 133-174, 2019.

MANNHEIM, Hermann. *Criminologia comparada*. Trad. J. F. Faria Costa e M. Costa Andrade. Lisboa: Fundação Calouste Gulbenkian, 1984.

MIR, José Cerezo. Sanções penais e administrativas no direito penal espanhol. *Revista Brasileira de Ciências Criminais*, São Paulo, n. 2, 1993.

PIMENTEL, Manoel Pedro. *Direito Penal Econômico*. São Paulo: Revista dos Tribunais, 1973.

PRADO, Luiz Regis. *Bem jurídico-penal e Constituição*. São Paulo: Revista dos Tribunais, 2007.

RAMÍREZ, Juan Bustos. Perspectivas atuais do Direito Penal Econômico. *Fascículos de Ciências Penais*, Porto Alegre, v. 4, n. 2, p. 06.

RIPOLLÉS, José Luis Díez. *La política criminal en la encrucijada*. Buenos Aires: Julio Cesar Faira Editor, 2007.

ROXIN, Claus. *Problemas fundamentais de direito penal*. Lisboa: Vega, 2004.

SAAVEDRA, Giovani Agostini. *Compliance* criminal – Revisão teórica e esboço de uma delimitação conceitual. In: LOBATO, José Danilo; MARTINELLI, João Paulo Orsini; SANTOS, Humberto Souza (orgs.). *Comentários ao direito penal econômico brasileiro*. Belo Horizonte: D'Plácido, 2018.

SANGUINÉ, Odone. Introdução aos crimes contra o consumidor: perspectiva criminológica e penal. *Fascículos de Ciências Penais*, Porto Alegre, v. 4, n. 2, 1991, p. 31.

SANTOS, Juarez Cirino dos. Direito Penal Econômico. *Revista de Direito Penal e Criminologia*, Rio de Janeiro, n. 33, 1982.

SUTHERLAND, Edwin. *Crime de colarinho branco*: versão sem cortes. Trad. Clécio Lemos. Rio de Janeiro: Revan/ICC, 2015.

TAYLOR, Ian; WALTON, Paulo; YOUNG, Jock. *Criminologia crítica*. Trad. Juarez Cirino dos Santos e Sergio Tancredo. Rio de Janeiro: Edições Graal, 1980.

TOLEDO, Francisco de Assis. *Princípios básicos de direito penal*. São Paulo: Saraiva, 2004.

TORON, Alberto Zacharias. Crimes de colarinho branco: os novos perseguidos? *Revista Brasileira de Ciências Criminais*, São Paulo: Revista dos Tribunais, a. 7, n. 28, out.-dez. 1999.

ZAFFARONI, Eugenio Raúl. *Em busca das penas perdidas*: a perda de legitimidade do sistema penal. Rio de Janeiro: Revan, 1991.

ZAFFARONI, Eugenio Raúl; SANTOS, Ílison Dias dos. *A nova crítica criminológica*: criminologia crítica em tempos de totalitarismo financeiro. São Paulo: Tirant Lo Blanch, 2019.

2

A crise de legalidade no direito penal brasileiro: os princípios do bem jurídico e da ofensividade como balizas para a política criminal e para a filtragem jurisdicional

João Rafael de Oliveira[1]

Resumo: O princípio da legalidade penal, pedra angular do Estado de Direito, encontra-se em evidente crise. Os fenômenos de hipertrofia de leis penais e do respectivo direito penal máximo colocaram por terra as garantias de previsibilidade e segurança jurídica almejadas pela legalidade. A superação ou atenuação dessa crise perpassa, quiçá, pela adoção efetiva dos princípios do bem jurídico e da ofensividade penal, no que diz respeito tanto à atividade do Poder Legislativo, no âmbito da política criminal, quanto (e princi-

---

[1] Doutorando em Direito Constitucional, com ênfase em Direito Processual Penal, pelo Instituto Brasileiro de Ensino, Desenvolvimento e Pesquisa (IDP). Mestre em Direito do Estado pela Universidade Federal do Paraná (UFPR). Coordenador da Pós-graduação *lato sensu* em Direito Penal e Processual Penal da Associação Brasileira de Direito Constitucional (ABDCONST). Professor de Direito Processual Penal no Centro Universitário Unibrasil, Curitiba. Advogado criminalista sócio do escritório Monteiro Rocha Advogados.

palmente) à sua aplicação por parte do Poder Judiciário. O presente texto tem por escopo justamente a análise desses dois temas – crise de legalidade e bem jurídico penal.

Palavras-chave: Direito Penal. Bem jurídico. Legalidade. Ofensividade.

1. NOTAS INTRODUTÓRIAS

O presente texto tem por escopo analisar a crise do princípio da legalidade no direito penal brasileiro e a possível atenuação de tal problema por meio da cuidadosa e analítica aplicação, por parte do Poder Judiciário, dos princípios do bem jurídico e da ofensividade penal. Para tanto, o trabalho está subdividido em dois tópicos destinados, respectivamente, à análise (i) da chamada crise do princípio da legalidade e (ii) da teoria do bem jurídico.

Ao final, o leitor perceberá que o presente trabalho, talvez numa dimensão exageradamente otimista, aposta na eficácia prática da adequada aplicação da teoria do bem jurídico penal e ofensividade, enquanto mecanismos de atenuação dos problemas causados pela crise de legalidade.

2. A CRISE DO PRINCÍPIO DA LEGALIDADE NO DIREITO PENAL BRASILEIRO

Marca distintiva do iluminismo, o princípio da legalidade simbolizou o rompimento com as práticas arbitrárias do sistema de justiça criminal do medievo, porquanto, reconhecendo o valor supremo da liberdade, impôs fortes limites ao poder punitivo estatal[2].

Enquanto característica fundante do Estado de Direito, a garantia da legalidade se caracteriza pela exigência rigorosa de descrição prévia e clara das condutas humanas merecedoras de reprimenda penal, garantindo aos indivíduos a possibilidade de conhecimen-

---

2 GOMES, Mariângela Gama de Magalhães. *Direito penal e interpretação jurisprudencial*. São Paulo: Atlas, 2008. p. 5.

to e previsibilidade da ilicitude das suas condutas e as respectivas consequências (*nullum crimen, nullum poena sine lege*).

Dessa forma, "a liberdade e a segurança jurídica passaram a ser asseguradas a partir do reconhecimento de que, no direito, está permitido tudo aquilo que não está proibido por lei. Essa garantia foi concretizada pela proibição, no momento de aplicação do direito penal, de qualquer possibilidade de interpretação das leis por parte dos magistrados"[3].

Com efeito, decorre do princípio da legalidade a ideia de *certeza do direto*, concebida enquanto estrutura normativa estatal que permita a cada cidadão prever as consequências jurídicas dos próprios comportamentos e/ou dos atores sociais com os quais estabelece necessariamente contato[4], afastando, por conseguinte, a incidência retroativa da norma penal mais gravosa.

No Brasil, a Constituição da República estabelece no rol de direitos fundamentais a garantia da reserva legal (art. 5º, XXXIX, da CR/88) e da irretroatividade da lei penal mais gravosa (art. 5º, XL, da CR/88). Malgrado a positivação constitucional do princípio da legalidade, é possível afirmar, sem qualquer receio, que o modelo formalista outrora pensado para contenção do arbítrio estatal não mais se afigura suficiente. Aliás, Luigi Ferrajoli, com um olhar voltado para o contexto italiano, há muito aponta para a crise do Estado de Direito, para ele "gerada por dois fatores: a inflação legislativa e a disfunção da linguagem legal, ambas expressões da crise da capacidade reguladora e condicionante da lei e por isso da *artificial reason* que Thomas Hobbes contrapôs à '*iuris prudentia* ou sabedoria dos juízes desordenados' do seu tempo"[5].

---

3   Idem, p. 7.
4   ZOLO, Danilo. Teoria e crítica do estado de direito. In: COSTA, Pietro; ZOLO, Danilo. *O estado de direito*: história, teoria, crítica. São Paulo: Martins Fontes, 2006. p. 39.
5   FERRAJOLI, Luigi. O estado de direito entre o passado e futuro. In: COSTA, Pietro; ZOLO, Danilo. *O estado de direito*: história, teoria, crítica. São Paulo: Martins Fontes, 2006. p. 439.

A hodierna realidade brasileira parece se encaixar perfeitamente no diagnóstico feito pelo filósofo e jurista italiano. Como sabido, para além do Código Penal há um sem-número de leis penais extravagantes que representam um verdadeiro agigantamento da criminalização primária, ao mesmo tempo que há um manifesto desequilíbrio da linguagem das leis penais expresso pela imprecisão, obscuridade e ambiguidade. Como apontado pelo Instituto Brasileiro de Ciências Criminais, "meio ambiente, relações de consumo, trânsito, condições etárias e de gênero (idoso e violência doméstica), relações tributárias, etc., são exaustivamente usados como objeto da tutela penal, sempre recrudescida, num movimento de expansão que parece não encontrar fim"[6].

Como produto dessa crise da legalidade que, no fundo, é uma crise do Estado de Direito, tem-se, nas palavras de Ferrajoli:

> (...) um direito penal máximo – maximamente estendido, maximamente ineficiente, maximamente antigarantista –, do qual estão sendo eliminadas todas as funções políticas classicamente confiadas ao princípio da legalidade: a predeterminação por parte do legislador dos casos jurídicos, e por isso a certeza do direito e a sujeição juiz à lei; as garantias dos cidadãos contra o arbítrio judiciário e policial e a sua igualdade perante a lei; a obrigatoriedade da ação penal, a centralidade do debate e o papel do processo como instrumento de verificação ou confutação dos fatos cometidos em vez da penalização preventiva; a eficiência, enfim, da máquina judiciária obstruída por uma infinidade de processos cartáceos inúteis e custosos, cujo único resultado é o de ofuscar no senso comum a fronteira entre lícito e ilícito (...)[7].

A legalidade formal, enquanto fonte de segurança jurídica e previsibilidade, também tem sofrido com as mais diversas criminalizações por tipos penais em branco (crimes ambientais, crimes

---

6   INSTITUTO BRASILEIRO DE CIÊNCIAS CRIMINAIS. Editorial – o excesso de leis penais. *Boletim do IBCCrim*, São Paulo, 2019. Disponível em: https://www.ibccrim.org.br/boletim_artigo/4140-EDITORIAL-O-excesso-de-leis-penais. Acesso em: 14 ago. 2020.
7   FERRAJOLI, Luigi. O estado de direito entre o passado e futuro, cit., p. 441.

contra o sistema financeiro etc.) e que demandam complementação administrativa. Como explica Chiavelli Falavigno, o problema da "deslegalização" no direito penal traz graves consequências:

> (...) o desvio no bem jurídico protegido pela norma incriminadora; o desrespeito à competência legislativa constitucional em matéria penal; os danos ao princípio da legalidade em sua vertente de taxatividade; a ocorrência indiscriminada de erro de proibição; os diversos problemas – inclusive processuais – oriundos da complexa separação entre a esfera penal e a administrativa[8].

Acrescente-se à crise da legalidade formal o fato de que, contemporaneamente, não tem mais como se sustentar o modelo exegético do juiz "boca da lei", pelo qual ao intérprete caberia tão somente a função de aplicar a lei, mecânica e automaticamente. Por mais desejável (e utópico) que seja, não há como dissociar a norma da atividade interpretativa, uma vez que aquela (norma) é sempre fruto desta. Em outras palavras, a interpretação jurídica implica na constituição da norma ao caso concreto, ainda que deva partir e guardar correspondência semântica com o que diz o texto legal. Consoante Mariângela Gomes,

> (...) a atividade de interpretação da lei, então, pode claramente ser entendida como o momento em que o juiz estabelece o seu conteúdo, ou seja, o seu significado e o seu alcance, sendo possível afirmar que o que decidem os tribunais é o que significa o direito para determinada sociedade[9].

Não obstante, ainda é predominante na jurisprudência brasileira o entendimento segundo o qual "não há se falar em irretroatividade de interpretação jurisprudencial, uma vez que o ordenamento jurídico proíbe apenas a **retroatividade** da lei penal mais gravosa"[10].

---

8   FALAVIGNO, Chiavelli. *A deslegalização no direito penal*. Florianópolis: Emais Editora, 2020. p. 153.
9   GOMES, Mariângela Gama de Magalhães. *Direito penal e interpretação jurisprudencial*, cit., p. 38.
10 EDC no AgRg no AREsp 1.316.819/RS.

Embora não seja este um ponto de preocupação do presente trabalho, importante levá-lo em consideração quando se está a analisar a garantia de legalidade, mormente porque já se tem na jurisprudência do Supremo Tribunal Federal uma hipótese de criminalização pela via da decisão jurisdicional, como a criminalização da homofobia e da transfobia por meio da Ação Direta de Inconstitucionalidade por Omissão 26.

Diante desse quadro – de patente crise de legalidade –, quiçá uma possível saída para atenuação do problema seja resgatar a importância dos conceitos de bem jurídico e ofensividade para o direito penal.

3. O CONCEITO CRÍTICO DE BEM JURÍDICO E SEU POTENCIAL LIMITADOR/ORIENTADOR NA POLÍTICA CRIMINAL E NO RECONHECIMENTO JURISDICIONAL DA LEGITIMIDADE DOS TIPOS PENAIS

O conceito de bem jurídico é fundamental para o direito penal brasileiro, o que demonstra a grande influência da dogmática alemã no país, principalmente dos autores Franz Von Liszt e Hans Welzel[11]. Se, num primeiro momento, com Franz von Liszt e Beling, tinha-se uma conceituação formal de bem jurídico, voltada para a finalidade do direito penal, com distanciamento de institutos internos do Direito Penal, "notadamente no que se refere a isolar o conceito de Direito Penal apenas *à* estruturação da dogmática penal"[12], contemporaneamente, a partir dos textos de Claus Roxin, estruturados no diálogo da dogmática com as perspectivas criminológica, política criminal e sociológica, o cenário se modifica.

---

11 Como explica Falavigno (*A deslegalização no direito penal*, cit.), os ensinamentos dos referidos autores alemães influenciaram em grande parte a popularização e a adoção do instituto bem jurídico no Brasil.

12 DAVID, Decio Franco. O princípio da ofensividade nos julgados do Supremo Tribunal Federal: uma análise do (des)conhecimento da defesa de bens jurídicos enquanto princípio formador do direito penal. *Revista Brasileira de Ciências Criminais*, ano 23, v. 115, jul.-ago. 2015, p. 17-60.

Com efeito, opondo-se ao *normativismo exagerado* de Jakobs, para quem a função do direito penal não é proteger bens jurídicos, mas a validação da norma, sustenta Roxin que o "direito penal deve, caso queira orientar comportamentos, perseguir o fim de evitar lesões reais a bens jurídicos"[13].

Roxin, perseguindo um conceito crítico de bem jurídico que possa orientar o legislador na difícil tarefa de política criminal, ensina que

> (...) a tarefa do direito penal é garantir a seus cidadãos uma convivência livre e pacífica sob a garantia de todos os direitos fundamentais constitucionalmente previstos. De forma resumida, designa-se essa tarefa como proteção de bens jurídicos, e deve-se entender por bens jurídicos todos aqueles dados ou finalidades necessários para o livre desenvolvimento dos cidadãos, a realização de seus direitos fundamentais e o funcionamento de um sistema estatal construído sob essas bases[14].

O resultado de tal desenvolvimento teórico sobre a teoria do bem jurídico assim concebida é "de que dispositivos penais são ilegítimos quando não há lesão, nem ao livre desenvolvimento dos cidadãos e nem aos seus pressupostos sociais"[15].

A teoria de Roxin não escapa às críticas e comumente sobre ela é apontado o defeito de sê-la muito vaga e, por consequência, ineficaz, do ponto de vista pragmático. A tais objeções, Roxin rebate apontando que um conceito crítico de bem jurídico pode, sim, surtir eficácia no plano concreto, como são exemplos as decisões da Corte Constitucional Alemã sobre (i) a posse de droga para consumo próprio, (ii) a doação de órgãos entre vivos, (iii) incesto entre irmãos, nas quais houve forte debate sobre o bem jurídico tutelado pela norma penal e sua respectiva legitimidade.

Ainda, sustenta Roxin que a ideia de bem jurídico está alicerçada numa estrutura abstrata de princípio jurídico, cuja aplicação nos

---

13 ROXIN, Claus. O conceito de bem jurídico crítico ao legislador em xeque. *Revista dos Tribunais*, v. 922, p. 291-322, ago. 2012.
14 Idem, ibidem.
15 Idem, p. 293.

casos concretos demanda a análise da norma penal de legitimidade duvidosa em três níveis, quais sejam, (a) o que deve ser protegido, (b) quem deve ser protegido e (c) contra quem deve ser protegido. Apenas ao final dessa análise é que se estabelece se o comportamento incriminado lesiona o livre desenvolvimento dos cidadãos ou os seus pressupostos sociais[16].

Ao lado do princípio do bem jurídico, outro instituto muito importante para a contenção do poder punitivo estatal – que, como todo e qualquer poder, tende a ser arbitrário –, encontra-se o princípio da ofensividade. Segundo Fábio D'Avila, a tutela do bem jurídico opera em dois níveis distintos, um destinado a orientar e limitar a atividade do legislador no momento de criminalização de condutas, outro como instrumento de interpretação da norma, mediante a exigência de ofensividade. Daí a relevância do princípio na atividade jurisdicional,

> (...) pois permite ao Poder Judiciário não apenas analisar e reconhecer a tipicidade ou atipicidade das condutas, como também reconhecer a desnecessidade de norma penal em determinado caso pelo juízo de deslegitimação da própria norma ou então realizar o controle de constitucionalidade[17].

É por meio da compreensão da delimitação material do crime, enquanto lesão ou perigo de lesão ao bem jurídico tutelado, que se confere legitimidade à atuação do controle social através do Direito Penal. Não obstante, como explica Falavigno, nos tipos penais abertos que demandam complementação administrativa, não raro, tem-se a violação do princípio da ofensividade, "pois a norma passa a tutelar elemento que não constitui bem jurídico, de forma que sua infração não gera afronta a bem com dignidade penal"[18].

Com efeito, malgrado a profícua produção doutrinária sobre a importância do princípio do bem jurídico e da ofensividade enquan-

---

16 Idem, ibidem.
17 DAVID, Decio Franco. O princípio da ofensividade nos julgados do Supremo Tribunal Federal, cit., p. 17-60.
18 FALAVIGNO, Chiavelli. *A deslegalização no direito penal*, cit., p. 157.

to instrumentos de limitação do poder punitivo estatal, tais institutos são pouco versados na prática forense.

Em interessante trabalho empírico, Décio Franco David analisou alguns julgados do Supremo Tribunal Federal e concluiu por existir "certo abandono ao princípio da ofensividade pelo STF, essencialmente pelos ministros fazerem uma verdadeira confusão terminológica em suas decisões, mesclando ofensividade com intervenção mínima e insignificância ou usando o termo em situações que não detinham nenhuma referência temática"[19].

Embora ainda careça de maior aplicação no âmbito dos Tribunais, como apontado pela pesquisa suprarreferenciada, parece ser correto afirmar que a adequada tutela do bem jurídico e da aplicação do princípio da ofensividade, destinada a garantir a tutela da liberdade e a dignidade da pessoa humana, no sentido de permitir a criminalização e a punibilidade de condutas que efetivamente ofendam ou acarretem perigo a bens jurídicos penalmente relevantes, é o caminho a ser percorrido para minimizar a grave crise de legalidade que o país vem sofrendo.

Em outras palavras, num contexto de *direito penal máximo* e de *panpenalização*, o adequado uso das categorias de bem jurídico penal e ofensividade se apresenta como mecanismo de atenuação dos deletérios danos causados pela apontada crise de legalidade.

4. CONCLUSÕES

O direito penal brasileiro perpassa por uma manifesta crise de legalidade, causada, dentre outros fatores, pela hipertrofia de leis criminalizadoras, não invariavelmente por meio de tipos penais abertos que se socorrem a complementações heterogêneas dos mais diversos órgãos, no sentido da administrativização do Direito Penal. Isso se manifesta em relação a normas do Banco Central, do Institu-

---

19 DAVID, Decio Franco. O princípio da ofensividade nos julgados do Supremo Tribunal Federal, cit., p. 17-60.

to Brasileiro do Meio Ambiente (Ibama), da Agência Nacional de Vigilância Sanitária (Anvisa), entre outros órgãos e agências.

Os ideais de segurança e previsibilidade, conteúdo nuclear da legalidade, há muito deixaram de ser palpáveis na prática das ciências criminais. Para Ferrajoli, uma das possíveis soluções seria a substituição do princípio da legalidade pelo princípio da *codicidade*, no sentido de permitir criminalização apenas por inserção de tipos penais num único Código Penal.

Dada a realidade da política brasileira, não nos parece ser esse um caminho viável e tampouco eficaz. Para tal conclusão, basta ter em conta as polêmicas e dificuldades legiferantes relacionadas ao Projeto de Novo Código Penal (PLS n. 236/2012).

Nesse cenário, quiçá uma possível saída seja a adoção séria, por parte principalmente do Poder Judiciário, dos princípios do bem jurídico e da ofensividade enquanto mecanismos de aferição de legitimidade da criminalização e punibilidade de condutas submetidas ao sistema de justiça criminal.

REFERÊNCIAS

DAVID, Decio Franco. O princípio da ofensividade nos julgados do Supremo Tribunal Federal: uma análise do (des)conhecimento da defesa de bens jurídicos enquanto princípio formador do direito penal. *Revista Brasileira de Ciências Criminais*, ano 23, v. 115, p. 17-60, jul.-ago. 2015.

FALAVIGNO, Chiavelli. *A deslegalização no direito penal*. Florianópolis: Emais Editora, 2020.

FERRAJOLI, Luigi. O estado de direito entre o passado e futuro. In: COSTA, Pietro; ZOLO, Danilo. *O estado de direito*: história, teoria, crítica. São Paulo: Martins Fontes, 2006.

GOMES, Mariângela Gama de Magalhães. *Direito penal e interpretação jurisprudencial*. São Paulo: Atlas, 2008.

INSTITUTO BRASILEIRO DE CIÊNCIAS CRIMINAIS. Editorial – o excesso de leis penais. *Boletim do IBCCrim*, São Paulo, 2019. Disponível em: https://www.ibccrim.org.br/boletim_artigo/4140-

-EDITORIAL-O-excesso-de-leis-penais. Acesso em: 14 ago. 2020.

ROXIN, Claus. O conceito de bem jurídico crítico ao legislador em xeque. *Revista dos Tribunais*, v. 922, p. 291-322, ago. 2012.

ZOLO, Danilo. Teoria e crítica do estado de direito. In: COSTA, Pietro; ZOLO, Danilo. *O estado de direito*: história, teoria, crítica. São Paulo: Martins Fontes, 2006.

II

ASPECTOS CRIMINOLÓGICOS DA MACROCRIMINALIDADE

1

Seletividade penal como forma de impunidade aos crimes dos poderosos

Maria Eduarda Pacheco da Silva Olcha[1]

Resumo: O presente estudo objetivou analisar de que forma a seletividade penal pode influenciar na impunidade da criminalidade dos poderosos; portanto, foca em estudar a seletividade penal como ferramenta para a impunidade nos crimes praticados por poderosos. Alguns dos passos galgados para desenvolver a análise foram verificar o conceito de seletividade penal, bem como relacionar a seletividade penal com os crimes dos poderosos, identificar os motivos da seleção penal, além de analisar a questão da impunidade e limitações da resposta penal nos crimes dos poderosos. Para tanto, foi utilizada como método para coleta de dados a pesquisa bibliográfica, através do estudo da doutrina e de artigos científicos sobre o tema. A partir da análise de dados, foi possível perceber a influência da seletividade na impunidade de alguns crimes, a falha na definição do perfil do criminoso a partir dos dados do sistema penitenciário, e, assim, verificar que os poderosos também cometem crimes; no entanto, essas condutas não passam pelo sistema penal. Enfim, por meio de todo o estudo realizado, foi possível verificar que a seletividade afasta a

---

[1] Estudante do curso de graduação em Direito do Instituto Brasileiro de Ensino, Desenvolvimento e Pesquisa (IDP).

punição de alguns crimes pelo sistema penal, facilitando a possibilidade de impunidade.

Palavras-chave: Criminologia. Seletividade. Criminalidade dos poderosos. Impunidade.

INTRODUÇÃO

O crescente combate à corrupção nos mostra que existe a prática de delitos em todos os níveis socais; no entanto, a busca pela punição de crimes desse gênero se demonstra mais complexa do que os crimes normalmente punidos pelo sistema penal. Por essa razão, tem particular relevância quando se trata do tema entender os aspectos que levam à facilidade da impunidade nesses casos, mesmo porque debate-se sobre a questão da definição do perfil do criminoso com base nos dados apresentados pelo sistema penal, partindo da ideia de que somente pratica crimes quem ingressa no sistema penal.

Não se trata, no entanto, de afastar a prática de crimes por parte da alta sociedade, e sim análise sobre a questão da impunidade para certos tipos de condutas. Lamentavelmente, a impunidade gera vários prejuízos, principalmente ao considerar a alta lesividade para a sociedade como um todo, além de incentivar a continuação dessas práticas. É importante considerar que os dados do sistema penal não podem ser utilizados como forma para definir o criminoso, pois existe a cifra negra não contabilizada pelo Estado.

De forma geral, a seletividade penal tem por objetivo limitar as possibilidades de resposta penal. Com isso, os crimes praticados por pessoas que possuem influência podem facilmente ser afastados da possibilidade de punição. Nesse ponto, vê-se que o principal fator impeditivo para o combate à corrupção é exatamente essa seletividade. Essa pesquisa foca em estudar a seletividade penal como ferramenta para a impunidade nos crimes praticados por poderosos.

Verificamos que, ao longo do tempo, a definição de quem pratica crimes e ingressa no sistema penal é marcada por uma seletividade, na qual os clientes do sistema penal são caracterizados por sua baixa renda e baixo *status* social. Daí o surgimento de uma escolha, pelo Estado, de quem seria punido e como seria punido. De certo modo, ocorreu a seletividade, de forma a evidenciar a impunidade relacionada a determinados tipos de conduta. Assim, reveste-se de particular importância a relação entre a seletividade penal e a impunidade de alguns agentes. Portanto, buscou-se reunir dados e informações com o propósito de responder ao seguinte problema de pesquisa: De que forma a seletividade penal influencia a impunidade dos crimes dos poderosos?

Alguns dos passos a serem realizados para alcançar o objetivo geral da pesquisa são verificar o conceito de seletividade penal, relacionar a seletividade penal com os crimes dos poderosos, identificar os motivos da seleção penal, além de analisar a questão da impunidade e limitações da resposta penal nos crimes dos poderosos.

As normas devem ser seguidas por todos, independentemente de posição social. Nesse sentido, os crimes econômicos praticados por agentes com alto poder devem ser punidos assim como qualquer conduta criminosa perpetrada por outra pessoa. Segundo o art. 32 do CP, são espécies de pena: a pena privativa de liberdade, as restritivas de direito e as de multa, sendo a privativa de liberdade a mais grave de nosso ordenamento jurídico.

Conforme os dados do Infopen (2019) com relação à composição carcerária por raça/cor, verificamos que 328.108 presos (49,88%) são pardos e 110.611 (16,81%) são pretos, totalizando 66,69% do sistema. Esse quadro mostra que a maior parte dos detentos que cumprem a pena privativa de liberdade é composta por negros ou pardos, de baixa escolaridade e baixa renda.

A dúvida, nesse caso, é: se as punições decorrentes de crimes deveriam ser aplicadas a todos, por qual motivo os dados demonstram que a aplicação de punições penais com pena privativa de liberdade é voltada para as pessoas jovens, de baixa renda e negros ou pardos em comparação à quantidade de pessoas brancas, de boa escolaridade e com boa renda?

Nesse sentido, Edwin Sutherland[2] expõe que a criminalidade de colarinho-branco se diferencia da criminalidade de classe baixa,

---

2 SUTHERLAND, Edwin Hardin. A criminalidade de colarinho branco. *Revista Eletrônica de Direito Penal e Política Criminal*, v. 2, n. 2, 2014.

principalmente com relação à aplicação das leis penais, conforme verificamos no trecho a seguir:

> Os crimes da classe baixa são conduzidos por policiais, promotores e juízes, com penas de multa, prisão e de morte. Os crimes da classe alta não resultam em nenhuma ação oficial ou em ações indenizatórias em cortes civis ou conduzidos por fiscais e por conselhos ou comissões administrativos, com sanções penais na forma de advertências, ordens para cessar uma atividade, ocasionalmente, a perda de uma licença e, somente em casos extremos, aplicação de multas ou penas privativas de liberdade. Por isso, os criminosos de colarinho banco são segregados administrativamente dos demais e, em larga medida, como uma consequência disso, não são considerados como verdadeiros criminosos por eles mesmos, pelo público em geral ou pelos criminólogos[3].

Dessa forma, como os crimes de colarinho-branco não são tratados da mesma forma que os crimes praticados por pessoas de classe baixa, não são enquadrados no conceito de criminoso e sequer passam pela pena privativa de liberdade. Podemos perceber, conforme citado anteriormente, que esse quadro remete ao aspecto da seletividade penal, ou seja, as condutas que serão punidas são escolhidas previamente pelo Estado.

Sobre esse ponto, conforme verificado por Gregg Barak[4], percebemos que existe a chamada criminalidade dos poderosos, mas fica evidenciado que não são punidos com o mesmo rigor de crimes praticados pela população em geral, escapando tanto da criminalização como da estigmatização que deveria acompanhar a realização de crimes. Dessa forma, o que impulsionou a realização deste trabalho foi entender se a seletividade penal é um fator que auxilia na impunidade dos crimes voltados às condutas dos poderosos.

Para o desenvolvimento do presente trabalho, foram utilizadas pesquisas bibliográficas relacionadas ao tema, sendo usada a abordagem qualitativa para análise e interpretação de dados.

---

3   Idem, ibidem.
4   BARAK, Gregg. The crimes of the powerful and the globalization of crime. *Revista Brasileira de Direito*, v. 11, p. 104-114, 2015.

O artigo foi estruturado em dois itens, apresentando-se, no primeiro, uma breve introdução histórica sobre a origem da pena privativa de liberdade e a seletividade penal, e as definições acerca desta. No segundo capítulo é abordado o tema crimes dos poderosos, em que se verificam aspectos sobre a impunidade, relacionando esse conceito com a seletividade penal.

1. BREVES CONSIDERAÇÕES HISTÓRICAS SOBRE A ORIGEM DA PENA PRIVATIVA DE LIBERDADE E A SELETIVIDADE PENAL

O contexto histórico da evolução da pena demonstra que esta já se apresentou com diversas finalidades e já foi aplicada de diversas formas ao longo da história. Conforme exposto por Foucault[5], é válido citar que anteriormente não existiam as penas privativas de liberdade e as penas tinham apenas caráter de punição corporal. Nesse contexto, até o fim do século XVIII e início do século XIX a pena oferecida aos que praticavam crimes costumava ser corporal, como nos chamados suplícios, em que a aplicação de punição ocorria na forma de espetáculos em praça pública.

Conforme exposto por Galvão[6], atualmente, a pena privativa de liberdade se apresenta como a principal pena do direito penal, no entanto, sua aplicação ainda é recente, já que ao longo da história as penas tinham características relacionadas a punições corporais.

O autor ainda aponta que é importante considerar que, inicialmente, a privação de liberdade tinha finalidade processual, ou seja, tinha finalidade apenas de manter o preso até o momento de aplicar a punição. Nesse sentido, com a busca de penas com caráter mais humanitário, surgiu a aplicação da pena privativa de liberdade como alternativa às penas cruéis.

---

5 FOUCAULT, M. *Vigiar e punir*: nascimento da prisão. Trad. Raquel Ramalhete. 20. ed. Petrópolis: Vozes, 1987.
6 GALVÃO, F. *Direito penal*: parte geral. Belo Horizonte: Del Rey, 2007.

Segundo Cezar Roberto Bitencourt[7], mudanças socioeconômicas produzidas entre a Idade Média e a Idade Moderna resultaram no surgimento de diversas pessoas sofrendo em decorrência do desemprego, da pobreza, aumentando, assim, o número de delinquentes e fazendo surgir a mendicância.

Nesse contexto, para Dario Melossi e Massimo Pavarini[8], com a passagem da sociedade camponesa para a sociedade burguesa industrial, o trabalhador deixou de ter vínculo direto com o senhor. O mais preocupante, contudo, é constatar que, por conta de não existir esse vínculo, o trabalhador tinha uma liberdade fictícia, pois significava estar em situação até mesmo de passar fome. Devido a essa situação enfrentada pelo trabalhador, nesse período, aumentaram as situações de vagabundagem, banditismo, roubo e revoltas.

Nesse contexto, segundo Melossi e Pavarini[9], há relação entre o capitalismo e o surgimento da prisão privativa de liberdade, sendo que a prisão surgiu como uma pré-fábrica, pois os criminosos vadios eram enviados para as casas de correção com o objetivo de se tornarem trabalhadores operários, já que eram treinados para a rotina de trabalho das fábricas.

Conforme Maia et al.[10], com a industrialização, o trabalho dos presos se demonstrou conveniente, pois existia a ideia de que o Estado não deveria arcar com o sustento do preso, além de ajudar a suprir a necessidade de mão de obra qualificada às alterações na forma de trabalho, que, anteriormente caracterizada como rural, auxiliava também na reforma do preso, pois sua energia seria gasta no trabalho, afastando, assim, pensamentos criminosos.

---

7 BITENCOURT, C. *Tratado de direito penal*: parte geral. 17. ed. São Paulo: Saraiva, 2012.
8 MELOSSI, D.; PAVARINI, M. *Cárcere e fábrica*: as origens do sistema penitenciário (séculos XVI-XIX). Rio de Janeiro: Revan, 2006.
9 Idem, ibidem.
10 MAIA, C. N. et al. *História das prisões no Brasil*. Rio de Janeiro: Anfiteatro, 2017. v. 1.

A punição meramente privativa de liberdade não era produtiva, daí o surgimento do trabalho prisional. Inicialmente, o trabalho era aplicado como forma de punir o preso, ou seja, fazia parte da pena. Atualmente, o trabalho tem finalidade principal de ressocialização do preso e educação, de forma a auxiliar o preso ao retorno à sociedade após cumprir sua pena.

Pelo exposto acima, percebemos o motivo de a seletividade penal para o cumprimento de pena privativa de liberdade ser relacionado às pessoas de baixa renda, pois, inicialmente, essas pessoas eram usadas como forma de trabalho para acompanhar o período de industrialização.

1.1. Reflexões relativas à seletividade penal

Apesar de parcela significativa da sociedade acreditar que a prática de crimes está relacionada com as condições de vida dos condenados pelo sistema penal, é preciso ressaltar que crimes também são executados por pessoas em posição de poder.

Nesse sentido, Penteado Filho[11] aponta que criminólogos sustentam que, por meio de estatísticas criminais, é possível conhecer o liame causal entre os fatores de criminalidade e os ilícitos praticados. No entanto, o autor aponta que é preciso ter cuidado ao analisar esses dados, pois pode transmitir ideia errônea, visto que, como muitos delitos são comunicados, pode existir erro de coleta e manipulação de dados.

É importante ressaltar que muito crimes nem chegam a passar pelo sistema penal e, por isso, seus executores não são vistos como clientes do sistema penal, ficando evidenciada, assim, a seletividade penal. É exatamente o caso de crimes praticados por pessoas que possuem bom nível de escolaridade, ocupam posições de poder, o que dificulta a possibilidade de punição pela prática dos delitos. Por todas essas razões, é notório que isso resulta na visão de que fatores como a questão financeira e social são determinantes na definição do que se considera criminoso.

---

11 PENTEADO FILHO, Nestor Sampaio. *Manual esquemático de criminologia*. 2. ed. São Paulo: Saraiva, 2012.

É preciso ressaltar que, tendo em vista que os crimes praticados por pessoas consideradas de alto nível social têm maior dificuldade de passar pela condenação penal, fica evidente que seria um erro definir o perfil de criminoso com base nas estatísticas de quem está preso.

Como bem nos asseguram Lima et al.[12], pode-se dizer que no estudo sobre a seletividade penal se busca entender como e por que o Estado busca punir algumas condutas e determinados grupos de criminosos, e é tolerante com outras conjuras e grupos sociais. Nesse contexto, fica evidenciado que existe seleção do que será considerado crime, sendo possível, dessa maneira, filtrar quais condutas serão punidas pelo sistema penal. O mais preocupante, contudo, é constatar que os crimes praticados por pessoas com bom nível social são bem mais difíceis de ingressar no sistema penal. Não é exagero afirmar que em todo esse processo ocorreu uma seleção penal de forma a punir crimes que, em regra, são praticados por pessoas de baixa renda.

É interessante, aliás, que, segundo dados do Infopen (2019)[13], a população carcerária do Brasil é de 748.009 presos, sendo que 504.108 (cerca de 50,96%) presos foram condenados por crime contra o patrimônio. Em segundo lugar na quantidade de incidências por tipo penal estão crimes de drogas, com aproximadamente 20,28% dos presos. Dessa maneira, conforme explicado anteriormente, percebemos que a seletividade dos clientes do sistema penal está focada principalmente em crimes relacionados a pessoas de baixa renda, mas isso não significa que não exista a prática de crimes por pessoas que possuem o poder.

---

12   LIMA, R. S.; RATTON, J. L.; AZEVEDO, R. G. *Crime, polícia e justiça no Brasil*. São Paulo: Contexto, 2014.
13   BRASIL. Departamento Penitenciário Nacional. *Levantamento Nacional de Informações Penitenciárias*. Infopen, 2019. Disponível em: https://app.powerbi.com/view?r=eyJrIjoiMmU4ODAwNTAtY2IyMS00OWJiLWE3ZTgtZGNjY2ZhNTYzZDliIiwidCI6ImViMDkwNDIwLTQ0NGMtNDNmNy05MWYyLTRiOGRhNmJmZThlMSJ9. Acesso em: 29 jul. 2020.

Conforme verificado por Alessandro Baratta[14], existe uma relação entre o direito penal e a desigualdade social, de forma que as normas do direito penal não só se formam e se aplicam refletindo as relações de desigualdade, mas também atuam de forma ativa, para manutenção do *status* social atual, de forma a impedir a ascensão dos que pertencem ao *status* social mais baixo. Dessa maneira, o autor deixa claro que a aplicação da seletividade para punição de certos ilícitos penais trata-se, inegavelmente, de uma forma de encobrir um número maior de condutas ilegais que permanecem imunes à punição.

Pode-se dizer que as condutas serão consideradas crimes e a forma como esses ilícitos serão punidos é determinada de forma seletiva. Nesse contexto, fica claro que o cárcere foi resultado da necessidade de manutenção de uma estrutura de poder, pois "as maiores chances de ser selecionado para fazer para fazer parte da "população criminosa" aparecem, de fato, concentradas nos níveis mais baixos da escala social"[15].

Assim, conforme mencionado pelo autor, o mais preocupante, contudo, é constatar que a definição de um perfil de criminoso não leva em conta que existem crimes praticados por pessoas que pertencem à classe de poder, no entanto, o direito penal tende a privilegiar essas classes dominantes com a imunização da punição.

Ora, em tese, o direito penal serve para todos, e todos estão sujeitos a punições decorrentes da prática de crimes. Portanto, conforme explicado anteriormente, fica evidenciado que a seletividade penal pode ser uma limitação à resposta penal, pois influencia na impunidade de crimes praticados por grupos privilegiados pela seletividade penal, que podemos verificar, por exemplo, ao analisar as pessoas que estão no cárcere.

Nesse sentido, Baratta[16] expõe o seguinte:

---

14 BARATTA, A. *Criminologia crítica e crítica do direito penal*: introdução à sociologia do direito penal. 3. ed. Rio de Janeiro: Revan, 2002.
15 BARATTA, A. *Criminologia crítica e crítica do direito penal*, cit., p. 165.
16 Idem, p. 176.

No que se refere ao direito penal abstrato (isto é, à criminalização primária) isto tem a ver com os conteúdos, mas também com os "não conteúdos" da lei penal. O sistema de valores que neles se exprime reflete, predominantemente, o universo moral próprio de uma cultura burguesa-individualista, dando a máxima ênfase à proteção do patrimônio privado e orientando-se, predominantemente, para atingir as formas de desvio típicas dos grupos socialmente mais débeis e marginalizados. Basta pensar na enorme incidência de delitos contra o patrimônio na massa da criminalidade, tal como resulta da estatística judiciária, especialmente se se prescinde dos delitos de trânsito.

O autor deixa claro na citação acima que o foco da punição penal está voltado principalmente para os crimes patrimoniais. Esse motivo demonstra que o cárcere está ligado principalmente aos crimes praticados por pessoas de baixo poder aquisitivo. Conforme citado anteriormente, fica evidenciado que os crimes praticados pelas classes mais altas têm maior possibilidade de permanecer impunes em comparação com os crimes praticados por pessoas de baixo *status* social.

2. A CRIMINALIDADE DOS PODEROSOS E A IMPUNIDADE

Podemos conceituar a criminalidade dos poderosos como sendo os delitos praticados por pessoas de alto *status* social, responsabilidade e poder. Nesse sentido, Bruno Amaral Machado e Marina Quezado[17] apontam que Sutherland impulsionou a discussão sobre a questão da criminalidade das classes ricas. Os autores apontam ainda que o estudo sobre o tema criminalidade de colarinho-branco foi negligenciado por muito tempo e, inclusive, muitos estudos sobre o assunto foram censurados. Verificamos, portanto, a dificuldade de se estudar esse tipo de conduta, pelo fato de envolver os interesses de pessoas que possuem poder.

---

17 MACHADO, B. A.; QUEZADO, M. Corrupção pública pelos olhos da criminologia: dano social e violação dos direitos humanos. *Revista de Estudos Criminais*, Porto Alegre, v. 17, n. 70, p. 133-174, 2018.

Nesse sentido, Sutherland[18] questiona a conclusão de que a criminalidade está relacionada à pobreza e ao *status* social baixo, a qual é resultado de dados estatísticos que costumam fazer essa relação, entretanto, é importante considerar que crimes praticados pelos poderosos não são enquadrados nesses dados, ficando excluídos do conceito de criminoso.

É importante apontar que existe diferença entre imunidade e impunidade. Conforme explica Castilho[19], podemos verificar a imunidade nas situações que não são objeto de criminalização primária, ou seja, as pessoas nem chegam a ser investigadas pelo sistema penal, ocorrendo a chamada cifra dourada. Já a impunidade é caracterizada nos casos em que, apesar de previstas na lei em abstrato, são situações não alcançadas pela criminalização secundária, ou seja, é a falta de resposta do sistema penal para a prática da conduta, em decorrência, por exemplo, da prescrição, absolvição por falta de provas etc. Além disso, Machado e Quezado[20] também dispõem que Frank Pearce, no texto "Crimes of the Powerful", expõe que a punição no sistema penitenciário é voltada para os membros das classes mais baixas como forma de manter o estado atual capitalista.

Sobre esse tema, é interessante, aliás, citar a pesquisa desenvolvida por Carolina Costa Ferreira[21], em que foram analisadas 564 decisões judiciais proferidas no âmbito dos cinco Tribunais Regionais Federais do Brasil, com relação aos crimes de furto, roubo e peculato, com o objetivo de verificar a existência de discursos dos juízes que reforçassem a seletividade pena. Assim, por meio da análise dos dados, o resultado da pesquisa demonstra que existe diferença de

---

18   SUTHERLAND, Edwin Hardin. A criminalidade de colarinho branco, cit.
19   CASTILHO, Ela Wiecko Volkmer de et al. *O controle penal nos crimes contra o Sistema Financeiro Nacional* (Lei n. 7.492 de 16.06.86). Tese de Doutorado – Universidade Federal de Santa Catarina (UFSC), Centro de Ciências Jurídicas, 1996. Disponível em: https://repositorio.ufsc.br/handle/123456789/10642. Acesso em: 15 out. 2021.
20   MACHADO, B. A.; QUEZADO, M. Corrupção pública pelos olhos da criminologia: dano social e violação dos direitos humanos, cit., p. 133-174.
21   FERREIRA, Carolina Costa. *Discursos do sistema penal*: a seletividade no julgamento dos crimes de furto, roubo e peculato nos tribunais regionais federais do Brasil. Curitiba: CRV, 2010.

tratamento pelo juiz aos condenados por crime contra o patrimônio e crime contra a administração pública, evidenciando a existência da seletividade penal nas decisões judiciais.

Nesse sentido, como bem nos assegurava, há tempos, Heleno Claudio Fragoso[22], pode-se dizer que, pelo fato de o direito penal possuir leis lacunosas e desatualizadas, ocorre impunidade da classe dominante, pois com esse tipo de lei fica mais fácil o sistema se proteger. Nesse contexto, fica claro que as falhas apresentadas na elaboração e execução das leis auxilia na impunidade dos crimes praticados pelas pessoas de alto poder, pois assim fica evidenciado que é mais fácil deixar de punir tais condutas com o uso do poder.

Pedro Ivo Velloso Cordeiro[23] expõe que nos crimes econômicos é comum a discussão sobre a ilicitude de provas, e isso ocorre por conta da dificuldade de investigação, já que esse tipo de crime é realizado de forma escondida e os agentes aplicam meios para não serem descobertos. Assim, devido à maior dificuldade de investigar esse tipo de conduta, é necessário aplicar procedimentos mais invasivos e rígidos para possibilitar a comprovação dos crimes.

Conforme explicado anteriormente, é interessante apontar que o direito deveria se aplicar a todos, mas há um fator que se sobrepõe a isso, como a alta influência das pessoas que possuem *status* social e praticam crimes, e as dificuldades para investigação e punição de crimes. Isso demonstra que há maior dificuldade tanto na investigação como na efetivação da punição desse tipo de conduta, seja por problemas relacionados às normas dispostas sobre o assunto, seja por conta de interferências para garantir a impunidade.

---

22   FRAGOSO, H. C. Direito penal econômico e direito penal dos negócios. *Revista de Direito Penal e Criminologia*, Rio de Janeiro, v. 33, p. 122-129, 1982.
23   CORDEIRO, Pedro Ivo Velloso. In: COSTA, Arthur Trindade Maranhão; MACHADO, Bruno Amaral; ZACKSESKI, Cristina. *A investigação e a persecução penal da corrupção e dos delitos econômicos: uma pesquisa empírica no sistema de justiça federal*. Brasília: Escola Superior do Ministério Público da União, 2016. t. I, p. 37-88. Disponível em: http://escola.mpu.mp.br/publicacoes/series/serie--pesquisas/a-investigacao-e-a-persecucaopenal-da-corrupcao-e-dos-delitos--economicos-uma-pesquisa-empirica-no-sistema-de-justica-federal-tomo-1. Acesso em: 26 set. 2020.

Como o autor deixa claro, é importante ressaltar que nem todos os crimes são comunicados ao poder público e muitos também não chegam a ser punidos. Segundo Séverin[24], atribui-se o nome cifras negras ao número de infrações que não é conhecido oficialmente, não é detectado e, portanto, não é perseguido. Além disso, o autor aponta que existe o que chamamos de cifra dourada, relacionada às numerosas e diversas condutas que, apesar de serem criminosas, parecem estar imunizadas pelo poder político e pela força econômica.

Fica evidente, diante desse quadro, que o estudo da criminologia não pode ser voltado apenas aos dados do sistema penitenciário, pois estes não refletem a realidade dos crimes que realmente ocorreram.

CONSIDERAÇÕES FINAIS

De modo geral, as pessoas tendem a relacionar o conceito de criminoso somente aos "clientes do sistema penal". Entretanto, existem crimes que não são contabilizados nos dados penitenciários, seja porque não são levados a conhecimento, seja porque não chegam a ser punidos. Dessa maneira, como o conceito de crime não se limita às pessoas punidas pelo sistema penal – o que viola a ideia de "Direito Penal do Fato", afirmando o "Direito Penal do Autor"–, os crimes praticados por pessoas de alto *status* social também devem ser englobados.

Sendo assim, a seletividade penal atua de forma a definir quais crimes serão punidos pelo sistema penal. Podemos perceber que, a partir dessa seletividade, alguns crimes são tratados de maneira a garantir a impunidade.

Portanto, torna-se evidente que o que se busca não é prisão para todos, e sim que a punição de pena privativa de liberdade seja definida de forma proporcional para todas as pessoas. Vê-se, pois, que, para que isso aconteça, é necessário que o bem jurídico tutela-

---

24 SÉVERIN, Carlos Versele. A cifra dourada da delinquência. *Revista de Direito Penal*, n. 27, 1979.

do seja melhor definido e também as suas consequências no sistema de justiça criminal. Logo, é indiscutível o fato de que, se o fato criminoso não recebe a resposta adequada, é provável que a conduta continue a ser praticada.

Nesse sentido, fica evidenciado que a seletividade penal leva à impunidade de alguns crimes, como os crimes praticados pelos poderosos, gerando, dessa maneira, limitações à própria resposta penal do Estado.

REFERÊNCIAS

BARAK, Gregg. The crimes of the powerful and the globalization of crime. *Revista Brasileira de Direito*, v. 11, p. 104-114, 2015.

BARATTA, A. *Criminologia crítica e crítica do direito penal*: introdução à sociologia do direito penal. 3. ed. Rio de Janeiro: Revan, 2002.

BITENCOURT, C. *Tratado de direito penal*: parte geral. 17. ed. São Paulo: Saraiva, 2012.

BRASIL. Departamento Penitenciário Nacional. *Levantamento Nacional de Informações Penitenciárias*. Infopen, 2019. Disponível em: https://app.powerbi.com/view?r=eyJrIjoiMmU4ODAwNTAtY2-IyMS00OWJiLWE3ZTgtZGNjY2ZhNTYzZDliIiwidCI6ImVi-MDkwNDIwLTQ0NGMtNDNmNy05MWYyLTRiO-GRhNmJmZThlMSJ9. Acesso em: 29 jul. 2020.

CASTILHO, Ela Wiecko Volkmer de et al. *O controle penal nos crimes contra o Sistema Financeiro Nacional* (Lei n. 7.492 de 16.06.86). Tese de Doutorado – Universidade Federal de Santa Catarina (UFSC), Centro de Ciências Jurídicas, 1996. Disponível em: <https://repositorio.ufsc.br/handle/123456789/10642>. Acesso em: 15 out. 2021.

CORDEIRO, Pedro Ivo Velloso. In: COSTA, Arthur Trindade Maranhão; MACHADO, Bruno Amaral; ZACKSESKI, Cristina. *A investigação e a persecução penal da corrupção e dos delitos econômicos: uma pesquisa empírica no sistema de justiça federal*. Brasília: Escola Superior do Ministério Público da União, 2016. t. I, p. 37-88. Disponível em: http://escola.mpu.mp.br/publicacoes/series/serie-pesquisas/a--investigacao-e-a-persecucaopenal-da-corrupcao-e-dos-delitos-

-economicos-uma-pesquisa-empirica-no-sistema-de-justica-federal-tomo-1. Acesso em: 26 set. 2020.

DAVID, Decio Franco. O princípio da ofensividade nos julgados do Supremo Tribunal Federal: uma análise do (des)conhecimento da defesa de bens jurídicos enquanto princípio formador do direito penal. *Revista Brasileira de Ciências Criminais*, ano 23, v. 115, p. 17-60, jul.-ago. 2015.

FALAVIGNO, Chiavelli. *A deslegalização no direito penal*. Florianópolis: Emais Editora, 2020.

FERRAJOLI, Luigi. O estado de direito entre o passado e futuro. In: COSTA, Pietro; ZOLO, Danilo. *O estado de direito*: história, teoria, crítica. São Paulo: Martins Fontes, 2006.

FERREIRA, Carolina Costa. *Discursos do sistema penal*: a seletividade no julgamento dos crimes de furto, roubo e peculato nos tribunais regionais federais do Brasil. Curitiba: CRV, 2010.

FOUCAULT, M. *Vigiar e punir*: nascimento da prisão. Trad. Raquel Ramalhete. 20. ed. Petrópolis: Vozes, 1987.

FRAGOSO, H. C. Direito penal econômico e direito penal dos negócios. *Revista de Direito Penal e Criminologia*, Rio de Janeiro, v. 33, p. 122-129, 1982.

GALVÃO, F. *Direito penal*: parte geral. Belo Horizonte: Del Rey, 2007.

GOMES, Mariângela Gama de Magalhães. *Direito penal e interpretação jurisprudencial*. São Paulo: Atlas, 2008.

INSTITUTO BRASILEIRO DE CIÊNCIAS CRIMINAIS. Editorial – o excesso de leis penais. *Boletim do IBCCrim*, São Paulo, 2019. Disponível em: https://www.ibccrim.org.br/boletim_artigo/4140--EDITORIAL-O-excesso-de-leis-penais. Acesso em: 14 ago. 2020.

LIMA, R. S.; RATTON, J. L.; AZEVEDO, R. G. *Crime, polícia e justiça no Brasil*. São Paulo: Contexto, 2014.

MACHADO, B. A.; QUEZADO, M. Corrupção pública pelos olhos da criminologia: dano social e violação dos direitos humanos. *Revista de Estudos Criminais*, Porto Alegre, v. 17, n. 70, p. 133-174, 2018.

MAIA, C. N. et al. *História das prisões no Brasil*. Rio de Janeiro: Anfiteatro, 2017. v. 1.

MELOSSI, D.; PAVARINI, M. *Cárcere e fábrica*: as origens do sistema penitenciário (séculos XVI-XIX). Rio de Janeiro: Revan, 2006.

PENTEADO FILHO, Nestor Sampaio. *Manual esquemático de criminologia*. 2. ed. São Paulo: Saraiva, 2012.

ROXIN, Claus. O conceito de bem jurídico crítico ao legislador em xeque. *Revista dos Tribunais*, v. 922, p. 291-322, ago. 2012.

SÉVERIN, Carlos Versele. A cifra dourada da delinquência. *Revista de Direito Penal*, n. 27, 1979.

SUTHERLAND, Edwin Hardin. A criminalidade de colarinho branco. *Revista Eletrônica de Direito Penal e Política Criminal*, v. 2, n. 2, 2014.

ZOLO, Danilo. Teoria e crítica do estado de direito. In: COSTA, Pietro; ZOLO, Danilo. *O estado de direito*: história, teoria, crítica. São Paulo: Martins Fontes, 2006.

2

Uma proposta de reconstrução da dogmática jurídico-penal *unfinished* da culpabilidade a partir e além do pensamento criminológico de Eugenio Raúl Zaffaroni

Marcus Vinicius Aguiar Faria[1]

Resumo: A dogmática jurídico-penal é constantemente reconstruída pela criminologia e pela política criminal. Este artigo propõe, de modo original, uma atualização da culpabilidade (dogmática jurídico-penal), a partir da criminologia cautelar (Eugenio Raúl Zaffaroni), passando pela Teoria da Associação Diferencial (Edwin Sutherland) e a partir do movimento de política criminal da subsidiariedade e da fragmentariedade do direito penal. A proposta consiste em incorporar um sistema de créditos e débitos sociais no juízo de reprovação

---

[1] Doutorando e Mestre em Direito Constitucional pelo Instituto Brasileiro de Ensino, Desenvolvimento e Pesquisa (IDP). Especialista em Direito Tributário pela Universidade para o Desenvolvimento do Estado e da Região do Pantanal (Uniderp) e em Direito Penal Econômico pela Universidade de Coimbra (IBCCrim). Graduado em Direito pelo Centro Universitário São Francisco de Barreiras (Unifasb). Professor de Direito Penal e de Direito da Criança e do Adolescente no Unifasb. Advogado.

social, a ser feito no momento de análise da culpabilidade, no sistema de imputação racional jurídico-penal, pela agência judicial, ou seja, a análise da biografia pessoal do agente, de modo que, se houver mais méritos do que deméritos, nessa equação, a persecução penal deve ser interrompida, ainda que o agente tenha sido selecionado e exista culpabilidade pelo injusto. Na eventual reiteração da prática criminosa, outra será a equação entre créditos e débitos sociais, provavelmente com saldo negativo, em desfavor do agente.

Palavras-chave: Direito Penal. Dogmática penal. Culpabilidade. Criminologia cautelar.

INTRODUÇÃO

O presente artigo pretende investigar se a culpabilidade, como categoria dogmática, rende o desejável, a partir da criminologia e da política criminal, como adequado juízo de reprovação social do agente que praticou um injusto penal e foi selecionado pelas agências do sistema penal.

Há uma proposta original neste artigo a partir e além do pensamento criminológico de Eugenio Raúl Zaffaroni (criminologia cautelar) e em consonância com o movimento de política criminal da subsidiariedade e da fragmentariedade do direito penal.

O método usado foi o dogmático. A técnica de pesquisa foi a bibliográfica. E a abordagem foi qualitativa. No item 1 abordamos a relação entre a Criminologia, a Política Criminal e a Dogmática Jurídico-Penal. No item 2 tratamos do pensamento criminológico de Eugenio Raúl Zaffaroni. No item 3 fizemos uma inferência para a macrocriminalidade e a culpabilidade nos crimes de colarinho-branco. E, no final, fizemos propostas de atualização da culpabilidade na dogmática jurídico-penal *unfinished*.

1. A RELAÇÃO ENTRE CRIMINOLOGIA, POLÍTICA CRIMINAL E DOGMÁTICA JURÍDICO-PENAL

Ao longo do tempo, a depender de qual *discurso* se torne *hegemônico*, dos interesses em jogo e da concepção de ciência predominante, prevalece, como principal *saber penal,* a *criminologia* ou a *política criminal* ou a *dogmática jurídico-penal.*

Antes de Franz von Liszt, era a *política criminal* que estava em evidência, com valores jusnaturalistas, ditados pela razão, e que deveriam ser protegidos pelo poder punitivo. Com Franz von Liszt, a *dogmática jurídico-penal* assume o protagonismo, sobretudo com a deferência ao princípio da legalidade e para conter o *jus puniendi.* Cesare Lombroso, Enrico Ferri e Rafaelle Garofalo enalteceram a *criminologia* etiológica, em detrimento dos demais saberes penais. Karl Binding e Arturo Rocco capitanearam um retorno da supremacia da *dogmática jurídico-penal.* Com Claus Roxin, o destaque volta-se, uma vez mais, para a *política criminal.* E, atualmente, a *criminologia* crítica reassume uma posição de prestígio entre os saberes penais.

Evidentemente que, como toda narrativa histórica, não há, diante dessa constatação, a pretensão de linearidade, senão perceber como esses saberes penais vêm se inter-relacionando, pelo menos, desde o final do século XIX.

Franz von Liszt, em 1881, propôs uma *ciência conjunta do direito penal* (*gesamte Strafrechtswissenschaft*), integrada pela *dogmática jurídico-penal,* como ciência principal, e pela *política criminal* e pela *criminologia,* como ciências auxiliares[2].

Karl Binding, à época, criticou Franz von Liszt de ter abandonado a lei penal, que, por sua vez, retrucou dizendo que ele defendia uma punição sem propósito. Apesar de se opor às justificativas metajurídicas da retribuição da pena (Kant e Hegel) e defender funções preventivas especiais para a punição (uma das propostas do seu "Programa de Marburgo"), o modelo integrado de Liszt foi o de um sistema fechado, porque não poderia haver influência interna ao sistema de imputação racional jurídico-penal (perspectiva de *lege lata*), mas a criminologia e a política criminal só poderiam indicar a finalidade da pena e recomendar reformas à legislação penal (perspectiva *de lege ferenda*).

---

2 SCHMIDT, Andrei Zenkner. *O método do direito penal sob uma perspectiva interdisciplinar.* Rio de Janeiro: Lumen Juris, 2007. p. 148.

Na proposta de Franz von Liszt, a *dogmática jurídico-penal* ocupava-se da legislação penal e da estruturação sistemática do conceito de crime (ação típica, antijurídica e culpável), com uma "função liberal-garantística de assegurar a uniformidade da aplicação e a liberdade individual em face da voracidade do Estado 'Leviatã'" [3]; a *política criminal* cingia-se à *ideia de fim no direito penal* e aos princípios orientadores da estratégia de prevenção de crimes, derivados de observações empíricas, como uma "tarefa social do direito penal"[4]; e a *criminologia*, fundada no paradigma etiológico, mas não na antropometria biologicista de Cesare Lombroso, à qual von Liszt se opunha, estudava as causas explicativas dos delitos como meio de defesa social[5].

Algumas frases das obras de Franz von Liszt[6] atravessaram o século XX e as fronteiras alemãs, funcionando aqui como um boa síntese: "o Código Penal é a Magna Carta do Delinquente", "bem jurídico é um interesse juridicamente protegido", "o direito penal é a barreira intransponível da política criminal" e "a política criminal é a ponte entre a dogmática jurídico-penal e a criminologia".

Claus Roxin[7], em 1970, criticou o modelo integral de Franz von Liszt e propôs que valores político-criminais, referentes à prevenção geral e especial da pena, orientem a reconstrução da dogmática

---

3   ROXIN, Claus. *Política criminal e sistema jurídico-penal*. Trad. Luís Greco. Rio de Janeiro: Renovar, 2012. p. 3-4. Claus Roxin destaca importante trecho na obra de Franz von Liszt: "Enquanto estivermos empenhados em proteger a liberdade do indivíduo em face do arbítrio ilimitado do poder estatal, enquanto nos ativermos ao princípio *nullum crimen, nulla poena sine lege*, a rígida arte de uma interpretação de leis que opere com princípios científicos manterá a sua importância política" (*Strafrechtl. Aufsätze und Vorträge*, vol. II, 1905, p. 434).
4   ROXIN, Claus. *Política criminal e sistema jurídico-penal*, cit., p. 2.
5   SCHMIDT, Andrei Zenkner. *O método do direito penal sob uma perspectiva interdisciplinar*, cit., p. 150.
6   Entre as obras de Franz von Liszt (1851-1919), nesse ponto, destacam-se: *Tratado de Direito Penal alemão* (1881) e *A ideia de fim no Direito Penal* (1882).
7   Nesse ponto, destaca-se, entre inúmeras obras de Claus Roxin (1931-): *Política criminal e sistema jurídico-penal* (1970).

jurídico-penal, tanto na perspectiva *de lege lata*, quanto na perspectiva *de lege ferenda*[8]. A proposta de Claus Roxin é a de um sistema aberto de *ciência conjunta do direito penal*, cujo sistema de imputação funcional-teleológico jurídico-penal e suas categorias (tipicidade, antijuricidade e responsabilidade) são ressignificados, com dimensões materiais, e estão a serviço de princípios político-criminais. É conhecida a crítica de Claus Roxin ao modelo lisztiniano:

> (...) se os questionamentos político-criminais não podem e não devem adentrar no sistema, deduções que dele corretamente se façam certamente garantirão soluções claras e uniformes, mas não necessariamente ajustadas ao caso. *De que serve, porém, a solução de um problema jurídico, que apesar de sua linda clareza e uniformidade é político-criminalmente errada? Não será preferível uma decisão adequada ao caso concreto, ainda que não integrável no sistema?* (...)[9].

> (...) fica claro *o caminho correto só pode ser deixar as decisões valorativas político-criminais introduzirem-se no sistema do direito penal*, de tal forma que a fundamentação legal, a clareza e previsibilidade, as interações harmônicas e as consequências detalhadas deste sistema não fiquem a dever nada à versão formal-positivista de proveniência lisztiana. Submissão ao direito e adequação a fins político-criminais (...)[10].

Alessandro Baratta, por sua vez, no final do século XX, apresentou outra perspectiva para a *política criminal*, para o futuro da *criminologia* e do modelo integral das ciências penais[11]. A política criminal teria objeto indefinido, devendo se relacionar à proteção dos direitos humanos individuais e sociais dos cidadãos, com políticas de natureza penal e não penal, de caráter preventivo e repressivo, tendo

---

8   SCHMIDT, Andrei Zenkner. *O método do direito penal sob uma perspectiva interdisciplinar*, cit., p. 161.
9   ROXIN, Claus. *Política criminal e sistema jurídico-penal*, cit., p. 7.
10 ROXIN, Claus. *Política criminal e sistema jurídico-penal*, cit., p. 22.
11 BARATTA, Alessandro. La política criminal y el derecho penal de la Constitución: nuevas reflexiones sobre el modelo integrado de las ciencias penales. *Revista Brasileira de Ciências Criminais*, São Paulo: RT, v. 29, 2000, p. 27-52.

como limite o "direito penal da Constituição" a partir das informações fornecidas pela criminologia crítica.

E, nesse marco das "Criminologias críticas"[12], Eugenio Raúl Zaffaroni, desde sua obra *Criminologia: aproximação desde uma margem*[13], afirma, em síntese, que estudou criminologia com o mexicano Alfonso Quiroz Cuarón, em 1965, e, por um período, refugiou-se na dogmática jurídico-penal; depois, percebeu que a chave estava na "política criminológica"– conforme alhures, para esse autor, não faz sentido distinguir a criminologia e a política criminal[14] – e na sua estreita relação com a política em geral; "a dogmática é um imenso esforço de racionalidade de uma programação irrealizável e que criminologia tradicional ou 'etiológica' não era suficiente"; e propôs, entre outros pontos, a reconstrução da dogmática jurídico-penal, na perspectiva do que chamou de "realismo criminológico marginal latino-americano"[15], que sofreu ajustes e atualizações por suas obras mais recentes.

Andrei Zenkner Schmidt[16], em interessante revisão crítica sob essa perspectiva transdisciplinar, arremata que nenhum desses saberes penais é considerado mais ciência auxiliar de alguma ciência principal, na medida em que

> (...) o Direito Penal desenvolve-se a partir de um método preponderantemente dogmático, mas que condiciona sua expansão/retração não só a partir de finalidades políticas inerentes ao sistema (os fundamentos do Direito Penal, que dão conteúdo à política criminal),

---

12 FERREIRA, Carolina Costa. Os caminhos das criminologias críticas: uma revisão bibliográfica. *Revista de Criminologias e Políticas Criminais*, Curitiba, v. 2, n. 2, jul.-dez. 2016, p. 171-192.

13 ZAFFARONI, Eugenio Raúl. *Criminologia*: aproximação desde uma margem. Bogotá, Colômbia: Temis S.A., 1988. v. I, p. IX.

14 Idem, p. 20; ZAFFARONI, Eugenio Rául. *Em busca das penas perdidas*: a perda de legitimidade do sistema penal. Trad. Vania Romano Pedrosa e Amir Lopez da Conceição. 5. ed. Rio de Janeiro: Revan, 2012a. p. 171.

15 ZAFFARONI, Eugenio Raúl. *Criminologia*, cit., p. 21-24.

16 SCHMIDT, Andrei Zenkner. *O método do direito penal sob uma perspectiva interdisciplinar*, cit., p. 7.

senão também a partir do contexto cultural onde tem incidência (abordado principalmente pela criminologia). Este último aspecto é fundamental para que a ciência penal ponha os pés no chão e evite voar normativamente alto demais. Assim, é relativamente correta a conclusão de ROXIN no sentido de que a dogmática há de orientar-se pela política criminal; tal assertiva, entretanto, parece incompleta; também a criminologia deve exercer o seu grau de influência.

Portanto, a *ciência penal conjunta* constitui-se como uma *unidade funcional*[17], em permanente *(re)construção*, numa relação complexa e dinâmica entre a *criminologia*, a *política criminal* e a *dogmática jurídico-penal* (direito penal e processo penal), isto é, na inter-relação entre o *ser* e o *dever-ser* projeta-se o *devir*[18], com o objetivo de reduzir a violência relacionada à questão criminal[19].

2. O PENSAMENTO CRIMINOLÓGICO DE EUGENIO RAÚL ZAFFARONI

2.1. Criminologia midiática

Nas obras *A palavra dos mortos: conferências de Criminologia Cautelar*[20] e *A questão criminal*[21], Zaffaroni aprofunda a explicação sobre a influência dos meios de comunicação de massa na questão

---

17 SCHMIDT, Andrei Zenkner. *O método do direito penal sob uma perspectiva interdisciplinar*, cit., p. 173.
18 Idem, p. 11.
19 ZAFFARONI, Eugenio Raúl. La criminología como curso. In: FAIRA, Julio César (ed.). *En torno de la cuestión penal*. Montevideo-Buenos Aires: B de F, 2005. p. 1-39. (Col. *Maestros del Derecho Penal*, n. 18)
20 ZAFFARONI, Eugenio Raúl. *A palavra dos mortos*: conferências de criminologia cautelar. Trad. Sérgio Lamarão. Coord. Alice Bianchini e Luiz Flávio Gomes. 1. ed. 2. tir. São Paulo: Saraiva, 2012b. p. 303-347.
21 ZAFFARONI, Eugenio Raúl. *A questão criminal*. Trad. Sérgio Lamarão. Rio de Janeiro: Revan, 2018. p. 193-225. A obra *A questão criminal* é composta por uma série de artigos, que foram publicados semanalmente em jornal argentino para o grande público, em 2011, com ilustrações do cartunista argentino Miguel Repiso.

criminal, o que passou a chamar de *criminologia midiática* ("a palavra da mídia"), que não se confunde com *criminologia teórica ou acadêmica* ("a palavra da academia") nem com, o que ele propõe como contrapartida, *criminologia cautelar* ("a palavra dos mortos").

A mídia cria realidades, heróis, inimigos e "bodes expiatórios", emergências, "paranoias", "pânico social", medo, estimula o punitivismo e "naturaliza" mortes, com "informação, subinformação e desinformação", preconceitos e crenças, tendo como base uma "etiologia simplista"; e, em outras vezes, com um "silêncio cúmplice" de "massacres" e graves violações de direitos humanos[22].

Cada mídia conta com a tecnologia do seu tempo e espaço, mas, conforme Zaffaroni[23], sempre se baseou em uma "causalidade mágica", criando uma "urgência de resposta concreta e conjuntural"[24] e valendo-se de recursos de áudio, vídeo e/ou imagem, para "impactar na esfera emocional" do público, com o destaque nas últimas décadas para a imprensa televisiva, a fim de canalizar a vingança contra determinados grupos humanos estereotipados.

Cita Gabriel Tarde (1898) e a influência antissemita dos jornais franceses da época no caso francês *Dreyfus* (1894), Giovanni Sartori e seu ensaio *Homo videns. Televiosione e post-pensiero* (1997), Pierre Bourdieu e sua obra *Sur la télévision* (1996), Dominique Wolton (que discordava de Bourdieu) e seu *Eloge du grand public: Une théore critique de la télévision* (1990), Ernst Cassirer e sua ideia do ser humano como "animal simbólico", e outros intelectuais, para fundamentar o poder dos meios de comunicação de massa e destacar como o *homo sapiens* tem se degradado e perdido a capacidade crítica e de abstração ("pensamento abstrato"), em razão de uma "cultura exclusivamente de imagens", propagada pela mídia, que o *insta* constantemente ao "pensamento concreto".

Aponta que as notícias que mais despertam interesse são de catástrofes, pois impressionam sem provocar reflexão. Zaffaroni

---

22 ZAFFARONI, Eugenio Raúl. *A palavra dos mortos*, cit., p. 303.
23 Idem, p. 304.
24 Idem, p. 313.

destaca que "a imagem não fala, quem fala é o intérprete"[25], isto é, o comentarista da televisão ou de outra mídia, que se vale de linguagem pobre e de mensagens subliminares.

A criminologia midiática construiu um conceito peculiar de segurança[26], centrado na prevenção da violência de roubos praticados por jovens, negros e pobres, de bairros urbanos periféricos; além de homicídios bárbaros, de estupradores em série e de pedófilos[27]. A reiteração das mensagens emocionais pela imagem, na mídia, gera, à força, a introjeção da *criminologia midiática* e a indignação nos espectadores.

Para Zaffaroni[28], isso provoca um "impulso vingativo por identificação com a vítima desses fatos" ou, se a vítima não pertencer ao grupo não estereotipado (o "nós") e integrar o "eles", então, "considera-se uma violência intragrupal própria de sua condição inferior", não gerando, nesse caso, indignação e sentimento de vingança.

Rememorando Michel Foucault, Zaffaroni[29] afirma que a criminologia midiática oculta do público "a potenciação do controle redutor de nossa liberdade", pois, para prover segurança pública, "vigia-se mais o *eles*, mas também o *nós*".

É um discurso de higiene social. Zaffaroni[30] diz que a expressão máxima desse tipo de discurso é vista, por exemplo, no *three strikes out* (três vezes e fora) ou na tolerância zero. Segundo a criminologia midiática, que não consegue esconder a sua "necrofilia", "é preciso matá-los", e usa expressamente o vocabulário bélico[31]. Nas execuções policiais sem processo, que são frequentes, a criminologia midiática justifica que o *morto* tem "volumoso prontuário, inúmeros antecedentes, drogado". Assim, como *técnica de neutrali-*

---

25 Idem, p. 305.
26 Idem, p. 308.
27 Idem, p. 314.
28 Idem, p. 308.
29 ZAFFARONI, Eugenio Raúl. *A questão criminal*, cit., p. 207.
30 ZAFFARONI, Eugenio Raúl. *A palavra dos mortos*, cit., p. 310.
31 Idem, p. 311.

zação, naturaliza essas mortes, dando a entender ao público que essas consequências do sistema penal são produto natural da violência própria *deles*, os estereotipados.

A *guerra contra o crime* e os *mortos* pelo sistema penal são fatos normalizados pela criminologia midiática e, conforme assinala Zaffaroni[32], comemoram-se, como sinal de eficácia preventiva, os cadáveres fuzilados, assim "como o soldado inimigo morto na guerra". E, quando não são mortos sem processo, na persecução penal os direitos e garantias fundamentais são violados, mediante o uso de "eufemismos", *v.g.*, longo tempo de prisão preventiva, em vez de antecipação da pena. Zaffaroni aponta que os "juízes brandos" são vistos como "traidores e encobridores" pela criminologia midiática.

Essa criminologia midiática é importada dos Estados Unidos e, segundo Zaffaroni[33], como não há recursos públicos na América Latina, assim como há nos EUA, para manter mais de dois milhões de presos e baixar o índice de desemprego com serviços para vigiá--los, os efeitos são nefastos.

A *guerra contra o crime*, não só em noticiários, é reafirmada também na imaginação do público em comunicações de entretenimento, alimentando o pânico social e introjetando muito medo no aparelho psicológico[34]. E há sempre um *herói* que faz justiça no enredo contra o *inimigo*.

Quanto à vítima, a criminologia midiática a instala como vítima-herói, interrompe o seu luto, explorando algumas de suas características particulares e perguntando-lhe, diante do público, se ela sofreu com o crime. Zaffaroni[35], nesse ponto, com apoio na sociologia do desvio, afirma que "a pessoa redefine sua autopercepção como vítima e se fixa nesse papel". A vítima, na mídia, clama por repressão, no entanto, depois é abandonada e a criminologia midiática dela se desvencilha.

---

32   Idem, ibidem.
33   Idem, p. 316.
34   Idem, p. 319-320.
35   Idem, p. 322.

A seleção criminalizante atualmente é feita pelos "empresários morais", isto é, pelos formadores de opinião dos meios de comunicação de massa, pois, de acordo com o clamor popular, ou melhor, segundo Zaffaroni[36], é conforme a criminologia midiática que o poder punitivo seleciona.

Por trás da criminologia midiática estão os interesses das empresas midiáticas, que, como diz Zaffaroni, não estão a serviço do poder financeiro mundial, mas fazem parte desse poder. Citou Zygmunt Bauman (*Modernidade e holocausto*, 1989), para afirmar que a criminologia midiática manipula a *moral social* com a *indiferença social*[37]. Demonstrou profunda preocupação com o monopólio e oligopólios dos meios de comunicação nos países latino-americanos.

A criminologia midiática retroalimenta-se, segundo Zaffaroni[38], porque até mesmo os *especialistas e peritos em direito penal*, quando perguntados pela imprensa sobre as causas do aumento da criminalidade e se a droga tem muito a ver ou se a desintegração da família conta, respondem o que "só um criminólogo ou um cientista social poderiam responder e, mesmo assim, depois de pesquisas de campo que, obviamente, não são realizadas em nosso país porque não se destina nem um mísero tostão para isso".

> (...) Um policial, um promotor ou um médico podem ser muito bons em suas profissões e, no entanto, não saber quem foi Robert Merton, porque nenhuma falta lhes faz para desempenhar sua função. Podem não ter aberto, em suas vidas, um único livro de sociologia e desconhecer completamente a teoria sociológica e os métodos de pesquisa empírica, não saber o que é uma pesquisa de vitimização ou de autoincriminação, nem um fluxo de casos, muito menos saber como eles são relacionados, não ter ideia do que é um observador participante, nem da importância das entrevistas; ignorar tudo o que concerne à estatística social, nunca ter tido contato com uma pesquisa de campo e, no entanto, serem excelentes funcionários e profissionais em sua matéria.

---

36 ZAFFARONI, Eugenio Raúl. *A palavra dos mortos*, cit., p. 322.
37 Idem, p. 324.
38 Idem, p. 338-339.

(...) É aí que se reproduz a onda de retroalimentação: o especialista reproduz o discurso da criminologia midiática; fala do que sabe e, em seguida, fica falando do óbvio, que é a realidade construída midiaticamente[39].

Para Zaffaroni, é inconcebível, hoje, um período de altíssimo prestígio da ciência, que a realidade seja criada com base em uma "causalidade mágica" pelos meios de comunicação de massa e, ainda mais, as decisões políticas, relacionadas à questão criminal, como políticas de segurança pública e edição de novas leis penais, sejam tomadas a partir da criminalidade midiática. E, de forma didática e crítica, ironiza: "a criminologia midiática está para a (criminologia) acadêmica mais ou menos como o curandeirismo está para a medicina"[40].

2.2. Criminologia cautelar

Também nas obras *A palavra dos mortos: conferências de Criminologia Cautelar*[41] e *A questão criminal*[42], Zaffaroni faz atualizações e aprofunda uma proposta de atuação e militância contra a criminologia midiática e a violência estrutural do sistema penal, que chamou de *criminologia cautelar*.

A partir da antropologia de René Girard e suas categorias "o mecanismo da vítima expiatória", "ilusão persecutória", "desejo pelo desejo do outro" e "violência mimética"[43], Zaffaroni destaca que "a função mais importante do sistema penal é a canalização da vingança"; "na atualidade, os inimigos vão mudando"; há "a produção de sucessivos bodes expiatórios e consequentes massacres", sobretudo quando o poder punitivo se descontrola; e "não é um fenômeno gerado pelo capitalismo, ainda que ele, devido à sociedade de consumo e à concentração e à polarização da riqueza, o estimule e o acelere".

---

39   Idem, p. 339.
40   Idem, p. 336.
41   Idem, p. 395-531.
42   ZAFFARONI, Eugenio Raúl. *A questão criminal*, cit., p. 255-317.
43   ZAFFARONI, Eugenio Raúl. *A palavra dos mortos*, cit., p. 401-402.

Arremata dizendo que "levamos 800 anos de poder punitivo criando inimigos, construindo bodes expiatórios e cometendo massacres"[44], e a criminologia tradicionalmente não se manifestou seriamente sobre os "massacres"[45], tanto a do "reducionismo biológico" (criminologia etiológica), que, na verdade, legitimou os massacres, quanto a "negacionista por omissão" (criminologia crítica tradicional), pois não se ocuparam do tema e "os cadáveres foram silenciados"[46]. Para Zaffaroni, essa etapa chega a seu fim, pois "chega-se, então, à terceira etapa, que é a que chamo(u) de *criminologia cautelar*"[47].

Definindo *o que é a criminologia cautelar*, Zaffaroni[48] afirma que é "a criminologia que proporciona a informação necessária e alerta a respeito do transbordamento do poder punitivo suscetível de produzir um massacre". Reitera que não é uma proposta abolicionista, como já tinha dito em outras mais antigas, mas uma "criminologia de prudência, de cautelar, como indicava o jesuíta Spee" em *Cautio Criminalis*.

Elenca tarefas, de cunho teórico e militante, para a criminologia cautelar[49], visando a contenção e redução da violência do sistema penal potencializada pela criminologia midiática, isto é, para a prevenção da "instalação do mundo paranoide" e do "massacre a conta-gotas"[50], a saber:

(i) em primeiro lugar, na *análise crítica dos textos suspeitos de ocultar técnicas de neutralização*.

(ii) Em segundo lugar, deve *estudar os efeitos da habilitação irresponsável do poder punitivo e advertir os juristas e os políticos* sobre seus riscos.

(iii) Em terceiro lugar, deve *investigar a realidade violenta, aplicando as técnicas próprias da investigação social de campo*, para

---

44 Idem, p. 408.
45 Idem, p. 407.
46 Idem, p. 413.
47 Idem, p. 413-414.
48 Idem, ibidem.
49 Idem, ibidem.
50 Idem, p. 467.

(iv) *neutralizar, com dados reais, a criminologia midiática* e
(v) adquirir prática comunicacional midiática para *revelar publicamente sua causalidade mágica*.

(vi) Por último, deve *analisar as conflituosidade violentas em todas as suas particularidades locais, para apontar o caminho mais adequado para desmotivar os comportamentos violentos* e motivar os menos violentos[51].

Sobre a criminologia crítica do século XX, Zaffaroni diz que ela não se tornou obsoleta, mas encerrou a sua fase negacionista de massacres pelo sistema penal; e que, com a criminologia cautelar, se está "marchando para além da crítica, mas por intermédio dela", e fornecendo "ao direito penal a informação necessária para sua função de contenção do poder punitivo"[52].

Anuncia que não é fácil fazer uma *criminologia militante* e faz um prognóstico das dificuldades, como, por exemplo, acostumar-se a ser malvisto, ir para a rua, conversar com as pessoas e os agentes públicos, compreender as suas angústias, investigar os discursos midiáticos e denunciar as suas fórmulas mágicas, desconcertar os políticos, não desanimar com os fracassos, saber que não é uma tarefa individual e reproduzir a militância, no compromisso com a tarefa de impor *cautela* ao exercício do poder punitivo[53].

O objetivo é fazer da *criminologia cautelar* uma *criminologia preventiva de Estado*, e, como explica Zaffaroni[54], isso requer decisão política e tempo de preparação.

Não aconselha o "suicídio político" com a adoção repentina da criminologia cautelar pelos políticos, pois sabe que a vida política depende de apoio do eleitorado e seus interesses[55]. Esclarece que a *tática de mudança* é ir fazendo algumas "prudentes concessões dis-

---

51 Idem, p. 413.
52 Idem, p. 414.
53 Idem, p. 467.
54 Idem, p. 472 e 486.
55 Idem, p. 473.

cursivas à criminologia midiática enquanto a criminologia cautelar vai sendo montada"[56].

Sugere a criação de um "centro de observação autônomo, que não fique sob o controle das agências do sistema penal"[57], assim como há bancos centrais que são autônomos, pois a criminologia cautelar precisa se institucionalizar como um órgão não hegemonizado[58].

Esclarece que a "criminologia cautelar não é só uma criminologia da denúncia"[59], como foi a tradicional criminologia crítica.

Aponta que a "polícia é a chave de toda a mudança"[60], pois a atenção dada à sua formação e aperfeiçoamento, e à hierarquização profissional de seu pessoal é fundamental. Recomenda à criminologia cautelar que, por exemplo, com a técnica de pesquisa *survey*[61] ou outras técnicas de pesquisa empírica, reúna os dados sobre cada polícia, valendo-se de documentos, entrevistas, análises dos salários, das punições disciplinares e outras variáveis, para se analisar o grau de deterioração que a agência policial alcançou.

Citando Erving Goffman[62], Zaffaroni afirma que não é possível eliminar os efeitos estruturais da prisão como instituição total. A propósito, destaca que "nunca soube, por exemplo, por que as visitas são submetidas a revistas vexatórias, quando é mais sensato revistar o preso antes e depois de devolvê-lo ao pavilhão"[63].

Para Zaffaroni, "o preso está preso por sua vulnerabilidade"[64]. A introjeção do estereótipo afeta a sua autopercepção, tornando-o

---

56 ZAFFARONI, Eugenio Raúl. *A palavra dos mortos*, cit., p. 473.
57 Idem, p. 473.
58 Idem, p. 473.
59 Idem, p. 492.
60 Idem, p. 497.
61 A pesquisa *survey*, em geral, ocorre com um questionário e objetiva obter dados e informações sobre características, comportamentos, opiniões, motivos ou valores de uma determinada população-alvo. Recomendada para responder, por exemplo, questões como: "quem?", "fazer o quê?", "por qual razão?", "com que sentido?" etc.
62 ZAFFARONI, Eugenio Raúl. *A palavra dos mortos*, cit., p. 502.
63 Idem, ibidem.
64 Idem, ibidem.

altamente vulnerável ao poder punitivo. Afirma que, quando um preso ingressa analfabeto e sai da prisão, por exemplo, como engenheiro eletrônico, foi porque conseguiu expulsar o estereótipo introjetado e mudar a sua autopercepção, o que aumentou o seu nível de invulnerabilidade ao poder punitivo.

Não acredita que os considerados "casos de êxito ressocializador", das "ideologias 're'", tenham a explicação correta, pois, "quando observamos mais de perto estes casos vemos que o que ocorreu é que a pessoa mudou sua autopercepção; em vez de fortalecer a introjeção do estereótipo"[65].

Discordando da maioria das vertentes da criminologia da reação social e citando o psiquiatra Viktor Frankl[66], Zaffaroni propõe a manutenção da *clínica psicológica*, desde que seja reformulada para o que chamou de "clínica da vulnerabilidade"[67], "na qual, é claro, os psicólogos têm um amplo campo de ação especializada"[68], para retirar os criminalizados, os presos, as vítimas, os policiais (e quem mais sofra alguma deterioração pelo sistema penal) do "desvio secundário", ajudando-os a se autoperceberem como pessoas humanas capazes de definir e executar o projeto existencial que quiserem.

> (...) Algo assim como: você é um ser humano, tem que se dar conta que essa imagem que construiu de si mesmo é falsa, você se degrada a si mesmo e é funcional ao poder, eles tentam fazer com que você acredite que é esperto e te usam como idiota, estão te usando, explorando tua ingenuidade. Nós oferecemos a oportunidade para você acordar. Eles tentam fazer com que você acredite que a próxima será melhor? Não, não há melhor, é uma armadilha a mais. Aqueles que fazem o bem não vêm aqui.
>
> Isso é o que às vezes se faz sem saber, são os casos de ressocialização que o pessoal mostra, é uma clínica da vulnerabilidade.

---

65 Idem, p. 501.
66 Idem, p. 504; ZAFFARONI, Eugenio Raúl. *A questão criminal*, cit., p. 317.
67 ZAFFARONI, Eugenio Raúl. *Criminologia*, cit., p. 24-28; ZAFFARONI, Eugenio Raúl. *A palavra dos mortos*, cit., p. 503.
68 ZAFFARONI, Eugenio Raúl. *A questão criminal*, cit., p. 316.

(...) Não é nada simples levar a cabo essa tarefa. Requer um gerenciamento técnico que não pode ser entregue ao acaso. As personalidades e as biografias são diferentes, o impacto da revelação do engano manipulador do poder punitivo é grande, o estereótipo resiste a esse tipo de exorcismo.

(...) Se o tratamento não for realizado com o cuidado necessário, por mãos especializadas, a pessoa pode defender-se da depressão negando a evidência e mesmo reagir paradoxalmente, lançando-se a um verdadeiro suicídio violento, triangular, em uma ação desesperada[69].

Assim, como *A palavra da academia* (criminologia da reação social) não conseguiu neutralizar *A palavra da mídia* (criminologia midiática) e conter as pulsões violentas do sistema penal, e, ainda, "a única realidade em criminologia são os cadáveres"[70] e os presos, é urgente e necessária, *na nossa margem latino-americana*, uma *criminologia cautelar* que seja *teórica e militante*, e aos poucos se instale como uma *criminologia preventiva do Estado*, para antecipar-se e evitar "mortes anunciadas"[71], "massacres por gotejamento"[72] e o encarceramento em massa de determinados estereótipos, em uma *interseccionalidade* de violações aos direitos humanos (jovens, negros, pobres, de baixa escolaridade, por exemplo, envolvidos com drogas ilícitas).

2.3. A "culpabilidade pela vulnerabilidade" como categoria compensatória à característica estrutural da seletividade do sistema penal

Na obra *Em busca das penas perdidas*, a maior novidade do realismo marginal, para a reconstrução da dogmática jurídico-penal, está no nível da culpabilidade. A agência judicial só pode permitir a continuação do processo de criminalização, iniciado pelas demais agências, se, além do injusto penal, estiver demonstrada a culpabilidade da pessoa selecionada.

---

69 ZAFFARONI, Eugenio Raúl. *A palavra dos mortos*, cit., p. 503.
70 Idem, p. 535.
71 Idem, p. 532.
72 Idem, p. 535.

A culpabilidade, para Zaffaroni[73], é, "sem dúvida alguma, uma referência direta e personalizada ao autor, em sua condição pessoal e na situação particular em que teria levado efeito tal conduta".

Desde que a teoria psicológica pura da culpabilidade de Adolf Merkel (no sistema causal-naturalista, de Franz von Liszt e Ernest Beling) foi superada, todas as sucessivas teorias da culpabilidade (psicológica-normativa, de Reinhart Frank, no neokantismo; normativa pura, de Hans Welzel, no finalismo; e funcionalismo sistêmico, de Günther Jakobs) entenderam-na como "juízo de reprovação"; e o funcionalismo teleológico, de Claus Roxin, ampliou a categoria para o que chamou de "responsabilidade", adicionando, para esse *juízo*, além da *culpabilidade pelo injusto*, as finalidades político-criminais preventivas da pena. Ocorre que, segundo Zaffaroni[74], com a acentuação da deslegitimidade do sistema penal e da falsidade dos discursos jurídico-penais derivados das ilusórias e idealistas finalidades da pena, identifica-se a escassez de um *conteúdo ético* e "pobreza dogmática"[75], para se fazer esse juízo de reprovação e atribuição de responsabilidade.

É que, como indaga Zaffaroni[76], a pessoa selecionada pelo sistema penal e que até tenha mesmo praticado um injusto penal (ação típica e antijurídica) se pergunta: "Por que a mim? Por que não a outros que fizeram o mesmo?". E essas são perguntas que as tradicionais teorias da culpabilidade não conseguem responder racionalmente. A *culpabilidade pelo injusto* sempre esteve em crise e ninguém se dava conta disso. "A seletividade do sistema penal neutraliza a reprovação. (...) Não se pode reprovar ninguém e (...) tampouco aquele que foi selecionado e que se encontra diante da agência judicial"[77].

Não obstante, Zaffaroni[78] entende que não se deve abandonar a "culpabilidade pelo injusto", porque é "necessário para que a agên-

---

73 ZAFFARONI, Eugenio Rául. *Em busca das penas perdidas*, cit., p. 258.
74 Idem, p. 259.
75 Idem, p. 260.
76 Idem, p. 259.
77 Idem, p. 259.
78 Idem, p. 260.

cia judicial responda autorizando a continuação do processo de criminalização". Apesar da ausência de conteúdo ético e fragilidades dogmáticas, não deixa de ser uma limitação ao poder punitivo.

Então, para conferir alguma legitimidade à culpabilidade, Zaffaroni inverte o juízo de reprovação. A responsabilidade, em vez de ser um exclusivo juízo de reprovação sobre a pessoa do selecionado e do injusto praticado, passa a ser da agência judicial, no sentido de que "a responsabilidade é da agência judicial, que deve responder perante o processado e a comunidade, dando conta da forma com que exerce ou administrativa a sua reduzida quota de poder limitador"[79].

O conteúdo ético da culpabilidade passa a ser, na perspectiva do realismo marginal, o comportamento da agência judicial em relação ao exercício do poder deslegitimado das demais agências do sistema penal[80].

Não se trata, por óbvio, de que a agência judicial nada reprovará[81], mas "sua responsabilidade criminalizante será maior quanto menor seja seu poder limitador no caso concreto e vice-versa"[82]. A agência judicial tem um "espaço de exercício de poder" maior ou menor, referente à função de contenção judicial da violência seletiva do sistema penal, a depender do quanto "uma pessoa se coloca em situação de vulnerabilidade quando o sistema penal a seleciona e a utiliza como instrumento para justificar seu próprio exercício de poder"[83]. É o *grau de vulnerabilidade* da pessoa à seletividade do sistema penal.

> (...) Na prática, o grau de esforço que uma pessoa realiza para colocar-se em situação de vulnerabilidade é diretamente proporcional à fortalecedora quota de ilusão que os aparatos de propaganda e os discursos de justificação do sistema penal "inventam". Deste modo, *quanto maior for o esforço, e a consequente contribuição para o fortalecimento do sistema, que a pessoa fez para colocar-se em*

---

79 ZAFFARONI, Eugenio Rául. *Em busca das penas perdidas*, cit., p. 264.
80 Idem, p. 265.
81 Idem, p. 268.
82 Idem, p. 268.
83 Idem, p. 269.

situação de vulnerabilidade ao seu poder, menor será o espaço de que dispõe a agência judicial para obstaculizar uma resposta criminalizante ou para diminuir a intensidade da resposta[84].

A "situação de vulnerabilidade" depende de dois grupos de "fatores de vulnerabilidade"[85]: (a) *posição* ou estado de vulnerabilidade" (grau de risco à seletividade que a pessoa corre só por pertencer a uma classe, grupo, estrato social, minoria etc.), que é "incobrável" do selecionado; e (b) "esforço pessoal para a vulnerabilidade" (grau de risco à seletividade que a pessoa se coloca com a sua conduta individual).

A prática de um injusto penal é apenas parte do esforço individual da pessoa para aumentar a sua vulnerabilidade de ser selecionada pelo sistema penal. E destacando que esse esforço individual tem que estar na sua esfera de autonomia pessoal e, portanto, de liberdade. Evidentemente que, quanto mais limitada estiver uma pessoa por sua "posição ou estado de vulnerabilidade", em razão de lhe terem atribuído um determinado estereótipo, menos autonomia terá para a prática do injusto penal, e, portanto, facilmente será selecionada pelas agências não judiciais do sistema penal, mas, para receber uma resposta da agência judicial, isto é, para que haja responsabilidade (culpabilidade), o seu "esforço pessoal pela vulnerabilidade" terá que ser considerável, porque, se for mínimo ou inexistente, a agência judicial deverá impedir o processo de criminalização, decidir pela ausência de culpabilidade e, portanto, absolver essa pessoa, devolvendo a sua plena liberdade e retirando a angústia e a aflição de responder a uma persecução penal no seio da sociedade, conquanto apenas diminua os efeitos colaterais dos danos já sofridos e suportados pelas pulsões violentas do sistema penal e do poder social mais amplo, como, frequentemente, pelos meios de comunicação de massa.

Em razão disso e até pelo que a sociologia já detectou como "desvio secundário"[86], situação na qual o selecionado, apesar de nada

---

84 Idem, p. 269-270 (grifos do original).
85 Idem, p. 270-271.
86 Idem, p. 274.

ter feito, como passam a acreditar que ele fez, acaba se comportando e até assumindo esse papel desviante, cabe à agência judicial também providenciar todas as *medidas de redução de danos* que no caso concreto forem possíveis.

A *culpabilidade pela vulnerabilidade* não é um requisito a mais da *culpabilidade pelo injusto*, mas, como esclarece Zaffaroni,"assume, dentro dela, seu valor negativo de limite máximo de irracionalidade aceitável"[87].

3. MACROCRIMINALIDADE E A CULPABILIDADE NOS CRIMES DE COLARINHO-BRANCO

Edwin H. Sutherland tornou conhecida, a partir da obra *White Collar Crime*, publicada em 1949, resultado de 17 anos de pesquisa, a expressão *crimes de colarinho-branco*. Com essa clássica obra, contribuiu para novas perspectivas criminológicas, a partir de nove princípios da sua Teoria da Associação Diferencial:

1. A conduta criminosa se aprende, como qualquer outra atividade.

2. O aprendizado se produz por interação com outras pessoas em um processo de comunicação.

3. A parte mais importante do aprendizado tem lugar dentro dos grupos pessoais íntimos.

4. O aprendizado do comportamento criminoso abrange tanto as técnicas para cometer o crime, que às vezes são muito complicadas e outras, muito simples, quanto a direção específica dos motivos, atitudes, impulsos e racionalizações.

5. A direção específica dos motivos e impulsos se aprende de definições favoráveis ou desfavoráveis a elas.

6. Uma pessoa se torna delinquente por efeito de um excesso de definições favoráveis à violação da lei, que predominam sobre as definições desfavoráveis a essa violação.

7. As associações diferenciais podem variar tanto em frequência como em prioridade, duração e intensidade.

---

[87] Idem, p. 270.

8. O processo de aprendizagem do comportamento criminoso por meio da associação com pautas criminais e anticriminais compreende os mesmos mecanismos abrangidos por qualquer outra aprendizagem.

9. Se o comportamento criminoso é expressão de necessidades e valores gerais, não se explica por estes, porque o comportamento não criminoso também é expressão dos mesmos valores e necessidades[88].

Um redirecionamento importante, na comunidade criminológica, foi o de que a prática criminosa não está relacionada à seletividade pelo sistema penal, pois existe mesmo quando os agentes permanecem fora das estatísticas oficiais (cifra oculta). A criminalidade de colarinho-branco é tão ou mais frequente que a criminalidade cotidiana. Portanto, a pobreza não está associada à criminalidade, pois os poderosos também cometem crimes.

Evidentemente, para a criminalidade de colarinho-branco, as agências (legislativa, policial e judicial) do sistema penal instituíram regras de tratamento diferenciadas e mais brandas do que as previstas para a criminalidade cotidiana. Por exemplo, no Direito Penal brasileiro, os crimes formais contra a ordem tributária (*v.g.*, art. 1º da Lei n. 8.137/91) admitem que, em qualquer momento, até a sentença, o parcelamento ou o pagamento do crédito tributário suspenda ou extinga o processo penal, respectivamente, enquanto que, para o furto simples (art. 155 do CP), não há semelhante benefício e, no máximo, o arrependimento posterior (art. 16 do CP), que não impede a condenação, apenas diminui a pena de 1/3 a 2/3.

Na mídia e opinião pública, os crimes de colarinho-branco, como sonegação fiscal e lavagem de dinheiro, geram reações diferentes dos crimes cotidianos, como tráfico de drogas, roubo e homicídio qualificado.

A culpabilidade, do sistema de imputação racional jurídico-penal, nos crimes de colarinho-branco e nos crimes cotidianos deve

---

[88] SUTHERLAND, Edwin H. *Crime de colarinho branco*. Versão sem cortes. Trad. Clécio Lemos. Rio de Janeiro: Revan, 2016. p. IX.

levar em conta, como elementos, (1) a Culpabilidade pelo Injusto Penal (imputabilidade, potencial consciência de ilicitude e exigibilidade de conduta diversa); e (2) a Culpabilidade pela Vulnerabilidade (posição ou estado de vulnerabilidade e esforço pessoal para a vulnerabilidade).

Os movimentos de "esquerda punitiva", de (nova) defesa social e de (nova) "direita punitiva" devem ser evitados, porquanto só criam mais problemas.

É preciso ir além desses pensamentos criminológicos, político-criminais e dogmáticos jurídico-penais, estabilizados no senso comum dos juristas, para, na perspectiva da *Ciência conjunta do Direito Penal* (dogmática inacabada e sujeita ao devir a partir da criminologia e da política criminal), considerar a Culpabilidade, em qualquer crime, como (1) a Culpabilidade pelo Injusto, (2) a Culpabilidade pela Vulnerabilidade e, como proposta original desse artigo, (3) a Culpabilidade pelo Histórico de Vida Social do Agente.

No juízo de reprovação social, a ser feito no momento da análise da culpabilidade, também deve ser ponderado todo o histórico de vida social do agente. A dogmática jurídico-penal deve ser reinventada para admitir uma atualização: o acoplamento, no sistema de imputação racional jurídico-penal, de um **sistema social de créditos sociais e débitos sociais**, pelo que se fez, até a data do injusto penal e da seleção pelas agências do sistema penal.

Quanto mais créditos sociais, por obras, trabalhos e uma biografia pessoal a favor da sociedade, a agência judicial do sistema penal deve fazer uma *compensação maior*, no juízo de reprovação social, em favor desse agente. A análise de uma biografia construída com benefícios ou malefícios sociais deve integrar a culpabilidade. Quanto menos créditos sociais e, portanto, mais débitos sociais, deve-se fazer uma *compensação menor*.

Evidentemente, não se quer criar um sistema para a impunidade ou para que créditos sociais justifiquem a prática de crimes, como cheques em branco, pois, quando a agência judicial perceber que essa foi a intenção do agente, deve se inclinar para a reprovação social.

Heleno Cláudio Fragoso[89], na década de 1980, já havia detectado que

(...) tem-se dito, com razão, que os homens de negócio temem particularmente a pena criminal e que, em relação a esse tipo de delinquentes, a intimidação da pena seria muito mais eficiente, porque afeta a reputação, e, consequentemente, o crédito e a prosperidade dos negócios.

O ordenamento jurídico não deve trabalhar apenas com *punições* (sanções punitivas), como consequência negativa para quem pratica atos ilícitos, mas, considerando que o que o Direito consegue fazer com os cidadãos é *estimulá-los e desestimulá-los*, deve também trabalhar com *prêmios* (sanções premiais), como consequência positiva para quem atuou com *função social*, isto é, em benefício da sociedade.

Como a prática criminosa é uma aprendizagem como qualquer outra, na interação social, em qualquer que seja a espécie de criminalidade, cotidiana, violenta ou não, ou de colarinho-branco, e exige uma ação ou omissão com dolo ou culpa, sem a presença de justificantes e exculpantes, a análise da biografia pessoal da pessoa selecionada, com seus méritos e deméritos sociais, possibilitará, na criminalização secundária, à agência judicial interromper ou não a persecução penal iniciada pelas demais agências do sistema penal.

O Direito Penal, por todos os seus efeitos deletérios e estigmatizantes, além da orientação político-criminal de que seja subsidiário e fragmentário, deve trabalhar com medidas de redução de danos, visando a exclusiva proteção de bens jurídico-penais, na criminalização primária, e, essencialmente, a prevenção e reprovação do fato típico, ilícito e culpável, na criminalização secundária. Em outras palavras, no Estado Constitucional e Democrático de Direito, o Direito Penal não deve destruir a reputação social do agente a ponto de gerar uma morte social, nem de continuar punindo-o socialmen-

---

89 FRAGOSO, Heleno Cláudio. *Direito penal econômico e direito penal dos negócios*. Julho de 1980. Disponível em: http://www.fragoso.com.br/wp-content/uploads/2017/10/20171003004126-direito_penal_negocios.pdf. Acesso em: 5 out. 2020.

te (para além da criminalização terciária), por um fato pelo qual em algum momento haverá extinção da punibilidade.

CONCLUSÃO

A dogmática jurídico-penal é inacabada e deve estar em constante reconstrução a partir da criminologia e da política criminal, em uma espécie de devir, porquanto se pretende a melhor racionalidade penal possível para o julgamento de pessoas acusadas de práticas criminosas.

No pensamento criminológico de Eugenio Raúl Zaffaroni foram colhidsa informações sobre a criminologia midiática, a criminologia cautelar e a proposta teórica da culpabilidade pela vulnerabilidade como um elemento negativo à culpabilidade pelo injusto. Indo além da criminologia crítica, o pensamento criminológico de Zaffaroni foi capaz de pegar um ponto de observação da criminologia crítica, a exemplo da seletividade como característica estrutural dos sistemas penais, e desenvolver uma proposta teórica correspondente na dogmática jurídico-penal, a exemplo da culpabilidade pela vulnerabilidade.

Conforme a teoria da associação diferencial, que tem como expoente Edwin Sutherland, a prática criminosa não está relacionada à pobreza ou a alguma inferioridade pessoal, pois ricos e poderosos também praticam crimes. As práticas criminosas são aprendidas pelo agente, na interação social e simbólica com outros.

De forma inédita, propomos que a biografia pessoal do agente, com os seus méritos e deméritos sociais, seja levada em conta no juízo de reprovação social. O Direito Penal brasileiro analisa boa parte da biografia pessoal do agente em algumas circunstâncias judiciais previstas no art. 59 do CP (*culpabilidade, antecedentes, conduta social e personalidade*), mas nós, neste trabalho, de forma despretensiosa, propomos ir além da dosimetria da pena. Propomos, na perspectiva da dogmática *unfineshed*, a partir e além do pensamento criminológico de Eugenio Raúl Zaffaroni, que, além da Culpabilidade pelo Injusto Penal e da Culpabilidade pela Vulnerabilidade, haja espaço, no Juízo de Reprovação Social, também para a Culpabilidade pelo Histórico de Vida do Agente.

Se muitos são os méritos sociais do agente, embora tenha sido selecionado pelas agências do sistema penal e conquanto tenha capacidades biopsicológicas para responder penalmente pelo injusto penal, bem como tinha espaço de liberdade para agir de modo diverso, o juízo de reprovação social deve deixar de fazer o etiquetamento e a estigmatização, pois, na compensação entre méritos e deméritos, se restar saldo positivo a favor da pessoa julgada, não há justa causa para a continuação da persecução penal. Se houver reincidência, outra será a equação, entre créditos e débitos sociais, até porque os créditos sociais foram usados anteriormente e, nessa situação, o agente terá débitos sociais.

Evidentemente, essa equação entre créditos e débitos sociais não ocorrerá como uma contabilidade com resultado matematicamente alcançável, mas exigirá um *ônus argumentativo* da agência judicial sobre os elementos de informação e provas apresentadas pelos sujeitos processuais, tanto no juízo de admissibilidade da acusação quanto no juízo de mérito sobre o fato praticado pelo agente.

Essa é uma proposta despretensiosa de atualização da dogmática jurídico-penal a partir da criminologia (Eugenio Raúl Zaffaroni, Edwin Sutherland e François Gorphe) e da política criminal (subsidiariedade e fragmentariedade do Direito Penal).

REFERÊNCIAS

BARATTA, Alessandro. La política criminal y el derecho penal de la Constitución: nuevas reflexiones sobre el modelo integrado de las ciencias penales. *Revista Brasileira de Ciências Criminais*, São Paulo: RT, v. 29, 2000, p. 27-52.

FERREIRA, Carolina Costa. Os caminhos das criminologias críticas: uma revisão bibliográfica. *Revista de Criminologias e Políticas Criminais*, Curitiba, v. 2, n. 2, jul.-dez. 2016, p. 171-192.

FRAGOSO, Heleno Cláudio. *Direito penal econômico e direito penal dos negócios*. Julho de 1980. Disponível em: http://www.fragoso.com.br/wp-content/uploads/2017/10/20171003004126-direito_penal_negocios.pdf. Acesso em: 5 out. 2020.

ROXIN, Claus. *Política criminal e sistema jurídico-penal*. Trad. Luís Greco. Rio de Janeiro: Renovar, 2012.

SCHMIDT, Andrei Zenkner. *O método do direito penal sob uma perspectiva interdisciplinar*. Rio de Janeiro: Lumen Juris, 2007. p. 148.

SUTHERLAND, Edwin H. *Crime de colarinho branco*. Versão sem cortes. Trad. Clécio Lemos. Rio de Janeiro: Revan, 2016.

ZAFFARONI, Eugenio Raúl. *A palavra dos mortos*: conferências de criminologia cautelar. Trad. Sérgio Lamarão. Coord. Alice Bianchini e Luiz Flávio Gomes. 1. ed. 2. tir. São Paulo: Saraiva, 2012b.

ZAFFARONI, Eugenio Raúl. *A questão criminal*. Trad. Sérgio Lamarão. Rio de Janeiro: Revan, 2018.

ZAFFARONI, Eugenio Raúl. *Criminologia*: aproximação desde uma margem. Bogotá, Colômbia: Temis S.A., 1988. v. I.

ZAFFARONI, Eugenio Rául. *Em busca das penas perdidas*: a perda de legitimidade do sistema penal. Trad. Vania Romano Pedrosa e Amir Lopez da Conceição. 5. ed. Rio de Janeiro: Revan, 2012a.

ZAFFARONI, Eugenio Raúl. La criminología como curso. In: FAIRA, Julio César (ed.). *En torno de la cuestión penal*. Montevideo-Buenos Aires: B de F, 2005. p. 1-39. (Col. *Maestros del Derecho Penal*, n. 18)

3

O controle penal da macrocriminalidade no município de São Francisco do Maranhão: um retrato da seletividade e da manutenção das estruturas de poder nos rincões do Brasil

Fábio Gondinho de Oliveira[1]

Resumo: Aparenta ser senso comum afirmar que o Brasil vive um momento de aplicação irrestrita do controle penal. Após a prisão de pessoas detentoras de poder econômico e político, a sensação de que a lei penal a todos se aplica parece ser real. A Criminologia Crítica, entretanto, costuma alertar para a ilusão da democratização do controle penal, afirmando que o aumento estatístico de condenações é dado insuficiente para demonstrar a constatação da afirmação. O

---

1 Mestre em Direito Constitucional (Minter IDP/iCEV). Graduado em Direito pelo Instituto de Ciências Jurídicas e Sociais Professor Camillo Filho (2006) e pós-graduado em Direito Público e Privado pela ESMEPI/UFPI. Foi Consultor Jurídico Especial no Tribunal de Justiça do Estado do Piauí (2008-2017) e Professor Substituto da Universidade Federal do Piauí – UFPI (biênio 2011-2013). Atualmente é Juiz de Direito do Tribunal de Justiça do Estado do Maranhão.

presente trabalho objetiva acrescentar ao debate a visão da realidade enfrentada pelos municípios desprovidos de aparato estatal capaz de implementar uma investigação satisfatória diante da suspeita da prática de crimes de corrupção. Para tanto, será realizada a análise de todas as ações penais em que se verifica a suposta prática de crimes previstos no Decreto-lei n. 201/67, cuja denúncia foi apresentada em face de ocupantes do cargo de prefeito, com decisão transitada em julgado e arquivada na comarca de São Francisco do Maranhão, de 2007 (ano de instalação da comarca) a 2020.

Palavras-chave: Direito Penal. Macrocriminalidade. Seletividade. Corrupção em Municípios.

INTRODUÇÃO

Costumam ser senso comum, mesmo no meio jurídico, afirmações no sentido de apontar que o sistema de justiça penal brasileiro alcança toda e qualquer casta. Numa realidade *pós-Mensalão* e *pós-Lava-Jato*, aparenta ser sensato dizer que a lei penal foi "democratizada", sendo aplicada a uma população distinta da autóctone dos cárceres tupiniquins, qual seja: pretos e pobres.

Com o crescente número de condenações de deputados, senadores, presidentes, empreiteiros, doleiros, donos de frigorífico, é quase natural e intuitivo que algumas conclusões sejam feitas, por exemplo: não mais existe a impunidade dos detentores de poder político e econômico; o incremento do controle penal resulta na redução da macrocriminalidade; os atores da criminalização secundária são capazes de romper estruturas históricas de poder através da implementação de uma mentalidade mais rigorosa na persecução de crimes de corrupção. Apesar de chegarem a acalentar a alma dos mais sedentos por justiça (social, principalmente), tais afirmações devem ser colocadas à prova, a partir de uma perspectiva de conceitos básicos da criminologia crítica.

Esse é o intuito do presente artigo. Com o objetivo de constatar, ou não, a efetividade das afirmações mencionadas no parágrafo anterior, será realizada a análise de todas as ações penais, com decisão transitada em julgado e arquivada na comarca de São

Francisco do Maranhão, de 2007 (ano de instalação da comarca) a 2020, em que se verifica a suposta prática de crimes previstos no Decreto-lei n. 201/67, cuja denúncia tenha sido formulada em face de ocupantes do cargo de prefeito. O município foi escolhido por ser a unidade jurisdicional de titularidade do autor do estudo, o que em muito facilitou a coleta de dados. Além disso, a escolha se justifica por retratar a realidade vivida pela imensa maioria dos municípios brasileiros, quanto ao aparelhamento da polícia investigativa e estrutura das promotorias de justiça, das unidades jurisdicionais e das prefeituras.

ANÁLISE DOS JULGADOS

Conforme destacado na introdução, as decisões que serão analisadas dizem respeito a todas as ações penais já transitadas em julgado e arquivadas na comarca de São Francisco do Maranhão, de 2007 (ano de instalação da comarca) a 2020, em que se verifica a suposta prática de crimes previstos no Decreto-lei n. 201/67, cuja denúncia foi apresentada em face de ocupantes do cargo de prefeito. O estudo não se baseia na investigação das justificativas utilizadas para a construção da fundamentação dos julgados, estando limitado a coletar os seguintes dados: (1) se houve condenação; (2) se alguma circunstância judicial foi valorada negativamente; (3) qual foi o *quantum* da pena definitiva; (4) se houve substituição por pena restritiva de direitos.

Iniciando a busca, após a colocação dos filtros mencionados, o resultado da pesquisa apontou a existência de dez ações penais que, de acordo com os critérios supraestabelecidos, podem ter as suas informações sintetizadas nos gráficos a seguir:

Gráfico 1 – Desfechos decisórios verificados nas ações penais propostas contra prefeitos na comarca de São Francisco do Maranhão de 2007 a 2020.

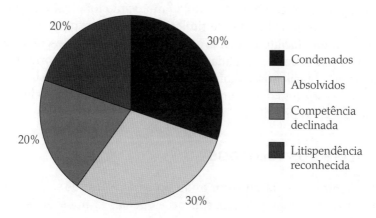

Fonte: Sistema *Jurisconsult* do Poder Judiciário do Maranhão. Elaboração própria.

Gráfico 2 – Percentual de decisões condenatórias nas quais se verificou a valoração negativa de alguma das circunstâncias judicias previstas no art. 59 do CP.

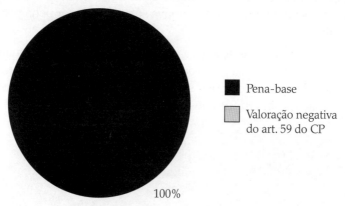

Fonte: Sistema *Jurisconsult* do Poder Judiciário do Maranhão. Elaboração própria.

Gráfico 3 – Percentual de decisões em que se verificou a pena definitiva fixada em *quantum* superior a 3 meses de detenção (pena mínima prevista para os crimes denunciados nas ações penais analisadas).

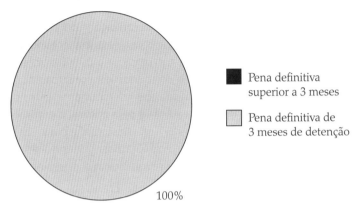

Fonte: Sistema *Jurisconsult* do Poder Judiciário do Maranhão. Elaboração própria.

Gráfico 4 – Percentual de decisões condenatórias nas quais se verificou a substituição da pena privativa de liberdade por restritiva de direitos.

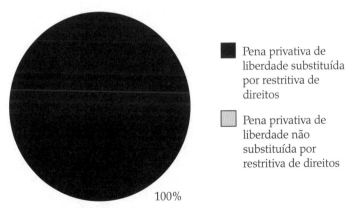

Fonte: Sistema *Jurisconsult* do Poder Judiciário do Maranhão. Elaboração própria.

Da simples leitura dos gráficos é possível perceber que, no município de São Francisco do Maranhão, o controle penal da macrocriminalidade não acompanhou o movimento de recrudescimento às ações penais relativas a crimes de corrupção. A criminologia crítica hodierna aparenta viver um momento de estudo e reflexão acerca de um suposto fenômeno de "democratização" do controle penal. Castilho[2], por exemplo, classifica como ilusória a conclusão que indica que a criminalização da corrupção e a eventual constatação de um aumento estatístico de condenações consubstanciariam a solução capaz de promover mudanças efetivamente estruturais na sociedade. Ainda conforme destacado pela autora, o controle penal exercido pelo Estado segue regras "intrassistema" e para a manutenção do sistema de poder estabelecido, jamais podendo ser tomado, ou interpretado, como uma saída revolucionária possível.

A situação que se constata em São Francisco do Maranhão é ainda mais dramática. Em um universo de dez ações penais[3], em apenas três se constatou a condenação dos denunciados. E, mesmo nos casos de condenação, a pena definitiva imposta foi a mínima, de três meses de detenção, e que ainda foram substituídas por restritivas de direitos (a prestação pecuniária foi a mais comum). Os números do município indicam que sequer a ilusória onda de recrudescimento ou democratização do controle penal dos crimes de corrupção chegou aos rincões do Brasil. Essa constatação reflete um aspecto sociológico e de geografia social[4] que torna opaca

---

2   CASTILHO, Ela Wiecko Volkmer de. A ilusória democratização do (pelo) controle penal. In: PRANDO, Camila Cardoso de Mello; GARCIA, Mariana Dutra de Oliveira; ALVES, Marcelo Mayora. *Construindo as criminologias críticas*. Rio de Janeiro: Lumen Juris, 2018. p. 289-321.

3   Somente dez ações penais propostas com base em denúncias da prática de crimes previstos no Decreto-lei n. 201/67, num recorte temporal de 13 anos (2007-2020), foram encontradas com decisões transitadas em julgado.

4   GONÇALVES, Francisco Ednardo. *Cidades pequenas, grandes problemas: perfil urbano do agreste potiguar*. 2005. Dissertação (Mestrado em Dinâmica e Reestruturação do Território) – Universidade Federal do Rio Grande do Norte, Natal, 2005. Em sua pesquisa, o autor destaca que as formulações teóricas existentes no Brasil sobre a geografia social costumam ser insufi-

a observação de fenômenos sociais no Brasil: a postura de se espraiar para todo o território nacional as tendências percebidas nas capitais dos estados ou nas grandes cidades. Não se ignora o fato de que mais da metade da população brasileira vive em menos de 6% das cidades[5]. Todavia, tal constatação não deve servir para justificar afirmações que ignoram a realidade vivida por aproximadamente 94% dos municípios brasileiros.

Os números colhidos pelo presente estudo apontam para a existência de um anacronismo. Eles sugerem que sequer existe a ilusão de combate à corrupção e de ruptura de estruturas históricas de poder em municípios desprovidos de um aparato estatal competente para promover uma investigação policial aprofundada, capaz de conduzir a uma eficiente coleta de provas; e que não possuem promotorias ou varas especializadas. Essa constatação não configura, necessariamente, um dado ruim. Não se quer dizer aqui que o próximo estágio do controle da corrupção nas pequenas e médias cidades deva ser, exatamente, o mesmo que o implementado nos grandes centros urbanos. Os erros e acertos já verificados devem ser tomados como exemplos.

O controle penal certamente não é o caminho adequado a ser percorrido. O Direito como um todo, enquanto percebido como sistema de controle social, é contingencial. Os bens jurídicos a serem protegidos, as penas cominadas aos comportamentos desviantes e até mesmo a maneira de interpretar as condutas praticadas são ditados e forjados para a proteção de uma estrutura institucionalizada de poder. A saída, certamente, não pode ser encontrada dentro dos mecanismos estatais de controle, pois, além de ser uma ideia paradoxal e ilógica, acarretaria uma autofagia do próprio sistema. Nesse

---

cientes, por enfocarem, na maioria das vezes, as grandes cidades e empobrecerem e simplificarem a análise do fenômeno exatamente por não incluírem como ele se manifesta em cidades pequenas.

5   IBGE. *Censo Demográfico 2010*: características da população e dos domicílios. Rio de Janeiro: IBGE, 2011. Disponível em: https://biblioteca.ibge.gov.br/visualizacao/periodicos/93/cd_2010_caracteristicas_populacao_domicilios.pdf. Acesso em: 11 jul. 2020.

contexto, Eugenio Raúl Zaffaroni[6] deixa claro que os poderosos apenas se mostram suscetíveis às regras do sistema penal quando um outro poder, ainda maior, consegue lhe retirar a cobertura de invulnerabilidade que o resguardava.

CONCLUSÃO

Somente dez ações penais propostas com base em denúncias da prática de crimes previstos no Decreto-lei n. 201/67, num recorte temporal de 13 anos (2007-2020), foram encontradas com decisões transitadas em julgado. Além da quantidade quase que inexpressiva de ações penais, constatou-se que em apenas três processos houve condenação. E, mesmo nesses casos, a pena foi estabelecida no mínimo legal e substituída por penas restritivas de direitos. Diante do cenário delineado pelos números e dos achados da pesquisa, as conclusões alcançadas são: ainda existe e persiste a impunidade dos detentores de poder político e econômico na esmagadora maioria das cidades brasileiras; o incremento do controle penal não resulta na redução da macrocriminalidade, especialmente quando analisada a realidade de aproximadamente 94% das cidades brasileiras; os atores da criminalização secundária não são capazes de romper estruturas históricas de poder, mesmo através da implementação de uma mentalidade mais rigorosa na persecução de crimes de corrupção.

Os municípios de médio e pequeno porte, que não contam com uma estrutura de polícia equiparável à da Polícia Federal, ou sequer possuem promotorias e varas judiciais especializadas, vivem uma realidade mais crua e, portanto, menos ilusória quando se trata de combater a macrocriminalidade através do aparato estatal. Essa constatação deve ser vista como vantajosa, para que o dinheiro público não seja empregado em medidas notoriamente ineficazes e que apenas servem para retroalimentar estruturas de poder e, ao mesmo

---

6 ZAFFARONI, Eugenio Raúl. *Em busca das penas perdidas*: a perda da legitimidade do sistema penal. Trad. Vânia Romano Pedrosa e Amir Lopes da Conceição. Rio de Janeiro: Revan, 1991.

tempo, transmitir um ilusório sentimento de que, finalmente, a lei se aplicaria a todos.

Além de possibilitar a prospecção de um caminho a não ser seguido, os exemplos das grandes cidades deixam nítido que a saída para o problema da corrupção, e da macrocriminalidade de maneira geral, não pode ser colhida dentro do sistema de justiça e, muito menos, através de uma suposta ampliação do controle penal. As soluções possíveis devem ser buscadas fora do sistema convencional de justiça; fora do controle punitivo do Estado. Os estudos e saídas apontados pela sociologia, pela ciência política, pela criminologia crítica e até mesmo pela psicologia comportamental devem ser considerados, enaltecendo-se, assim, o inexorável aspecto transdisciplinar do problema.

REFERÊNCIAS

CASTILHO, Ela Wiecko Volkmer de. A ilusória democratização do (pelo) controle penal. In: PRANDO, Camila Cardoso de Mello; GARCIA, Mariana Dutra de Oliveira; ALVES, Marcelo Mayora. *Construindo as criminologias críticas*. Rio de Janeiro: Lumen Juris, 2018.

GONÇALVES, Francisco Ednardo. *Cidades pequenas, grandes problemas: perfil urbano do agreste potiguar*. 2005. Dissertação (Mestrado em Dinâmica e Reestruturação do Território) – Universidade Federal do Rio Grande do Norte, Natal, 2005.

IBGE. *Censo Demográfico 2010*: características da população e dos domicílios. Rio de Janeiro: IBGE, 2011. Disponível em: https://biblioteca.ibge.gov.br/visualizacao/periodicos/93/cd_2010_caracteristicas_populacao_domicilios.pdf. Acesso em: 11 jul. 2020.

ZAFFARONI, Eugenio Raúl. *Em busca das penas perdidas*: a perda da legitimidade do sistema penal. Trad. Vânia Romano Pedrosa e Amir Lopes da Conceição. Rio de Janeiro: Revan, 1991.

III

ASPECTOS DOGMÁTICOS DA MACROCRIMINALIDADE

1

Impactos da assessoriedade administrativa no crime de evasão de divisas: as Resoluções n. 4.841/2020 e n. 4.844/2020 do Conselho Monetário Nacional

Chiavelli Facenda Falavigno[1]
Rossana Brum Leques[2]

---

1   Doutora em Direito Penal pela Universidade de São Paulo, com período de investigação na Universidade de Hamburgo, Alemanha. Pesquisadora convidada do Instituto Max Planck de Direito Penal estrangeiro, em Freiburg, Alemanha, e da Faculdade de Direito da Universidade de Coimbra, em Portugal. Consultora na área de Direito Penal Econômico. Professora Adjunta de Direito Penal e Processo Penal da Universidade Federal de Santa Catarina e de Programas de Pós-Graduação *lato sensu* em São Paulo, Curitiba, Santa Catarina e Maranhão. Estágio pós-doutoral em Política Legislativa Penal pela Universidade de Málaga, Espanha.

2   Mestre em Direito Penal pela Universidade de São Paulo. Pós-graduada em Crime Organizado, Corrupção e Terrorismo pela Fundación General de la Universidad de Salamanca, Espanha (USAL), em Direito Penal Econômico pelo Instituto de Direito Penal Econômico e Europeu da Faculdade de Direito da Universidade de Coimbra, em parceria com o Instituto Brasileiro de Ciências Criminais (IDPEE/IBCCRIM), bem como pela Fundação Getulio Vargas (GVLaw – curso de curta duração). Advogada crimi-

Resumo: A presente pesquisa visa a traçar algumas observações sobre o delito de evasão de divisas, explorando questões dogmáticas e político-criminais. Em um primeiro momento, conceitua-se o delito, expondo algumas consequências problemáticas do uso de assessoriedade administrativa em sua definição. Na segunda parte da pesquisa abordam-se as Resoluções n. 4.841/2020 e n. 4.844/2020 do Conselho Monetário Nacional e seus impactos na definição do ilícito penal. A metodologia utilizada é pesquisa bibliográfica, normativa e jurisprudencial.

Palavras-chave: Evasão de divisas. Assessoriedade administrativa do direito penal. Política criminal.

INTRODUÇÃO

No dia 1º de setembro de 2020, entraram em vigor as Resoluções n. 4.841/2020 e n. 4.844/2020 do Conselho Monetário Nacional, que dispuseram, respectivamente, sobre "a declaração de bens e valores possuídos no exterior por pessoas físicas ou jurídicas residentes, domiciliadas ou com sede no País" e a "prestação de informação sobre as movimentações em contas de depósito em reais de pessoas físicas ou jurídicas residentes, domiciliadas ou com sede no exterior".

Assim, referidas normativas alteraram o conteúdo de regulação extrapenal sobre o mercado de câmbio, com a fixação de novo limite de valor mínimo – em patamar proporcionalmente dez vezes superior ao então estabelecido – para: (i) obrigar a realização de declaração anual de Capitais Brasileiros no Exterior (CBE) e (ii) exigir registro de remessa em conta de depósito de pessoas físicas ou jurídicas residentes, domiciliadas ou com sede no exterior no Sisbacen (que é o "conjunto de sistemas e recursos de tecnologia da informação do Banco Central do Brasil para a condução de seus processos de trabalho", conforme Circular n. 3.913/2018).

---

nalista. Professora de Direito Penal e Direito Processual Penal na Universidade São Judas Tadeu.

Tal modificação dá ensejo a importantes mudanças na interpretação e aplicação do crime de evasão de divisas, previsto no art. 22 da Lei n. 7.492/86, que define os Crimes contra o Sistema Financeiro Nacional. Tal artigo tipifica a remessa ilegal de valores ao exterior, e se trata, indubitavelmente, de uma norma penal em branco.

Para tanto, é imprescindível analisar as noções fundamentais do delito de evasão de divisas, especialmente suas diferentes condutas (*caput* e modalidades equiparadas), bem como a definição do elemento normativo do tipo, que se dá por legislação e regulamentação alheias ao Direito Penal. Por fim, a pesquisa foca nas alterações promovidas pelas Resoluções n. 4.841/2020 e n. 4.844/2020 do Conselho Monetário Nacional e seus impactos, inclusive sob a perspectiva político-criminal.

1. O DELITO DE EVASÃO DE DIVISAS: NOÇÕES FUNDAMENTAIS

Como bem preceitua a doutrina, o crime de evasão de divisas volta-se à "centralização e a higidez da política cambiária, a fim de proteger o conhecimento e a estruturação das divisas internacionais em nome de brasileiros e residentes no país"[3].

Desde já, é importante entender, como bem destaca Marina Pinhão Coelho, que:

> O objeto jurídico alterou seu conteúdo ao longo do tempo, justamente porque a política cambial foi duramente alterada. Aumentaram-se as possibilidades de câmbio, mas a forma de realização dos contratos restou altamente regulada e controlada pelas autoridades, o que pode ampliar o conteúdo do injusto[4].

Ou seja, adianta-se que a compreensão da abrangência do tipo depende, inexoravelmente, da regulação própria do setor, a qual se

---

3   PIMENTEL, Manoel Pedro. *Crimes contra o Sistema Financeiro Nacional*: comentários à Lei 7.792, de 16.6.1986. 2. ed rev. e atual. São Paulo: Thomson Reuters, 2020. p. 190. (Comentário de Marina Pinhão Coelho Araújo)
4   Idem, ibidem.

dá por meio de normas que não são de natureza penal, conforme se detalhará neste trabalho.

Previsto no art. 22 da Lei de Crimes contra o Sistema Financeiro Nacional, o delito em comento tipifica a conduta de "Efetuar operação de câmbio não autorizada, com o fim de promover evasão de divisas do País", tendo como modalidades equiparadas a promoção, sem autorização legal, da saída de moeda ou divisa para o exterior, ou, ainda, a manutenção de depósitos não declarados à repartição federal competente.

Nota-se, portanto, que são três as condutas elencadas no tipo penal em comento:

(i) realização de operação de câmbio irregular ("Efetuar operação de câmbio não autorizada"– *caput*). Nesse caso, vale salientar que o dolo é específico, direcionado à promoção de saída de valores;

(ii) primeira modalidade equiparada ("quem, a qualquer título, promove, sem autorização legal, a saída de moeda ou divisa para o exterior"– parágrafo único, primeira parte); e,

(iii) segunda modalidade equiparada ("manutenção de depósitos" – parágrafo único, segunda parte).

Como acertadamente sintetiza Thiago Bottino, o delito ora em análise prevê três condutas distintas que podem ser entendidas como "etapas de um mesmo 'processo' (obter divisas no mercado paralelo; retirar divisas do país; manter ocultas divisas no exterior)"[5], sobre as quais recai a punição "de forma independente". Essa foi a escolha do legislador, que aumentou o âmbito de incidência da norma e, consequentemente, submeteu mais condutas à punição. A pena cominada para as três condutas é a mesma, qual seja, reclusão de dois a seis anos e multa.

---

[5] BOTTINO, Thiago. Regulação econômica e direito penal econômico: eficácia e desencontro no crime de evasão de divisas. *Revista Brasileira de Ciências Criminais*, São Paulo, v. 21, n. 101, p. 125-153, mar.-abr. 2013. Disponível em: http://200.205.38.50/biblioteca/index.asp?codigo_sophia=99937. Acesso em: 15 set. 2020.

2. A ASSESSORIEDADE ADMINISTRATIVA NO CRIME DE EVASÃO DE DIVISAS

A política cambial consiste no "conjunto de medidas que define o regime de taxas de câmbio – flutuante, fixo, administrado – e regulamenta as operações de câmbio"[6], como bem esclarece o Banco Central do Brasil (Bacen). No Brasil, adota-se o regime de câmbio flutuante, competindo ao Conselho Monetário Nacional (CMN) a "regulamentação do mercado de câmbio" e ao Bacen "monitorar e garantir o funcionamento regular do mercado e o cumprimento da regulamentação"[7]. Consequentemente, *o conteúdo do crime de evasão de divisas deve ser extraído da Regulamentação do CMN*:

> Nesse ponto, expresso o caráter acessório do crime de evasão de divisas às regras que definem a política econômica nacional – pois o crime se justifica e se esgota na proteção específica de uma norma de regulação econômica – é razoável e adequada uma interpretação que vincule a aplicação do tipo penal a essas mesmas normas. Em outras palavras, não é possível levar o alcance da norma penal para além do alcance da regulação administrativa[8].

Na primeira conduta, prevista no *caput*, observa-se que o núcleo do tipo é "efetuar", verbo este complementado pelo elemento normativo do tipo "operação de câmbio irregular", o qual é justamente definido por legislação e regulamentação extrapenal.

O mesmo ocorre na primeira modalidade equiparada, na qual o núcleo do tipo "promover" saída de moeda ou divisa para o exterior complementa-se pela expressão "sem autorização legal". Também na terceira conduta, pois o núcleo do tipo "manter" deve ser integrado à noção "depósitos *não declarados à repartição federal competente*".

---

6   Disponível em: https://www.bcb.gov.br/estabilidadefinanceira/legislacaocambial. Acesso em: 15 set. 2020.
7   Idem, ibidem.
8   BOTTINO, Thiago. Regulação econômica e direito penal econômico, cit., p. 125-153.

A forma dessa declaração também requer o conhecimento de ditas regulamentações.

Dessa forma, é por meio do normativo extrapenal emanado pela autoridade monetária que se infere o caráter ilícito (ou não) da conduta. Nas palavras de Thiago Bottino, "as normas administrativas que integram tais tipos penais dão 'corpo' (tipicidade) e 'alma' (função social) a esses crimes"[9].

Sabe-se que o Direito Penal Econômico é uma das áreas de maior incidência de ditas técnicas legislativas de reenvio, que se utilizam, para a definição do tipo, de regramentos extrapenais. É ainda mais problemático tal fato quando essas regras advêm do direito administrativo, campo em que abundam regras infralegais. Tal fenômeno decorre de várias causas, como a expansão posterior do direito penal para o setor e a consequente criminalização exacerbada de condutas, a mutabilidade do bem jurídico regulado e mesmo a competência de órgãos técnicos para dispor sobre a matéria.

Dito fenômeno, tratado pela doutrina como a assessoriedade administrativa do Direito Penal, pode provocar uma série de consequências problemáticas em relação a normas basilares deste último, levando, inclusive, se exacerbado, à chamada deslegalização[10], que consiste na utilização excessiva de complementação, dando azo a uma criminalização que tem seus elementos centrais determinados por ato normativo diverso de lei.

Observam-se, nesta senda, diversas violações à legalidade, seja pela ausência de taxatividade da norma punitiva, seja pelo desvio de competência do órgão competente para criar delitos e cominar penas, que é o Legislativo Federal. Bastante recorrente também é a ocorrência de erro, uma vez que não é dado a todos os cidadãos o conhecimento pleno das mais diversas regras administrativas que regulam

---

9 Idem, ibidem.
10 Tratamos do tema com detalhamento em: FALAVIGNO, Chiavelli Facenda. *A deslegalização do direito penal*: leis penais em branco e demais formas de assessoriedade administrativa no ordenamento punitivo brasileiro. Florianópolis: Emais, 2020.

a matéria econômica, as quais, ademais, estão em constante mudança, como se passará a expor.

3. AS RESOLUÇÕES N. 4.841/2020 E N. 4.844/2020 DO CONSELHO MONETÁRIO NACIONAL E SEUS IMPACTOS

Desde o início de setembro de 2020, o CMN, por meio das Resoluções n. 4.841/2020 e n. 4.844/2020, alterou, respetivamente:

(i) A Resolução n. 3.854/2010 do CMN, que trata sobre "a declaração de bens e valores possuídos no exterior por pessoas físicas ou jurídicas residentes, domiciliadas ou com sede no País" – **com impacto direto no patamar mínimo para caracterização do crime na segunda modalidade equiparada** (manutenção de depósito no exterior sem a devida comunicação ao Bacen):

Redação Anterior	Redação Atual
"Art. 2º A declaração de que trata o art. 1º, inclusive suas retificações, deve ser prestada anualmente, por meio eletrônico, na data-base de 31 de dezembro de cada ano, quando os bens e valores do declarante no exterior totalizarem, nessa data, **quantia igual ou superior a US$ 100.000,00 (cem mil dólares dos Estados Unidos da América)**, ou seu equivalente em outras moedas".	"Art. 2º A declaração de que trata o art. 1º, inclusive suas retificações, deve ser prestada anualmente, por meio eletrônico, na data-base de 31 de dezembro de cada ano, quando os bens e valores do declarante no exterior totalizarem, nessa data, **quantia igual ou superior a US$ 1.000.000,00 (um milhão de dólares dos Estados Unidos da América)**, ou seu equivalente em outras moedas".

Isto é, a obrigação de declarar à repartição federal competente (Bacen) existe a partir de agora somente quando, em 31 de dezembro, os bens e valores possuídos no exterior pelas pessoas físicas ou jurídicas residentes, domiciliadas ou com sede no país totalizarem quantia igual ou superior a um milhão de dólares. Do contrário, esvaziam-se a obrigação administrativa e, por consequência, o eventual ilícito criminal.

(ii) A Resolução n. 3.568/2008 do Banco Central, que versa sobre "o mercado de câmbio, em relação à prestação de informação sobre as movimentações em contas de depósito em reais de pessoas físicas ou jurídicas residentes, domiciliadas ou com sede no exterior".

Nesse caso, ressalva-se na própria normativa que "O Banco Central do Brasil poderá estabelecer situações nas quais será requerida a prestação de informações sobre movimentações de valores abaixo do limite estabelecido no *caput*".

Assim, a redação do art. 26 da referida normativa foi alterada, fixando-se novo patamar mínimo – de R$ 100 mil – para que se exija registro da operação cambial no Sisbacen:

Redação Anterior	Redação Atual
"Art. 26. A movimentação ocorrida em conta de depósito de pessoas físicas ou jurídicas residentes, domiciliadas ou com sede no exterior, de valor igual ou superior a **R$ 10.000,00 (dez mil reais)**, deve ser registrada no Sisbacen, na forma estabelecida pelo Banco Central do Brasil".	"Art. 26. A movimentação ocorrida em conta de depósito de pessoas físicas ou jurídicas residentes, domiciliadas ou com sede no exterior, de valor igual ou superior a **R$ 100.000,00 (cem mil reais)**, deve ser registrada no Sisbacen, na forma estabelecida pelo Banco Central do Brasil. Parágrafo único. O Banco Central do Brasil poderá estabelecer situações nas quais será requerida a prestação de informações sobre movimentações de valores abaixo do limite estabelecido no *caput*".

Como bem explica Sérgio Rebouças, no que diz respeito ao novo limite estabelecido para registro da operação cambial no Sisbacen, "No âmbito do sistema interbancário, principal instrumento de remessa de ativos para o exterior, isso significa realizar operação cambial (com o fim de evasão) ou uma efetiva remessa sem registro no Sisbacen"[11].

---

11 REBOUÇAS, Sérgio. *Evasão de divisas e retroatividade da Resolução 4.844/2020 do CMN*. Disponível em: https://www.conjur.com.br/2020-ago-17/opiniao--evasao-divisas-retroatividade-resolucao-cmn. Acesso em: 15 set. 2020.

Ou seja, neste caso, estamos falando da conduta descrita no *caput* do art. 22 da Lei de Crimes contra o Sistema Financeiro Nacional – *excepcionalmente*, já que se trataria da hipótese de realização do câmbio e manutenção dos valores em moeda estrangeira em conta no Brasil[12]. Ou, principalmente, da primeira modalidade equiparada (de remessa dos valores via operação de câmbio pelo sistema bancário).

Enquanto política criminal, os novos valores marcam as condutas dignas de relevância administrativa e, por conseguinte, criminal. Logo, quando movimentados em patamares inferiores aos acima identificados, está-se diante de um indiferente penal.

Nesse sentido, "fica evidente que não interessa ao 'controle' das informações dos fluxos cambiais operações de baixo valor"[13]. Referida postura, enquanto política criminal, parece muito acertada, pois possibilita que o olhar da autoridade fiscalizadora (Bacen) se volte para as condutas de maior monta, permitindo que estas sejam analisadas com maior acuidade, o que possibilita, ao que tudo indica, um controle muito mais eficiente.

Ademais, algumas observações a respeito dos impactos das novas resoluções são importantes. Primeiro, "o limite aplicável ao câmbio manual portado para saída ao exterior, fixado por lei (e não por resolução do CMN), continua no patamar de R$ 10 mil. Esse limite está previsto no artigo 65 da Lei nº 9.069/1995"[14]. Do contrário, deve-se realizar a *Declaração Eletrônica de Bens do Viajante* à Receita Federal do Brasil.

Segundo, de acordo com o entendimento firmado no Superior Tribunal de Justiça até o momento, as operações "dólar-cabo" ou fracionadas não observam tais limites regulamentares:

---

12   Atualmente, tramita na Câmara dos Deputados o PL n. 5.387/2019, que visa possibilitar que pessoas físicas e empresas possam titularizar contas em moeda estrangeira no Brasil (o que atualmente somente é autorizado pelo Bacen para pessoas específicas, elencadas na Circular n. 3.448/2009).
13   BOTTINO, Thiago. Regulação econômica e direito penal econômico, cit., p. 125-153.
14   REBOUÇAS, Sérgio. *Evasão de divisas e retroatividade da Resolução 4.844/2020 do CMN*, cit..

No caso de transferência eletrônica, saída meramente escritural da moeda, a lei exige, de forma exclusiva, o processamento através do sistema bancário, com perfeita identificação do cliente ou beneficiário. Além disso, no caso da transferência clandestina internacional, por meio de operações do tipo "dólar-cabo" ou equivalente, existe uma facilidade muito grande na realização de centenas ou até milhares de operações fragmentadas sequenciais[15].

Terceiro, por se tratar de modificação do conteúdo do injusto, a nova regulamentação – mais benéfica – deve retroagir para beneficiar o sujeito ativo, caracterizando-se verdadeira *abolitio criminis*, devendo-se reconhecer a extinção da punibilidade nos termos do art. 107 do CP.

CONSIDERAÇÕES FINAIS

Sem pretensão de exaurir o tema, que ademais é bastante recente, o presente trabalho buscou explanar algumas questões doutrinárias e jurisprudenciais afetas à construção do tipo de evasão de divisas diante da nova regulação, que passa por intersecções entre o disposto na legislação penal e a farta regulação administrativa das condutas emanada por órgãos técnicos competentes.

Pode-se apontar, em um primeiro momento, a perspectiva de uma política criminal mais benéfica no setor, com a exclusão da esfera de incidência da norma penal de condutas que anteriormente estariam por ela abrangidas. Tal mudança ocorre em razão da alteração dos valores definidos como relevantes para que se reconheça a ilicitude administrativa e, por consequência, também penal da conduta. Sabe-se que a própria inflação da moeda e o cenário globalizado em que se dão as atividades econômicas de pessoas físicas e jurídicas atualmente tornam necessária a constante atualização desses valores, sob pena de se operar a máquina sancionatória pública para fins de baixa relevância, vilipendiando princípios como a

---

15 STJ, REsp 1.535.956/RS, Rel. Min. Maria Thereza de Assis Moura, j. 1-3-2016, *DJe* 9-3-2016.

subsidiariedade e a fragmentariedade do Direito Penal, ambos decorrentes da ideia de *ultima ratio*.

No entanto, importante ressaltar que as questões dogmáticas próprias do uso dessas técnicas de reenvio, que são exemplo da chamada assessoriedade administrativa do Direito Penal, persistem no instituto da evasão de divisas. Dentre as diversas consequências, uma das mais problemáticas é, sem dúvida, a ocorrência constante de erro, que se dá pela impossibilidade de o destinatário de ditas proibições acompanhar as constantes alterações em todas as regras infralegais que podem complementar a normativa penal.

Assim, é aconselhável que tais regras complementadoras pudessem ser compiladas em um único ato normativo, o qual deve ser de competência de um órgão também único, determinado e tecnicamente apropriado. Tais regras deveriam, ademais, passar por requisitos de publicação e divulgação equiparáveis à lei penal, como já sugerimos em estudo específico sobre o tema, uma vez que, para além de meras disposições técnicas, estarão servindo à função de preenchimento da janela que consta no tipo penal.

REFERÊNCIAS

BOTTINO, Thiago. Regulação econômica e direito penal econômico: eficácia e desencontro no crime de evasão de divisas. *Revista Brasileira de Ciências Criminais*, São Paulo, v. 21, n. 101, p. 125-153, mar.-abr. 2013. Disponível em: http://200.205.38.50/biblioteca/index.asp?codigo_sophia=99937. Acesso em: 15 set. 2020.

FALAVIGNO, Chiavelli Facenda. *A deslegalização do direito penal*: leis penais em branco e demais formas de assessoriedade administrativa no ordenamento punitivo brasileiro. Florianópolis: Emais, 2020.

PIMENTEL, Manoel Pedro. *Crimes contra o Sistema Financeiro Nacional*: comentários à Lei 7.792, de 16.6.1986. 2. ed rev. e atual. São Paulo: Thomson Reuters, 2020.

REBOUÇAS, Sérgio. *Evasão de divisas e retroatividade da Resolução 4.844/2020 do CMN*. Disponível em: https://www.conjur.com.br/2020-ago-17/opiniao-evasao-divisas-retroatividade-resolucao-cmn. Acesso em: 15 set. 2020.

2

Macrocriminalidade e a continuidade delitiva nos crimes do art. 1°, I a IV, da Lei n. 8.137/90

Anamaria Prates Barroso[1]

Resumo: O presente trabalho traz para o debate a continuidade delitiva em crimes tributários tipificados nos incisos I a IV do art. 1° da Lei n. 8.137/90. O entendimento do Superior Tribunal de Justiça de que cada fato gerador do tributo caracteriza um crime autônomo, sendo que a prática de diversos crimes nas mesmas condições de tempo, lugar e modo de execução implica o reconhecimento da figura da continuidade delitiva, não caracterizando crime único, tem como base crimes com bens jurídicos individuais, e não os macrocrimes, que têm bens jurídicos supraindividuais, como o crime tributário. Em sendo o crime tributário condicionado ao lançamento definitivo, a análise da continuidade delitiva do crime tributário deve ser feita à luz do procedimento administrativo tributário consagrado na Súmula Vinculante 24.

---

1 Doutoranda em Direito pelo Instituto Brasileiro de Ensino, Desenvolvimento e Pesquisa (IDP). Mestra em Direito pela Universidade Federal de Pernambuco (UFPE). Advogada criminalista. Procuradora do Distrito Federal.

Palavras-chave: Crime tributário. Crime continuado. Crime único. Lançamento definitivo. Macrocriminalidade.

1. INTRODUÇÃO

Os crimes fiscais estariam, na visão de Edwin Sutherland, entre os crimes de colarinho-branco – os macrocrimes –, por entender que esses crimes, em contraposição aos denominados crimes comuns, não estão ligados à pobreza ou "às patologias sociais e pessoais que acompanham a pobreza"[2].

A macrocriminalidade traz uma nova formulação dos bens jurídicos individuais tradicionais – vida, patrimônio, honra etc. – para os bens jurídicos supraindividuais, que são aqueles que atendem não somente as necessidades individuais, mas também as de uma coletividade[3]. Assim, a tutela penal nos delitos que compõem a macrocriminalidade é justificada não apenas pela importância do interesse supraindividual, mas também por um dano.

No crime fiscal, a tutela penal não se legitima apenas pelo bem jurídico imediato de arrecadação tributária, mas também pelo bem jurídico mediato, que é de tutelar as funções extrafiscais do tributo, tendo um viés social[4]. Até porque, quando da arrecadação tributária pelo Estado, a atuação penal é subsidiária, estando vinculada a uma transgressão anterior no âmbito administrativo fiscal. O crime fiscal depende do lançamento definitivo do tributo no âmbito administrativo fiscal, como já enunciado pela Súmula Vinculante 24, que será analisada no presente trabalho.

---

2 SUTHERLAND, Edwin H. *Crime de colarinho branco*. Versão sem cortes. Rio de Janeiro: Revan, 2015. p. 34.
3 BAPTISTA, Tatiana Maria Badaró. *Bem jurídico-penal transindividual: novos e velhos desafios da teoria do bem jurídico*. 244f. Dissertação (Mestrado em Direito) – Universidade Federal de Minas Gerais, 2016. p. 137.
4 AMARAL, Leonardo Coelho do. Crimes sócio-econômicos e crimes fiscais: algumas características. *Revista Brasileira de Ciências Criminais*, São Paulo, n. 43, p. 187-225, abr.-jun. 2003. p. 211.

A relação íntima entre o crime fiscal e a infração administrativa fiscal decorre de uma das características da macrocriminalidade, sendo inclusive a anterioridade da infração administrativa essencial na relação dos bens jurídicos tutelados com a lesividade da conduta típica[5].

A macrocriminalidade exige do intérprete uma análise cuidadosa de institutos da dogmática penal voltados quase que exclusivamente a esse crime comum, com um bem jurídico lesado de natureza individual para que não haja apenas a transposição de alguns institutos penais aplicados quase que de forma automática. E entre esses institutos está o crime continuado, tendo o presente artigo o intento de analisar a coerência de sua aplicação aos crimes contra a ordem tributária tipificados nos incisos I a IV do art. 1º da Lei n. 8.137/90.

Analisa-se no presente trabalho se o lançamento tributário definitivo, do qual carece o crime tributário, quando decorrente de apenas um auto de infração lavrado, mesmo com diversas competências tributárias, é um crime único ou diversos crimes que merecem o tratamento da continuidade delitiva.

A figura do crime continuado surge como um benefício para o réu para evitar o cúmulo material das penas, reduzindo a apenas uma pena exasperada por uma fração. Sem dúvida que, se há a prática de diversos crimes, a soma das penas pode ser mais prejudicial ao réu do que a utilização de apenas uma delas aumentada em um percentual. O tema é relevante, pois se dá pouca atenção a uma conduta delituosa que cresce no bojo de crises econômicas e à raridade de estudos sobre os detalhes da matéria.

O artigo se divide entre o estudo da Súmula Vinculante 24, os elementos do tipo penal do art. 1º da Lei n. 8.137/90 e o debate sobre concursos de crimes e o crime continuado nas condutas dos incisos I a IV do art. 1º da Lei n. 8.137/90 sob o enfoque da crítica aos julgados dos tribunais superiores.

---

5   Idem, p. 204.

2. CRIME TRIBUTÁRIO E PROCEDIMENTO ADMINISTRATIVO-FISCAL PRÉVIO: SÚMULA VINCULANTE 24

A Lei n. 4.729/65 previa o crime de sonegação fiscal, trazendo condutas associadas ao dever tributário, com a intenção de punir os contribuintes que não pagavam tributos[6]. Ela contemplava delitos em que bastava a vontade de não recolher o tributo para que fossem caracterizados, ou seja, crimes de natureza formal. A Lei n. 8.137/90 traz, em seu art. 1º, a conduta do não recolhimento total ou parcial do valor referente ao tributo, ou seja, a supressão e redução do tributo. Suprimir envolve a ideia de se eximir totalmente do pagamento do tributo devido, de nada pagar. Por seu turno, reduzir o tributo implica diminuir o tributo a ser pago, recolhendo-o a menor[7].

Os crimes previstos nos incisos I a IV do art. 1º da Lei n. 8.137/90, diferentemente das condutas tipificadas na Lei n. 4.729/65, são crimes materiais. Na Lei n. 4.729/65, a conduta consistia em prestar declaração falsa, omitir informação, entre outras, configurando o delito de sonegação fiscal. Já o art. 1º da Lei n. 8.137/90 prevê que a conduta deve gerar o resultado, que é a supressão ou redução do tributo[8]. Esse resultado é o dano ao erário advindo da conduta de suprimir ou reduzir tributo.

Ainda, quando vigente a Lei n. 4.729/65, o Supremo Tribunal Federal, em 17 de outubro de 1984, aprovou a Súmula 609, com a seguinte redação:"É pública e incondicionada a ação penal por crime de sonegação fiscal"[9], firmando o posicionamento de que a ação penal, para crimes de sonegação fiscal, não estava condicionada a nenhuma condição de procedibilidade. Entretanto, com o advento

---

6 MACHADO, Hugo de Brito. *Curso de direito tributário*. 32. ed. São Paulo: Malheiros, 2011. p. 498.
7 SCHOERPF, Patrícia. *Crimes contra a ordem tributária*. Curitiba: Juruá, 2010. p. 143.
8 OLIVEIRA, Antônio Cláudio Mariz de. Reflexões sobre os crimes econômicos. *Revista Brasileira de Ciências Criminais*, São Paulo: RT, ano 3, n. 11, jun.-set. 1995, p. 99.
9 BRASIL. STF. Súmula 609. *DJ* 31-10-1984.

do art. 1º da Lei n. 8.137/90, que exige a efetiva lesão ao bem jurídico tutelado, consumando-se o delito somente com o resultado, surgiram vários questionamentos quanto ao momento consumativo desses crimes, ressurgindo a contenda quanto à imprescindibilidade do esgotamento da via administrativa como requisito para o início da persecução penal.

Em 1995, a Lei n. 9.249 contemplou, em seu art. 34, a extinção da punibilidade dos delitos previstos na Lei n. 8.137/90 quando pago o tributo ou a contribuição social e acessórios antes do recebimento da denúncia. Contudo, para o contribuinte pagar o débito e extinguir a punibilidade, dependia do conhecimento do valor exato, o qual é determinado no procedimento administrativo fiscal. Assim, se o contribuinte ainda discutia na esfera administrativa se o tributo era devido ou não, o valor não estaria determinado até que a via administrativa fiscal o determinasse em definitivo.

Um ano depois, é editada a Lei n. 9.430/96, que estabelece em seu art. 83 que a representação fiscal para fins penais deve ser encaminhada ao Ministério Público após proferida decisão final na esfera administrativa sobre a exigência fiscal do crédito tributário correspondente. Esse dispositivo foi objeto da Ação Direta de Inconstitucionalidade 1.571, julgada improcedente pelo Supremo Tribunal Federal, que decidiu que o art. 83 da Lei n. 9.430/96 se dirigia apenas ao agente fiscal, não ao Ministério Público, não padecendo, assim, de nenhum vício de inconstitucionalidade[10].

No mesmo dia que o Supremo Tribunal Federal julgou a Ação Direta de Inconstitucionalidade 1.571, foi, também, julgado o *Habeas Corpus* 81.611-1[11], no qual se entendeu que, enquanto não houvesse o lançamento definitivo, "quer se considere o lançamento definitivo uma condição objetiva de punibilidade ou um elemento normativo de tipo", não haveria justa causa para a ação penal.

---

10 BRASIL. STF, ADI 1.571, Rel. Min. Gilmar Mendes, Tribunal Pleno, j. 10-12-2003, *DJ* 30-4-2004, pp-00027, *Ement* vol-02149-02, pp-00265.
11 BRASIL. STF, HC 81.611, Rel. Min. Sepúlveda Pertence, Tribunal Pleno, j. 10-12-2003, *DJ* 13-5-2005, pp-00006, *Ement* vol-02191-1, pp-00084.

Concluiu-se que não havia contradição entre o resultado da Ação Direta de Inconstitucionalidade 1.571 e o do *Habeas Corpus* 81.611, sendo que a ação é pública incondicionada, pois,"se há processo administrativo concluído, nada impede o Ministério Público de, por qualquer meio, tomar conhecimento desse lançamento definitivo e propor ação penal"[12].

Ainda que a decisão do *Habeas Corpus* 81.611 entendesse que a persecução penal somente poderia se dar após o esgotamento das vias administrativas, ficou em aberto o posicionamento do Supremo Tribunal Federal quanto à natureza dessa "decisão" na esfera administrativa, se condição de procedibilidade, se elemento normativo do tipo ou se condição objetiva de punibilidade.

Tentando pacificar os debates e divergências, em 11 de dezembro de 2009 foi publicada a Súmula Vinculante 24 do Supremo Tribunal Federal, que enunciou que "não se tipifica crime material contra a ordem tributária, previsto no art. 1º, incisos I a IV, da Lei nº 8.137/90, antes do lançamento definitivo do tributo". Entendeu-se, por maioria, que o crime tributário previsto nos incisos I a IV do art. 1º da Lei n. 8.137/90, por ser crime material, depende da constituição definitiva para ser caracterizado. Assim, conforme esposado na Súmula Vinculante 24, para consumação dos delitos dos incisos I a IV do art. 1º da Lei n. 8.137/90, é necessária a produção do resultado previsto no tipo suprimir ou reduzir tributo, sendo que esse resultado se dá com o lançamento definitivo.

Consagrada através da Súmula Vinculante 24 a imprescindibilidade de um procedimento administrativo fiscal prévio ao crime tributário.

3. ELEMENTOS DO TIPO PENAL DO CRIME CONTRA A ORDEM TRIBUTÁRIA

O tipo penal da Lei n. 8.137/90 traz no *caput* do seu art. 1º a supressão e redução como verbos nucleares, o tributo como elemento

---

12 BRASIL. STF, HC 81.611, Rel. Min. Sepúlveda Pertence, Tribunal Pleno, j. 10-12-2003, *DJ* 13-5-2005, pp-00006, Ement vol-02191-1, pp-00084.

objetivo do tipo, e o dolo como elemento subjetivo desse tipo penal. A supressão ou redução desse tributo deve se dar em uma das formas descritas nos incisos do art. 1º da Lei n. 8.137/90. Assim, cada conduta prevista nos incisos do art. 1º deve gerar o resultado previsto no *caput*, qual seja, a supressão ou redução do tributo ou contribuição social e qualquer acessório.

Quanto ao dolo, o entendimento do Superior Tribunal de Justiça[13] é de que a figura típica do art. 1º da Lei n. 8.137/90 prescinde de dolo específico, sendo suficiente, para sua caracterização, a presença do dolo genérico consistente na omissão voluntária do recolhimento, no prazo legal, do valor devido aos cofres públicos. No dolo genérico, o tipo subjetivo se esgota no dolo, não havendo necessidade de se provar o especial fim de agir. Em sendo genérico, basta o dolo, a vontade de cometer o delito, sendo dispensável a intenção de redução da carga tributária por meio de fraudes que gerem prejuízos ao erário.

Sobre os elementos objetivos, o art. 1º, *caput*, da Lei n. 8.137/90 traz como verbos nucleares do tipo penal as expressões suprimir e reduzir tributo. Suprimir é o não pagamento do que é devido, evasão total, "ocultação do tributo mediante a conduta omissiva de não prestar o que deve ser pago". Já a redução é "parcial, ou a diminuição do valor a pagar. É o pagamento não integral"[14]. Assim, o elemento objetivo do tipo penal do art. *1º*, I a IV, da Lei n. 8.137/90 é o tributo.

Heloísa Estellita Salomão enfatiza que não se pode entender a acepção de tributo no sentido técnico do art. 3º do CTN. Nesse caso, "o termo 'tributo' só pode ter sido empregado em forma elíptica no sentido de "quantia exigida a título de tributo". Essa quantia, sim, pode ser suprimida ou reduzida pelo inadimplemento de obrigações

---

13 BRASIL. STJ, AgRg no AREsp 1.307.413/PR, Rel. Min. Laurita Vaz, 6ª Turma, j. 26-2-2019, *DJe* 15-3-2019.
14 EISELE, Andreas. *Crimes contra a ordem tributária*. São Paulo: Dialética, 1998. p. 116.

acessórias a cargo do contribuinte, nas hipóteses em que participa do lançamento tributário"[15]. Assim, a expressão "qualquer acessório", do art. 1º, *caput*, da Lei n. 8.137/90, abrange, tão somente, os juros e a correção monetária[16].

Sabendo-se que o tributo é o elemento normativo do tipo penal em questão, resta posicionar o lançamento definitivo, já que o Supremo Tribunal Federal, por meio da Súmula Vinculante 24, trouxe a imprescindibilidade do lançamento definitivo para a configuração do delito em questão.

Nos termos do art. 142 do CTN, o lançamento é atividade privativa de auditor fiscal, que irá constituir o crédito tributário. Em que pese a redação do digesto tributário, existem divergências doutrinárias sobre a natureza jurídica do lançamento quanto a seu efeito declaratório ou constitutivo ou misto. Entretanto, a doutrina majoritária é no sentido de que o lançamento é declaratório, não criando direito, ou seja, antes do lançamento existe a obrigação, sendo que depois do lançamento é que surge o crédito. O lançamento constitui o crédito tributário e declara a obrigação[17].

A obrigação tributária nasce com o fato gerador. Contudo, tal obrigação somente poderá ser exigida após um procedimento administrativo tributário que converte a obrigação tributária em crédito tributário. Esse procedimento é o lançamento. Assim, "é o lançamento o ato que dá certeza e liquidez à obrigação tributária, tornando-a exigível, momento a partir do qual passa a existir o crédito tributário"[18].

Hugo de Brito Machado entende que lançamento definitivo é aquele que não comporta mais alterações na esfera administrativa,

---

15 SALOMÃO, Heloísa Estellita. *A tutela penal e as obrigações tributárias na Constituição Federal*. São Paulo: Revista dos Tribunais, 2001. p. 208.
16 Idem, p. 209; LOVATTO, Alécio Adão. *Crimes tributários*: aspectos criminais e processuais. Porto Alegre: Livraria do Advogado, 2003. p. 86.
17 MACHADO, Hugo de Brito. *Curso de direito tributário*, cit., p. 175.
18 ALEXANDRINO, Marcelo; PAULO, Vicente. *Manual de direito tributário*. 8. ed. São Paulo: Método, 2009. p. 321.

sendo que, até então, é um lançamento que não está juridicamente concluído, estando em fase de elaboração[19].

Na visão do Supremo Tribunal Federal, o lançamento definitivo advém com a decisão definitiva do processo administrativo tributário. Assim, não interessa se o não pagamento ou o pagamento a menor do tributo se deu em momento anterior. Somente após a lavratura de um auto de infração, com a abertura de processo administrativo tributário e a constituição em definitivo desse crédito, é que se caracteriza o delito, pois, segundo a Súmula, é a partir daí que existe o crime tributário.

Entretanto, não é o lançamento definitivo elemento do tipo penal. O Supremo Tribunal Federal, por meio da Súmula Vinculante 24, afirma "que é elemento essencial do tipo o tributo e compete à Administração Tributária dizer quando este existe e promover sua cobrança"[20]. Assim, o Supremo Tribunal Federal exige, para a configuração do crime tributário dos incisos I a IV do art. 1º da Lei n. 8137/90, um procedimento administrativo tributário que diga: o débito tributário existe e é devido em definitivo.

É o auto de infração o primeiro momento desse procedimento administrativo tributário que findará, caso se reconheça o tributo como devido, com o lançamento definitivo, ou seja, com a constituição definitiva do crédito. Assume o auto de infração papel essencial, pois é ele que irá delimitar a decisão definitiva da administração tributária para constituir o crédito tributário por meio do lançamento definitivo do tributo.

Apesar de serem três os tipos de lançamento (de ofício, por declaração e por homologação), o presente trabalho se limitará ao lançamento por homologação. Esse lançamento está definido no art. 150 do CTN, e se dá quando o contribuinte apura o valor do tributo e o recolhe antes da manifestação do Fisco, ensejando o controle pos-

---

19 Idem, p. 176.
20 MACHADO, Hugo de Brito. O tributo devido como elemento do tipo nos crimes contra a ordem tributária. *Revista Fórum de Direito Tributário – RFDT*, Belo Horizonte, v. 16, n. 92, p. 45-56, mar.-abr. 2018.

terior da Administração Pública Tributária, que homologará, de forma tácita ou expressa, esse recolhimento. Será nesse momento que o contribuinte, mediante um ato comissivo ou omissivo tipificado no art. 1º da Lei n. 8.137/90, poderá reduzir ou suprimir o tributo devido[21].

Quando da fiscalização, em apurando o Fisco a ocorrência de supressão ou de redução do valor, lavrará auto de infração abrangendo o período fiscalizado. Após a lavratura do auto de infração, o contribuinte poderá se defender, e somente após oportunizadas e analisadas as defesas no procedimento administrativo tributário haverá a constituição do crédito tributário com o lançamento definitivo.

Entende, assim, o Supremo Tribunal Federal que é a partir desse momento que há a tipificação do delito previsto no art. 1º, I a IV, da Lei n. 8.137/90, em se considerando devido o tributo suprimido ou reduzido, consagrando a inter-relação entre procedimento administrativo fiscal e crime tributário.

4. CRIME CONTINUADO NOS CRIMES TRIBUTÁRIOS DOS INCISOS I A IV DO ART. 1º DA LEI N. 8.137/90 NA JURISPRUDÊNCIA ATUAL

A questão do concurso de crimes traduz-se em duas etapas: primeiro, saber se o agente cometeu um ou mais crimes; depois, em tendo praticado vários crimes, estabelecer como deve ser a punição.

A análise do cometimento do crime passa pela conduta típica delitiva. Em uma visão simplista, o cometimento de uma conduta típica geraria uma sanção, ao passo que diversas condutas típicas gerariam várias sanções.

Logicamente que a pluralidade de condutas exige que todas sejam típicas, sob pena de não se configurar pluralidade de delitos.

---

21 BADARÓ, Gustavo. Do chamado "Lançamento definitivo do crédito tributário" e seus reflexos no processo penal por crime de sonegação fiscal. *Revista Brasileira da Advocacia*, São Paulo, v. 1, n. 0, p. 263-291, jan.-mar. 2016.

Quanto à posição sistemática que o tema ocupa no Direito Penal, a matéria é normatizada nos arts. 69 a 76 do CP, sob o capítulo da aplicação da pena que contempla três espécies de concurso de crimes: concurso material, concurso formal e continuidade delitiva.

Assim, é importante trazer os critérios adotados para a solução das situações decorrentes da pluralidade delitiva[22]. O cúmulo material, também denominado cúmulo aritmético, defende a soma de todas as penas dos diversos delitos. Em crítica ao cúmulo material surge o cúmulo jurídico, que não propugna pela acumulação de todas as penas dos diversos delitos, mas sim por uma valoração das penas, havendo uma média entre a soma de todas as penas e as penas individuais de cada delito. Há, ainda, o princípio da absorção, que entende que a pena atribuída ao crime mais grave absorve aquela atribuída ao crime menos grave. E, em reação ao princípio da absorção, surge o princípio da exasperação, que prega pela aplicação da pena do crime mais grave, porém aumentada de certa quantidade[23].

O Direito Penal brasileiro adota o sistema do cúmulo aritmético no concurso material (art. 69 do CP) e no concurso formal imperfeito (art. 70, *caput*, 2ª parte, do CP), e o sistema da exasperação no concurso formal perfeito (art. 70, *caput*, 1ª parte, do CP) e no crime continuado (art. 71 do CP). Quanto à pluralidade de fatos puníveis, pode-se dizer que a pluralidade sucessiva corresponde ao concurso material (art. 69 do CP), a pluralidade simultânea chama-se concurso formal (art. 70 do CP) e a pluralidade continuada é designada crime continuado (art. 71 do CP)[24].

---

22 João da Costa Andrade deixa clara a importância para se "perceber qual o objecto sobre o qual recairá o 'exercício da contagem' e que, dada uma situação concreta, nos permite concluir pela afirmações da existência de um só ou de vários crimes, a que, naturalmente, corresponderão não só diferentes formas de configuração dos próprios institutos, bem como, diversas formas de punição" (ANDRADE, João da Costa. *Da unidade e pluralidade de crimes*: doutrina geral e crimes tributários. Coimbra: Coimbra Editora, 2010. p. 27).
23 ZAFFARONI, Eugenio Raúl et al. *Direito penal brasileiro*. Rio de Janeiro: Revan, 2017. v. II,II, p. 577 e s.
24 SANTOS, Juarez Cirino dos. *Direito penal*: parte geral. Rio de Janeiro: ICPC/Lumen Juris, 1985. p. 402.

O concurso material ocorre quando o agente, mediante mais de uma conduta, pratica dois ou mais crimes, idênticos (concurso material homogêneo) ou não (concurso material heterogêneo). Os requisitos são: a) pluralidade de condutas e resultados; b) desígnios autônomos, ou seja, vontade de praticar dois ou mais crimes; c) unidade de processamento e julgamento. Adota-se, aqui, o sistema de cúmulo material, devendo as penas de cada crime ser somadas.

O caráter autônomo dos delitos para a caracterização do concurso material não se confunde com o princípio da absorção ou da consunção no conflito aparente de normas. No princípio da absorção ou da consunção não há concurso de crimes, e sim um fato previsto em uma norma que é mais abrangente que em outra[25], gerando um aparente conflito de normas.

Por outro lado, o concurso formal caracteriza-se pela unidade de conduta e pluralidade de resultados. São necessários, assim, dois requisitos: a) uma única conduta; e b) que dessa conduta surjam dois ou mais crimes diferentes ou não. Difere-se o concurso formal quando há unidade de desígnio (intenção) daquele em que os desígnios são autônomos. Em havendo unidade de desígnio, há o concurso formal próprio, com aplicação da pena mais grave com o aumento determinado pela lei (sistema de exasperação), caso haja desígnios autônomos, dará ensejo ao concurso formal imperfeito com cumulação das penas (sistema do cúmulo material)[26].

---

25 BITENCOURT, Cezar Roberto. *Tratado de direito penal*: parte geral. 12. ed. São Paulo: Saraiva, 2008. p. 201.

26 Zaffaroni e Pierangeli questionam a constitucionalidade do crime formal impróprio, que eles denominam crime formal qualificado. Entendem que não há unidade de ação com desígnios autônomos, sendo que o único caso que a doutrina reconhece de concurso formal decorrente de desígnios autônomos é o denominado concurso formal por engache, que ocorre quando duas ações típicas independentes tenham em comum uma terceira ação típica e independente, gerando uma identidade parcial das duas primeiras apenas com o terceiro delito e não entre si. Eles trazem como exemplo o caso de um agente que furta documento falso (art. 155 do CP) e, ao utilizar esse documento falso (art. 304 do CP), pratica estelionato. Houve unidade de conduta no furto e no uso do documento

Na realidade, a polêmica quanto aos desígnios autônomos gerarem mais de uma conduta ou não não enseja uma mudança prática, pois, se os desígnios autônomos implicarem diversas condutas, haverá vários crimes com a incidência do concurso material, que gera soma das penas e, caso contrário, havendo desígnios autônomos com uma só conduta, será aplicado o concurso formal impróprio, que enseja, também, a cumulação das penas, seguindo as regras do concurso material.

Cezar Bitencourt, quanto à distinção entre crimes formais próprios e impróprios, conclui que "o que caracteriza o crime formal é a unidade de conduta, mas o que justifica o tratamento penal mais brando é a unidade do elemento subjetivo que impulsiona a ação"[27].

Quanto à adoção ou não do concurso formal, no delito de sonegação fiscal, quando há pluralidade de tributos, a 5ª e a 6ª Turma do Superior Tribunal de Justiça divergem. A 5ª Turma admitiu o concurso formal próprio, com exasperação da pena, quando a sonegação fiscal envolve mais de um tipo de tributo, por exemplo, IRPJ, CSLL, Cofins, PIS, Contribuição para o INSS, por entender que em uma única ação o contribuinte "elidiu contribuições sociais previdenciárias e diversos tipos de tributos que eram devidos por sua empresa mediante omissão de receitas e apresentação de falsa declaração de inatividade"[28]. Já a 6ª Turma, em sentido contrário, entendeu que não caracteriza a incidência do concurso formal quando o contribuinte, "numa única conduta, declara Imposto de Renda de Pessoa Jurídica com a inserção de dados falsos, ainda que tal conduta tenha obstado o lançamento de mais de um tributo ou contribuição", pois

---

falso. Entretanto, o furto e o estelionato são delitos independentes, tendo em comum o documento falso, ficando, assim, enganchados por este último (ZAFFARONI, Eugenio Raúl; PIERANGELI, José Henrique. *Manual de direito penal brasileiro*: parte geral. 13. ed. São Paulo: Thomson Reuters Brasil, 2019. p. 647).

27 ZAFFARONI, Eugenio Raúl; PIERANGELI, José Henrique. *Manual de direito penal brasileiro*, cit., p. 603.
28 BRASIL. STJ, HC 340.877/PE, Rel. Min. Felix Fischer, 5ª Turma, j. 10-5-2016, DJe 24-5-2016.

o crime de sonegação fiscal previsto no art. 1º da Lei n. 8.137/90 tipifica a supressão ou redução do tributo, sendo irrelevante se foi atingido um ou mais impostos ou contribuições sociais[29].

De fato, a análise a ser feita não é se o agente suprime ou reduz um ou vários tributos, e sim se tinha a intenção de reduzir sua carga tributária[30]. O crime será um só, mesmo com a finalidade de reduzir ou suprimir diversos tributos distintos.

Quanto ao crime continuado, ele é caraterizado, no Direito Penal brasileiro, quando o agente, mediante mais de uma conduta comissiva ou omissiva, pratica dois ou mais crimes da mesma espécie e, pelas condições de tempo, lugar, maneira de execução e outras semelhantes, devem os subsequentes ser havidos como continuação do primeiro, aplicando-se apenas a pena de um dos crimes ou a mais grave, aumentada de um sexto a dois terços (art. 71 do CP). No delito continuado é realizada mais de uma conduta, que gera mais de um delito.

Três correntes procuram explicar a natureza jurídica da continuidade delitiva. Para os adeptos da unidade real, a pluralidade de condutas não gera a pluralidade de crimes, havendo um único intuito e uma única lesão que conduzem a um único crime. Há aqueles, da ficção jurídica, que entendem ser o crime continuado uma criação da lei para justificar o aumento de pena, pois ocorrem vários delitos. E, por último, a teoria mista, que acredita ser o crime continuado um delito autônomo[31].

Quanto à conceituação, há a corrente puramente objetiva, que despreza a vontade do agente em praticar os crimes em continuidade delitiva, bastando preencher os requisitos de ordem objetiva. Em sentido oposto, a doutrina subjetiva entende que o crime continua-

---

29 BRASIL. STJ, REsp 1.294.687/PE, Rel. Min. Maria Thereza de Assis Moura, 6ª Turma, j. 15-10-2013, DJe 24-10-2013.
30 MACHADO, Hugo de Brito. *Crimes contra a ordem tributária*. 3. ed. São Paulo: Atlas, 2011. p. 337.
31 PRADO, Luiz Regis. *Curso de direito penal brasileiro*. 8. ed. São Paulo: Revista do Tribunais, 2008. v. 1, p. 463.

do está caracterizado pela unidade de desígnios, sendo irrelevantes os requisitos objetivos[32]. Em um caminho intermediário, surge a teoria objetiva-subjetiva, que exige a unidade de resolução, devendo o agente desejar praticar os crimes em continuidade delitiva.

O ordenamento jurídico penal brasileiro adota a teoria da ficção jurídica e a corrente puramente objetiva[33], sendo o crime continuado uma opção do legislador, uma criação da lei, bastando, para sua caracterização, o preenchimento dos elementos objetivos, sendo dispensado qualquer liame subjetivo entre os delitos que compõem a continuidade delitiva. Assim, para que seja constatada essa ficção jurídica, deve ser verificada a presença de requisitos de pluralidade de condutas e de crimes da mesma espécie, semelhantes condições de tempo, lugar, maneira de execução e, ainda, uma ligação de continuidade entre o primeiro delito e os subsequentes.

Patrícia Bezé deixa claro que a continuidade delitiva é "um concurso material atenuado", com diversos crimes semelhantes em que

---

32 Idem, p. 604.
33 A exposição de motivos do Código Penal esclarece a opção do legislador pela adoção da teoria puramente objetiva: "59. O critério da teoria puramente objetiva não se revelou na prática maiores inconvenientes, a despeito das objeções formuladas pelos partidários da teoria objetivo-subjetiva. O projeto optou pelo critério que mais adequadamente se opõe ao crescimento da criminalidade profissional, organizada e violenta, cujas ações se repetem contra vítimas diferentes, em condições de tempo, lugar, modos de execução e circunstâncias outras, marcadas por evidente semelhança. Estender-lhe o conceito de crime continuado importa em beneficiá-la, pois o delinquente profissional tornar-se-ia passível de tratamento penal menos grave que o dispensado a criminosos ocasionais. De resto, com a extinção, no Projeto, da medida de segurança para o imputável, urge reforçar o sistema, destinado penas mais lingas aos que estariam sujeitos à imposição de medida de segurança detentiva e que serão beneficiados pela abolição da medida. A Política Criminal atua, neste passo, em sentido inverso, a fim de evitar a libertação prematura de determinadas categorias de agentes, dotados de acentuada periculosidade" (Disponível em: https://www2.camara.leg.br/legin/fed/declei/1940-1949/decreto-lei-2848-7-dezembro-1940-412868-exposicaodemotivos-148972-pe.html. Acesso em: 15 mar. 2019).

o legislador optou pelo sistema de exasperação da pena no lugar do de cumulação de penas[34].

Quanto aos crimes da mesma espécie, a divergência decorre de serem apenas aqueles previstos no mesmo tipo penal[35], ou que contenham os mesmos elementos objetivos e subjetivos[36] que os delitos que protegem o mesmo bem jurídico, ainda que não previstos no mesmo tipo penal[37]. A divergência não é apenas doutrinária. Os tribunais entendem ora que a continuidade delitiva pressupõe crimes previstos no mesmo tipo penal[38], ora em sentido contrário[39].

A análise da semelhança das condições de tempo, lugar e maneira de execução deve ser feita para que não se confunda a continuidade delitiva com a habitualidade, em que não há encadeamento entre os fatos delituosos. Na questão temporal, o Superior Tribunal de Justiça tem utilizado como parâmetro o interregno de 30 dias entre um delito e outro, apesar de posicionamentos no sentido de que, na ausência de previsão legal quanto ao intervalo temporal para reconhecimento da continuidade delitiva, se presentes os demais requisitos legais, ela deve ser aplicada, mesmo que o intervalo ultra-

---

34 BEZÉ, Patricia Mothé Glioche. *Novas tendências do concurso formal e crime continuado*. Rio de Janeiro: Renovar, 2015. p. 216.
35 Nelson Hungria, em um primeiro momento, entendeu como crimes da mesma espécie aqueles que violam o mesmo artigo penal (*HUNGRIA, Nelson. Comentários ao Código Penal*. Rio de Janeiro: Forense, 1980. t. I, v. I, *p. 339). Entretanto, ao escrever sobre crimes contra o patrimônio, afirmou a possibilidade de crime continuado entre roubo e extorsão, por serem da mesma espécie* (HUNGRIA, Nelson. *Comentários ao Código Penal*. Rio de Janeiro: Forense, 1980. v. VII, p. 58).
36 NORONHA, E. Magalhães. *Direito penal*: parte geral. São Paulo: Saraiva, 1986. p. 524.
37 FRAGOSO, Heleno Cláudio. *Lições de direito penal*: parte geral. Rio de Janeiro: Forense, 1990. p. 351; SANTOS, Juarez Cirino dos. *Direito penal*, cit., p. 141.
38 BRASIL. STJ, HC 299.516/SP, Rel. Min. Reynaldo Soares da Fonseca, 5ª Turma, j. 21-6-2018, *DJe* 29-6-2018.
39 BRASIL. STJ, AgRg no REsp 1.562.088/MG, Rel. Min. Felix Fischer, 5ª Turma, j. 16-10-2018, *DJe* 22-10-2018.

passe 30 dias[40]. Por fim, quando da análise dos delitos, deve-se perquirir, para caracterizar a continuidade delitiva, se os crimes posteriores foram praticados em continuação ou decorrência do primeiro, um dos critérios diferenciadores do crime habitual.

Assim, para a caracterização da continuidade delitiva, devem existir várias condutas típicas semelhantes, que receberão um apenamento reduzido em razão da fictícia unidade delitiva. Cada uma das condutas seria, por si só, um único delito, mas que, por ficção legal, estarão unificadas para constituição da continuidade delitiva. Evidente que cada uma dessas condutas deve ser típica, preenchendo todos os requisitos objetivos e subjetivos da tipicidade penal[41].

Na prática de diversos crimes da mesma espécie, mas que, em razão das condições de tempo, lugar, maneira de execução e outras semelhantes, os subsequentes sejam havidos como continuação do primeiro, não será aplicada a pena individual de cada crime, em reconhecimento ao crime continuado. Por uma ficção jurídica, será aplicada a pena de um dos crimes, se idênticas, ou a mais grave, se diversas, sendo que, em qualquer um dos casos, a pena será aumentada de um sexto a dois terços.

Quanto à fração de aumento, o Superior Tribunal de Justiça[42] firmou entendimento de que deve ser determinada em função da quantidade de delitos cometidos, aplicando-se a fração de aumento de 1/6 pela prática de 2 infrações; 1/5, para 3 infrações; 1/4, para 4 infrações; 1/3, para 5 infrações; 1/2, para 6 infrações; e 2/3, para 7 ou mais infrações, mesmo em crimes tributários.

Então, o posicionamento dominante é no sentido de que, onde há vários fatos geradores, há vários crimes, devendo-se considerar

---

40 BRASIL. STJ, HC 490.707/SC, Rel. Min. Ribeiro Dantas, 5ª Turma, j. 21-2-2019, *DJe* 1-3-2019.
41 FAYET JÚNIOR, Ney. Do avanço interpretativo na compreensão do instituto do delito continuado: da necessidade de demarcação fático-temporal precisa dos crimes componentes da cadeia continuada. *Revista Jurídica da Presidência*, Brasília, v. 12, n. 98, out. 2010/jan. 2011, p. 493-514.
42 BRASIL. STJ, HC 464.514/SP, Rel. Min. Laurita Vaz, 6ª Turma, j. 4-12-2018, *DJe* 19-12-2018.

as condutas subsequentes como continuação da primeira, sendo majorada a pena diante da figura ficcional da continuidade delitiva. Dessa forma, se o tributo for mensal, o crime continuado será mês a mês; se for anual, haverá continuidade delitiva ano a ano.

Esse é o posicionamento do Superior Tribunal de Justiça. Cada fato gerador do tributo caracteriza um crime autônomo, sendo que a prática de diversos crimes nas mesmas condições de tempo, lugar e modo de execução implica o reconhecimento da figura da continuidade delitiva, não se podendo falar em crime único[43]. Dessa forma, se o agente, para se evadir de pagar tributo, omite informações durante meses consecutivos, pratica crimes de sonegação fiscal tantas vezes quantas forem as condutas omissivas[44].

5. AS DIMENSÕES DA MACROCRIMINALIDADE NO CRIME TRIBUTÁRIO: CRIME ÚNICO E NÃO CONTINUIDADE DELITIVA

A aplicação da continuidade delitiva pelos tribunais segue a adoção de uma criminalidade com bem jurídico individual em que a identificação de diversas condutas ocorre de forma quase que automática. Contudo, no caso de macrocrimes, a análise não pode ser feita de forma tão simplista.

A intervenção penal na arrecadação tributária, criminalizando algumas condutas de não pagamento de tributários, além de não observar o princípio da intervenção mínima em que as sanções penais devem ser utilizadas apenas quando absolutamente necessárias. No campo tributário em que o pagamento, na maioria dos crimes, gera a extinção da punibilidade, é perceptível o enfraquecimento da intervenção penal no âmbito da arrecadação tributária.

---

43 BRASIL. STJ, HC 376.882/SP, Rel. Min. Maria Thereza de Assis Moura, 6ª Turma, j. 6-12-2016, DJe 16-12-2016.
44 BRASIL. STJ, REsp 1.533.316/RS, Rel. Min. Rogério Schietti Cruz, 6ªTurma, DJe 24-5-2016.

Contudo, em decidindo por uma intervenção penal, esta deve ser feita de forma coerente e não apenas através da transposição de institutos penais. No caso do crime tributário, há o condicionamento do lançamento definitivo, que será único e ocorrerá apenas em uma data, mesmo que tenham tidos diversos fatos geradores em datas distintas. Pela Súmula Vinculante 24, não há que se falar em conduta típica antes do lançamento definitivo, pois é ele que irá certificar que o tributo é devido e que houve sua redução ou supressão.

A tutela penal do crime tributário busca, em um primeiro momento, a arrecadação tributária como bem jurídico imediato e, em um segundo momento, a proteção às funções extrafiscais do fisco como um bem jurídico mediato. Contudo, para a proteção dos interesses supraindividuais (bem jurídico mediato), é essencial a determinação da lesão ao bem jurídico imediato – arrecadação tributária –, o que se dá com o fim do procedimento administrativo fiscal, que é o lançamento.

Considerar cada fato gerador como um crime gera diversos imbróglios jurídicos, além da continuidade delitiva, como na prescrição[45] e na reincidência[46].

---

45 O Supremo Tribunal Federal e os tribunais entendem que a data da prescrição começa a correr da data do lançamento definitivo pela administração tributária. E esse ato de lançamento definitivo, na visão do Supremo Tribunal Federal, não é declaratório, pois, se assim o fosse, a prescrição se daria do fato gerador ou vencimento de cada tributo, e não do lançamento definitivo, como tem preconizado a jurisprudência (BRASIL. STF, ARE 1.031.806-AgR, Rel. Min. Dias Toffoli, 2ª Turma, j. 30-6-2017, *DJe*-177, Divulg. 10-8-2017, Publ. 14-8-2017). Assim, é irrelevante, nessa visão, se o tributo é mensal ou não, pois terá uma data única de termo *a quo* prescricional que será a data do lançamento definitivo. Dessa forma, considerando um tributo de pagamento mensal, se for lavrado um único auto de infração para 12 meses de suposta supressão ou redução de tributo, haverá um único termo prescricional *a quo*, pois somente houve um auto de infração, o que gera apenas um lançamento definitivo. Entretanto, se nesse mesmo período de um ano forem lavrados 12 autos de infração – um para cada mês –, haverá 12 termos *a quo* prescricionais, cada um baseado no lançamento definitivo daquele tributo mensal.

46 Se, por exemplo, os fatos geradores se deram nos 12 meses do ano de 2015 e o lançamento definitivo no ano de 2020 e no ano de 2018 foi o contri-

Voltando à continuidade delitiva no crime tributário, o Superior Tribunal de Justiça, além de aplicar, entende, inclusive, que o reconhecimento de crime continuado melhora a situação do agente, pois, caso contrário, incidiria em habitualidade criminosa, sem o benefício da continuidade delitiva[47]. Realmente, tendo em vista o prejuízo para o acusado, se cada fato gerador for considerado um crime autônomo, o crime continuado vem a ser um alento.

Um ato de fiscalização pode conter diversos tributos e fatos geradores. Entretanto, um ato de fiscalização gera apenas um procedimento administrativo tributário, que dá ensejo a somente um lançamento definitivo. Zaffaroni e Pierangeli, que entendem ser o crime continuado decorrente de uma única ação típica, sendo os atos sucessivos apenas uma progressão do injusto do crime, deixam claro que essa ação deve ser típica. Entendendo-se uma pluralidade de condutas ou não, sem dúvida devem ser típicas[48].

Assim, mesmo que sejam várias competências do mesmo tributo – vários meses ou vários anos –, e havendo apenas um ato fiscalizatório, um único auto de infração, isso irá gerar apenas um lançamento definitivo – o que implica que não pode o contribuinte extinguir, pelo pagamento, cada competência e, sim, apenas a inte-

---

buinte condenado penal com trânsito em julgado por algum crime, será considerado como reincidente para o crime tributário? Será considerado o momento da conduta do crime tributário no ano de 2015, na data de cada fato gerador, ou no ano de 2020, quando do lançamento definitivo? Sobre esse assunto. ver: BARROSO, Anamaria Prates. O momento da conduta nos crimes tipificados nos incisos I a IV da Lei 8.137/90 e o reconhecimento (ou não) da reincidência. *Revista Eletrônica da PGE RJ*, Rio de Janeiro, v. 2, n. 1, 2019. Disponível em: http://www.revistaeletronica.pge.rj.gov.br/doutrina/o-momento-da-conduta-nos-crimes-tipificados-nos-incisos-i--a-iv-da-lei-8-13790-e-o-reconhecimento-ou-nao-da-reincidencia-penal.

47 BRASIL. STJ, REsp 1.533.316/RS, Rel. Min. Rogério Schietti Cruz, 6ª Turma, *DJe* 24-5-2016.

48 ZAFFARONI, Eugenio Raúl; PIERANGELI, José Henrique. *Manual de direito penal brasileiro*, cit., p. 643 e s. Eles entendem que "a repetição ou reiteração constitui uma verdadeira modalidade de execução, ou de prática do crime, no caso concreto".

gralidade, por ter se tornado um único crédito tributário, que engloba o tributo devido e acessórios.

A diferenciação entre tributo e crédito tributário[49] nos leva ao ponto de que para cada lançamento definitivo existe uma única sonegação. Se apenas um tributo foi constituído por um auto de infração, houve apenas uma sonegação. Se assim não fosse, poderia o contribuinte, após o lançamento definitivo, optar por extinguir as competências individualmente – meses ou anos – e não ser obrigado ao pagamento integral constante no lançamento definitivo. Pode-se dizer que é constituído um único tributo para cada lançamento definitivo.

Ademais, se a tipicidade do crime depende do lançamento definitivo, como claramente enunciado pela Súmula Vinculante 24, é o lançamento definitivo elemento essencial para a tipificação do tributo, informando se este foi suprimido ou reduzido indevidamente, sendo que as condutas praticadas antes desse lançamento serão atípicas, nem podendo ser objeto, como regra, de persecução penal[50].

A transposição do crime continuado, com bens individualmente protegidos, para delitos com bens jurídicos supraindividuais não pode ser feita sem uma análise de todos os elementos que circulam o crime. Igualar o tratamento dos institutos penais com bens jurídicos de proteção de interesses diversos como forma de justificar a inexistência de distinção de punição da dita criminalidade comum para a macrocriminalidade não exclui nem minimiza a instrumentalização do direito penal como fator de exclusão social.

---

49 Diferenciação feita no item 3, *supra*.
50 A mitigação da Súmula Vinculante 24, com possibilidade de persecução penal antes do exaurimento do processo administrativo fiscal, tem ocorrido em alguns julgamentos no Supremo Tribunal Federal, quando: (i) há embaraço à fiscalização tendo crimes conexos ou não (HC 95.443; ARE 96.653; ARE 997.919); e (ii) há crimes conexos sendo investigados simultaneamente (HC 96.324; HC 84.965; RHC 120.111; Rcl 17.641; HC 107.362; HC 118.985; Rcl 28.147).

6. CONCLUSÕES

1. A Súmula Vinculante 24 trouxe claramente que "não se tipifica crime material contra a ordem tributária, previsto no art. 1º, incisos I a IV, da Lei nº 8.137/90, antes do lançamento definitivo do tributo". Mesmo discordando da ausência da tecnicidade da Súmula, ela é respeitada pelos tribunais. Assim, ela deve ter uma interpretação sistemática, levando em consideração todas as consequências que pode gerar;

2. Com a edição da Súmula, é pacífico o posicionamento de que a prescrição começa a contar do lançamento definitivo, independentemente de ter tido mais de um fato gerador, com datas diversas;

3. O advento do lançamento definitivo impõe ao agente o pagamento total para extinção da punibilidade, não podendo escolher o pagamento de competências separadamente;

4. Um auto de infração, mesmo com tributos diversos e de várias competências, gera apenas um lançamento definitivo. Assim, a sonegação fiscal se dá apenas em relação a cada auto de infração;

5. O fato de o Código Penal tratar a continuidade delitiva como se fosse uma prática criminosa não afasta a situação fática da ocorrência de diversas condutas típicas;

6. Sendo o lançamento definitivo imprescindível para a configuração do crime tributário, não há conduta típica antes dele, e, em havendo apenas um lançamento definitivo, há apenas uma conduta;

7. Não se pode ter diversos crimes e, por consequência, a aplicação do crime continuado quando há um lançamento definitivo que constitui apenas um tributo. Se o fisco quiser lançar competência por competência em vários autos de infração, pode-se ter crime continuado ou concurso, a depender das circunstâncias;

8. Não se pode aplicar concurso ou crime continuado por competência se não é possível quitar cada competência sonegada. A separação em competências pode permitir que o contribuinte pague determinada competência para extinguir sua punibilidade, além de prazos prescricionais para cada competência;

9. Logo, se a Súmula Vinculante 24 traz a indispensabilidade do lançamento definitivo para a caracterização do tributo, a aplicação atual de lançar um único tributo relativo a várias competências e aplicar crime continuado por competências é contraditória com a própria Súmula.

REFERÊNCIAS

ALEXANDRINO, Marcelo; PAULO, Vicente. *Manual de direito tributário*. 8. ed. São Paulo: Método, 2009.

AMARAL, Leonardo Coelho do. Crimes sócio-econômicos e crimes fiscais: algumas características. *Revista Brasileira de Ciências Criminais*, São Paulo, n. 43, p. 187-225, abr.-jun. 2003.

ANDRADE, João da Costa. *Da unidade e pluralidade de crimes*: doutrina geral e crimes tributários. Coimbra: Coimbra Editora, 2010.

BADARÓ, Gustavo. Do chamado "Lançamento definitivo do crédito tributário" e seus reflexos no processo penal por crime de sonegação fiscal. *Revista Brasileira da Advocacia*, São Paulo, v. 1, n. 0, p. 263-291, jan.-mar. 2016.

BAPTISTA, Tatiana Maria Badaró. *Bem jurídico-penal transindividual: novos e velhos desafios da teoria do bem jurídico*. 244f. Dissertação (Mestrado em Direito) – Universidade Federal de Minas Gerais, 2016.

BARROSO, Anamaria Prates. O momento da conduta nos crimes tipificados nos incisos I a IV da Lei 8.137/90 e o reconhecimento (ou não) da reincidência. *Revista Eletrônica da PGE RJ*, Rio de Janeiro, v. 2, n. 1, 2019. Disponível em: https://revistaeletronica.pge.rj.gov.br/index.php/pge/article/view/38/28. Acesso em: 15 out. 2021.

BEZÉ, Patricia Mothé Glioche. *Novas tendências do concurso formal e crime continuado*. Rio de Janeiro: Renovar, 2015.

BITENCOURT, Cezar Roberto. *Tratado de direito penal*: parte geral. 12. ed. São Paulo: Saraiva, 2008.

EISELE, Andreas. *Crimes contra a ordem tributária*. São Paulo: Dialética, 1998.

FAYET JÚNIOR, Ney. Do avanço interpretativo na compreensão do instituto do delito continuado: da necessidade de demarcação fático-temporal precisa dos crimes componentes da cadeia continuada. *Revista Jurídica da Presidência*, Brasília, v. 12, n. 98, p. 493-514, out. 2010/jan. 2011.

FRAGOSO, Heleno Cláudio. *Lições de direito penal*: parte geral. Rio de Janeiro: Forense, 1990.

HUNGRIA, Nelson. *Comentários ao Código Penal*. Rio de Janeiro: Forense, 1980. t. I, v. I

HUNGRIA, Nelson. *Comentários ao Código Penal*. Rio de Janeiro: Forense, 1980. v. VII.

LOVATTO, Alécio Adão. *Crimes tributários*: aspectos criminais e processuais. Porto Alegre: Livraria do Advogado, 2003.

MACHADO, Hugo de Brito. *Crimes contra a ordem tributária*. 3. ed. São Paulo: Atlas, 2011.

MACHADO, Hugo de Brito. *Curso de direito tributário*. 32. ed. São Paulo: Malheiros, 2011.

MACHADO, Hugo de Brito. O tributo devido como elemento do tipo nos crimes contra a ordem tributária. *Revista Fórum de Direito Tributário – RFDT*, Belo Horizonte, v. 16, n. 92, p. 45-56, mar.-abr. 2018.

NORONHA, E. Magalhães. *Direito penal*: parte geral. São Paulo: Saraiva, 1986.

OLIVEIRA, Antônio Cláudio Mariz de. Reflexões sobre os crimes econômicos. *Revista Brasileira de Ciências Criminais*, São Paulo: RT, ano 3, n. 11, jun.-set. 1995.

PRADO, Luiz Regis. *Curso de direito penal brasileiro*. 8. ed. São Paulo: Revista do Tribunais, 2008. v. 1.

SALOMÃO, Heloísa Estellita. *A tutela penal e as obrigações tributárias na Constituição Federal*. São Paulo: Revista dos Tribunais, 2001.

SANTOS, Juarez Cirino dos. *Direito penal*: parte geral. Rio de Janeiro: ICPC/Lumen Juris, 1985.

SCHOERPF, Patrícia. *Crimes contra a ordem tributária*. Curitiba: Juruá, 2010.

SUTHERLAND, Edwin H. *Crime de colarinho branco*. Versão sem cortes. Rio de Janeiro: Revan, 2015.

ZAFFARONI, Eugenio Raúl et al. *Direito penal brasileiro*. Rio de Janeiro: Revan, 2017. v. II,II.

ZAFFARONI, Eugenio Raúl; PIERANGELI, José Henrique. *Manual de direito penal brasileiro*: parte geral. 13. ed. São Paulo: Thomson Reuters Brasil, 2019.

IV
A MACROCRIMINALIDADE E O DIREITO ADMINISTRATIVO

1

A comunicação do poder entre público e privado e a efetividade no combate à corrupção: a flexibilização normativa em tempos de pandemia

Joel Ilan Paciornik[1]

Resumo: A comunicação do poder, compreendido na teoria dos sistemas de Niklas Luhmann, mostra-se essencial à análise da corrupção no Brasil. Partindo da premissa de que a corrupção se trata de um problema mundial complexo multifacetado, os atos de corrupção têm sido objeto de estudo das mais diversas áreas do conhecimento: sociologia, psicologia, criminologia e direito. No Brasil, a corrupção é histórica, advém do Estado patrimonial português e perdura até os dias de hoje, adentrando na seara dos contratos administrativos, os quais, muitas vezes, são utilizados para favorecimentos em benefício de particulares à custa do erário. Nesse contexto, é essencial analisar o conceito e o histórico da macrocri-

---

[1] Doutorando em Direito Constitucional pelo Instituto Brasileiro de Ensino, Desenvolvimento e Pesquisa (IDP). Mestre em Direito pela Universidade Federal do Rio Grande do Sul (UFRGS). Ministro do Superior Tribunal de Justiça (STJ).

minalidade para discutir as hipóteses de combate, inclusive em âmbito administrativo, à corrupção. A partir das relações de poder sob a perspectiva luhmanniana, será abordada a efetividade dos instrumentos de controle interno da administração pública, especialmente no período de pandemia, com a recorrente dispensa das licitações com o fito de conferir celeridade aos procedimentos, resguardando a eficácia das medidas que visam conter o avanço do vírus.

Palavras-chave: Poder. Comunicação. Corrupção. Combate à corrupção. Sistemas de controle interno. Contratos administrativos. Pandemia. Covid-19.

INTRODUÇÃO

Apesar das inúmeras concepções acerca do poder, a teoria dos sistemas de Luhmann se destaca ao dotar o conceito de visão crítica mais abrangente. Ao abandonar a compreensão do poder enquanto mero recurso político, Niklas Luhmann passa a concebê-lo como "tipo especial de comunicação"não adstrito ao Estado e com impacto direto nas ações e decisões tomadas[2].

O poder passa a corresponder a uma escolha de comunicação com intuito de reconstituir as ordens de preferência para impossibilitar as opções inoportunas. Com a monopolização das opções, não haverá outra alternativa"senão aquela ofertada na comunicação do poder"que faz com que a ordem seja cumprida independentemente da vontade[3].

Em contrapartida, a corrupção, fenômeno que atravessou a história, até os dias atuais, é objeto de estudo das mais diversas áreas. A utilização do poder público com o intuito de obtenção de ganhos próprios de forma ilícita é fenômeno histórico no Brasil, desde o Estado patrimonial português, refletido no sistema clientelista, patronal, assistencialista e nepotismo.

---

2   LUHMANN, Niklas. *Poder*. Barcelona: Anthropos Editorial, 1995. p. 30.
3   SIMIONI, Rafael Lazzarotto. A comunicação do poder em Niklas Luhmann. *Revista Brasileira de Estudos Políticos*, v. 97, 2008, p. 175.

O processo de redemocratização engendrado pela Constituição Federal contribuiu em larga escala para o início de um novo capítulo na história do país. No entanto, os índices de Percepção da Corrupção, da Transparência Internacional e Índice de Desenvolvimento Humano traçam panorama preocupante de um país com um longo caminho pela frente.

Na pandemia, o tema toma especial relevo. A urgência na adoção de medidas para combate e controle do vírus com a salvaguarda do direito à saúde motivou inúmeras contratações com criação de alternativas às tradicionais modalidades de licitação, inclusive a dispensa, por meio da Lei n. 13.979/2020 e da Medida Provisória n. 926/2020.

Nesse contexto, é imprescindível investigar a estruturação dos mecanismos internos de combate à corrupção no Brasil através da análise da legislação vigente – Lei de Improbidade Administrativa (Lei n. 8.429/92), Lei de Licitações (Lei n. 8.666/93), Lei de Responsabilidade Fiscal (Lei Complementar n. 101/2000), Lei de Acesso à Informação (Lei n. 12.527/2011), Lei Anticorrupção (Lei n. 12.846/2013), bem como sua efetividade.

Partindo dessas reflexões, a exposição se desenvolverá em três tópicos, para além da introdução e conclusão. Apresentar-se-á, primeiramente, o conceito de poder com enfoque na teoria dos sistemas de Niklas Luhmann. Na sequência, analisar-se-á a corrupção atrelada, especialmente, ao sistema jurídico brasileiro, abordando os mecanismos de poder que mantêm a desigualdade social – assistencialismo, parasitismos, clientelismo, nepotismo e patronato. Ademais, serão abordados os mecanismos internos de combate à corrupção previstos na Lei de Improbidade Administrativa (Lei n. 8.429/92), na Lei de Licitações (Lei n. 8.666/93), na Lei de Responsabilidade Fiscal (Lei Complementar n. 101/2000), na Lei de Acesso à Informação (Lei n. 12.527/2011) e na Lei Anticorrupção (Lei n. 12.846/2013). Por fim, serão investigadas questões relativas aos contratos de licitação realizados no período da pandemia da Covid-19 e suas repercussões no direito administrativo, com análise da Lei n. 13.979/2020 e da Medida Provisória n. 926/2020. Para a elaboração, serão utilizados o método lógico dedutivo e análise de conteúdo, combinados aos precedentes de pesquisa bibliográfica e documental.

1. PODER NA TEORIA DE NIKLAS LUHMANN

É sabido que a ideia de poder não se confunde com as noções de política, força e Estado, o que torna imprescindível sua adequada compreensão. Não obstante, inúmeros são os conceitos em torno daquilo que vem a ser o poder –"intercâmbio simbólico entre o sistema das sociedades e as ações sociais", segundo Talcott Parsons[4]; uma forma de "conseguir que as coisas sejam feitas", na perspectiva de Giddens[5]; e uma nova forma de integração social, na perspectiva de Habermas[6], que reformula o conceito de Giddens, substituindo "as pretensões de poder por pretensões de validade racionalmente justificáveis"[7].

Malgrado, foi com a teoria dos sistemas de Luhmann que o conceito foi dotado de visão crítica mais abrangente. Ao abandonar a compreensão do poder enquanto mero recurso político, Niklas Luhmann passa a concebê-lo como "tipo especial de comunicação" entre os diversos setores da sociedade, não adstrito ao Estado e com impacto direto nas ações e decisões tomadas:

> La función catalizadora del poder ya está basada en complejos causales muy intrincados. Precisamente por esto es por lo que el poder sólo se entiende como un medio de comunicación simbólicamente generalizado. El hecho de desarrollar formulaciones abstractas por medio de complejos de selección controlados simbólicamente, al mismo tiempo asegura que el poder no se considere como algo dependiente de la acción directa e interferencia por parte del poseedor de poder sobre la persona sujeta al poder[8].

Nesse contexto, o poder demanda uma ação por parte de quem o possui e a ele se submete, seja para cumprir, seja para descumprir,

---

4   PARSONS, 1968 apud SIMIONI, Rafael Lazzarotto. A comunicação do poder em Niklas Luhmann, cit., p. 154.
5   GIDDENS, Anthony. *As consequências da modernidade*. Trad. Raul Fiker. São Paulo: Editora UNESP, 1991. p. 143.
6   HABERMAS, Jürgen. *Sobre Nietzsche y otros ensayos*. México: Red Editorial Iberoamericana, 1996. p. 106.
7   HABERMAS, 1988 apud SIMIONI, Rafael Lazzarotto. A comunicação do poder em Niklas Luhmann, cit., p. 155.
8   LUHMANN, Niklas. *Poder*, cit., p. 19.

logo, não há outra opção senão cumprir ou não a ordem do poder por meio de uma ação, que antecede o necessário exercício de um juízo de ponderação por intermédio da sanção. Destarte, mesmo diante do descumprimento se fará presente o poder, já que, nesse caso, a ação voltar-se-á ao descumprimento da ordem do poder. Diversamente, no caso do cumprimento, a ação seguirá os exatos termos comunicados.

Para além, em que pese na concepção de Hegel a ação deva pautar-se na vontade livre, "racionalmente motivada"[9], fato é que a vontade ou a motivação somente é conferida depois que se exerce o poder, por intermédio da própria comunicação, independentemente da vontade daquele que realizou a ação, por isso o alcance do poder de alguém equivale ao alcance da sua comunicação compreendida por outrem.

No âmbito de uma sociedade global, em que a comunicação perpassa as barreiras tradicionais, a clássica compreensão da relação de poder entre pessoas, organizações e Estados restou elevada a patamar mundial, em âmbito global. Apesar de facilitar a aceitação, é inadequada a concepção de obrigatoriedade do elemento sanção, já que a comunicação do poder, por si só, monopoliza as opções de ação, neutralizando a vontade e restringindo as múltiplas possibilidades, de modo a impedir alternativas inoportunas, tanto para quem o exerce como para quem o cumpre.

De outro vértice, a utilização da ameaça de sanção, conjuntamente com outros recursos, se apresenta enquanto facilitador do cumprimento das alternativas ofertadas, dentro da lógica do paradoxo do poder: realiza-se o ordenado para impedir os transtornos do descumprimento.

Desse modo, a ordem é cumprida não por sua legitimidade ou veracidade, mas para evitar os efeitos desfavoráveis do descumprimento. O poder, mais do que possibilidade delimitada, trata-se de comunicação ordenada por código próprio que reitera os motivos para submissão, restringindo as opções várias.

---

9   HEGEL, G. W. F. *Jenaer Philosophie der Geistes*. Freiburg: Karl Alber Verlag, 1979. p. 13.

A comunicação do poder público com o poder privado, por exemplo, se perfaz com o contrato social, de tal sorte que, uma vez quebrada essa comunicação pela corrupção, todos os termos previamente pactuados irão se romper. A comunicação do poder, compreendido na teoria dos sistemas de Niklas Luhmann, mostra-se essencial à análise da corrupção no Brasil, uma vez que os crimes de corrupção nada mais são do que produto da utilização indevida do poder público com o intuito racional de obter ganhos próprios de forma ilícita.

2. CORRUPÇÃO

Intimamente ligada aos crimes de colarinho-branco, a corrupção é fenômeno de longa data, complexo e que afeta a maioria dos países ao redor do mundo. É "tão antiga quanto o próprio governo (...)" e a paixão "por viver luxuosamente dentro do grupo dominante"[10].

Sua origem multifacetada compreende fatores de ordem econômica, histórica, política, social e institucional, além de afetar os diversos aspectos da vida social, privada e econômica ao redor do globo. Nestes termos, Nelson Hungria:

> Campeia como um poder dentro do Estado. E em todos os setores: desde o "contínuo", que move um papel sem a percepção de propina, até a alta da esfera administrativa, onde tantos misteriosamente enriquecem da noite para o dia. De quando em vez, rebenta um escândalo, que se ceva o sensacionalismo jornalístico. (...) Deve reconhecer-se, entretanto, que a corrupção não se apresenta como um traço peculiar da época contemporânea: ela é de todos os tempos[11].

A palavra corrupção advém do termo latino *corruptionis*, que significa "romper totalmente, quebrar o todo, destruir os fundamen-

---

10 HAYASHI, Felipe Eduardo Hideo. *Corrupção*: combate transnacional, *compliance* e investigação criminal. Rio de Janeiro: Lumen Juris, 2016. p. 15.
11 HUNGRIA, Nélson. *Comentários ao Código Penal*. Rio de Janeiro: Forense, 1958. v. IX, p. 362-363.

tos, as estruturas de algo"[12]. Até os dias atuais, o fenômeno tem sido objeto de estudo das mais diversas áreas do conhecimento – sociologia, economia, psicologia, criminologia, ética e direito –, o que acaba dificultando a elaboração de um conceito único.

Sob o prisma da sociologia, a corrupção corresponde ao comportamento sistemático e reiterado do funcionário público que viola a moralidade administrativa amplo senso, causando expressivos danos no sistema social e estruturas do Estado. No âmbito do direito penal, é prevista desde a colonização, quando da vigência das ordenações do Reino, até o Código de 1830, que punia os crimes contra a ordem e administração da justiça, peita, suborno e concussão. Todavia, o detalhamento do instituto ficou a encargo do Código Penal de 1890, com inúmeros artigos e parágrafos. Por sua vez, em 1940, o Código Penal passou a tratar dos crimes contra a administração pública no art. 312 e seguintes, com destaque para a conceituação do instituto no art. 317[13].

Considerando que a corrupção relaciona-se intimamente com os mais diversos sistemas – jurídico, religioso, político, econômico, entre outros –, terá por diretriz os preceitos que regulamentam as ações sociais e viabilizam o bem da coletividade. Todavia, é possível especificar as práticas de corrupção, tais como suborno, propina, favorecimento, entre outras – apesar de, nos últimos dois séculos, o benefício dado a parentes e agregados (nepotismo) ter pedido força em razão de "uma nova mentalidade: a ação humana movida pelo ganho e pela acumulação, o que exige eficiência (Estado burocrático/racional somado à franca liberdade empresarial) e uma forte diferenciação funcional entre o público e o privado"[14].

Para Aristóteles, a corrupção sempre existirá, já que inerente à condição humana. Contudo, hodiernamente, em termos amplos, o fenômeno representa o declínio dos padrões éticos e morais e, conse-

---

12 HAYASHI, Felipe Eduardo Hideo. *Corrupção*, cit., p. 11.
13 BRASIL. *Código Penal*. Decreto-Lei nº 2.848, de 7 de dezembro de 1940. Disponível em: http://www.planalto.gov.br/ccivil_03/decreto-lei/del-2848compilado.htm Acesso em: 18 fev. 2022.
14 FERRAZ JÚNIOR, Tercio Sampaio. Corrupção: ética ou política. *Revista USP*, n. 110, 2016, p. 20.

quentemente, da plena democracia, diante da perda de força e vigor dos entes políticos. Trata-se da utilização do poder público com o intuito de obtenção de ganhos próprios de forma ilícita. Dentro de uma noção mais clássica, Norberto Bobbio a define como sendo fenômeno por meio do qual o funcionário público age de modo ilegal visando benefício próprio[15]. Nesses termos, Felipe Eduardo Hideo Hayashi:

> (...) o significado do rótulo "corrupção" se encontra em constante mutação, podendo ser utilizado tanto para abranger práticas incidentes na definição legal deste fenômeno (por exemplo, peculato, tráfico de influências, recebimento de propinas etc.), bem como em formas ansiosas de uma definição legal (vide o financiamento ilícito de agremiações políticas com o uso de dinheiro não contabilizado), desaguando em modalidades carentes de regulação (cite-se o denominado *lobby* praticado por agentes políticos em favor de empresas nacionais) por serem considerados aceitáveis e necessárias em uma economia de mercado global altamente competitiva[16].

Apesar da tentativa de naturalização desse comportamento, dentro de uma lógica de "corrupção eficiente" embasada em suposições discutíveis, é notório o retardamento que causa ao crescimento e desenvolvimento do país, aliás, a corrupção é um dos grandes obstáculos, senão o maior.

Em síntese, Ferraz Júnior[17] enumera elementos que compõem o fenômeno: (i) abuso de papéis públicos para uso privado; (ii) relações de amizade, predileção, pequenas lealdades e distinção entre público e privado que alcança a concepção de poder político – direito público e privado, interesse público e autonomia privada; (iii) noção de progresso; (iv) capacidade de atingir todas as esferas do interesse público, "(...) alimentando-se de uma diferenciação entre complexidade e transparência".

---

15 BOBBIO, Norberto. *Dicionário de Política, por Norberto Bobbio, Nicola Matteucci e Gianfranco Pasquino*. 2. ed. Trad. João Ferreira et al. Brasília: Ed. Universidade de Brasília, 1986.
16 HAYASHI, Felipe Eduardo Hideo. *Corrupção*, cit., p. 16.
17 FERRAZ JÚNIOR, Tercio Sampaio. Corrupção, cit., p. 23.

Ato contínuo, a corrupção é crime guiado pela racionalidade do começo ao fim. A razão guia o criminoso à escolha da melhor maneira para obtenção das vantagens indevidas, às providências a serem tomadas, com refinadas técnicas de lavagem e ocultação do dinheiro. O criminoso, conquanto agente racional, apenas cometerá o crime quando seu benefício, a vantagem que não obteria dentro da legalidade, superar o custo esperado referente à punição, multiplicada pela pena recebida[18]. Além disso, quanto maior for o poder de decisão do Agente que determinará as regras, quanto maior for a obtenção de lucros geradas pelo poder de decisão, "maiores serão os 'benefícios econômicos' obtidos por quem pratica a corrupção"[19]. Desse modo, é essencial que o combate se dê de modo eficaz, possibilitando a existência das práticas, identificação dos autores e, consequentemente, punição.

No Brasil, o fenômeno é histórico e advém do Estado patrimonial português, do longo período de dominação Metrópole-Colônia, dominante-dominado, marcado pela subtração e desvio de bens e rendas do Reino. Dom João VI, que chegou ao país falido, recebia presentes em troca de privilégios da Corte, dinheiro e títulos de nobreza. Senhores de engenho, fazendeiros e traficantes de escravos se beneficiavam em troca de favores ao rei[20].

No reino, vigorava o regime da "caixinha" – o rei distribuía títulos da nobreza mediante recebimento de parcela do montante desviado, o que fez com que em seu reinado fossem distribuídos mais títulos do que em 700 anos de monarquia portuguesa. Na República Velha, a corrupção se via refletida no "voto de cabresto", determinado pelos coronéis, que resultou na eleição de Getúlio Vargas, acusado por Júlio Prestes de fraude às urnas. Inclusive, o jornal *Última Hora* foi financiado com dinheiro público desviado. A criação de Brasília e o Regime Militar não foram diferentes.

Nesse diapasão, a herança colonial de escravidão e exploração, a busca constante por riqueza e poder, legitimaram as práticas cor-

---

18 BECKER, G. S. Crime and punishment: an economic approach. *Journal of Political Economy*, v. 76, n. 1, p. 169-217, 1968.
19 Idem, ibidem.
20 GOMES, Laurentino. *1808*. São Paulo: Planeta do Brasil, 2015.

ruptas, subjugando os menos favorecidos que se mantiveram apáticos. A história do Brasil tem por particularidade as crises éticas envolvendo os mais diversos contextos –"tráfico de influências, manipulação da coisa pública em benefício próprio, distribuição de cargos, concessão de privilégios, utilização de padrões domésticos de administração dos negócios do Estado", utilização de mecanismos de poder que mantêm a desigualdade social, destacando-se o patronato, o assistencialismo, os parasitismos, o clientelismo e o nepotismo[21].

No sistema clientelista, os políticos ofertam vantagens individualizadas apenas aos seus apoiadores em troca de votos. Por sua vez, no patronato, há uma relação de troca mútua de benefícios entre duas pessoas de poderes e posições diversas, envolvendo, geralmente, retribuições realizadas pelo agente em troca de lealdade e apoio, e que abarcam um bem particularmente apropriado, como é o caso da liberação de parentes da cadeia, por exemplo.

Apesar de a manipulação da coisa pública em benefício próprio ainda ser realidade no país, o processo de redemocratização, com ampla participação popular, enveredado pela Constituição Federal, contribuiu em ampla medida para o início de um novo capítulo na história.

Mesmo com os largos passos trilhados, dos 175 países avaliados pelo Índice de Percepção da Corrupção, da Transparência Internacional, divulgado no final de 2014, o Brasil ainda se encontra na 69ª colocação. Ainda, ocupa a 79ª posição, dentre os 187 países avaliados no último Índice de Desenvolvimento Humano, divulgado em 2014, pelo Programa das Nações Unidas para o Desenvolvimento.

A corrupção, observada sob a perspectiva luhmanniana, permite sua compreensão de forma sistêmica, de modo que é essencial a estruturação de mecanismos internos eficientes de combate à corrupção no Brasil a fim de deter esse fenômeno que, por décadas, vem marcando a história do país.

---

21 CAMBI, Eduardo; BERTONCINI, Mateus. Combate à corrupção: propostas extrapenais de aperfeiçoamento do ordenamento jurídico brasileiro. *Direito e justiça*: estudos em homenagem a Gilberto Giacoia. Curitiba: Ministério Público, 2016. p. 333.

2.1. Mecanismos internos de combate à corrupção

À palavra governança diversos significados são atribuídos, dependendo do segmento de conhecimento. A governança global diz respeito ao conjunto de medidas por intermédio das quais os Estados, pessoas jurídicas e indivíduos gerem os interesses para concretização dos seus fins últimos. Por sua vez, a governança corporativa "abrange a estrutura e o funcionamento de sistemas de gestão e estruturação interna da pessoa jurídica ou conglomerado empresarial, visando o exercício da específica atividade econômica"[22].

De acordo com o Tribunal de Contas da União, a "Governança (...) relaciona-se com processos de comunicação; de análise e avaliação; de liderança, tomada de decisão e direção; de controle, monitoramento e prestação de contas", e tem por papel gerenciar riscos estratégicos, conflitos internos, auditar e avaliar o sistema de gestão e controle, promover a *accountability* e a transparência, além de disseminar uma cultura de planejamento e probidade[23].

No âmbito da governança interna, os mecanismos de controle da Administração Pública buscam o cumprimento das regras e princípios constitucionais dispostos no art. 37 da CF – legalidade, impessoalidade, moralidade, publicidade e eficiência –, com o fim de maximizar a fiscalização e a revisão da atividade administrativa.

Na Administração Pública, o controle interno[24] relativo à capacidade de autofiscalização pela própria Administração no que se

---

22 FORTINI, Cristiana. Governança pública e combate à corrupção: novas perspectivas para o controle da Administração Pública brasileira. *Interesse Público – IP*, Belo Horizonte, ano 19, n. 102, p. 27-44, mar.-abr. 2017. Disponível em: https://www.editoraforum.com.br/wp-content/uploads/2017/05/governanca-combate-corrupcao.pdf. Acesso em: 24 jul. 2020.

23 Idem, ibidem.

24 Não se confundem com os órgãos de controle externo, uma vez que é exercido por órgãos diversos da Administração Pública (por exemplo, pelo Poder Legislativo, com auxílio dos Tribunais de Contas – arts. 70 e 71 da Constituição Federal). Trata-se de mecanismos complementares voltados a evitar, nos planos administrativo e financeiro, à má aplicação dos recursos públicos (CAMBI, Eduardo; BERTONCINI, Mateus. Combate à corrupção, cit., p. 336).

refere à legalidade e eficiência de seus atos revela-se, por vezes, ineficiente, diante da ausência de autonomia dos controladores que se encontram subordinados hierarquicamente, razão pela qual a instituição de mandato fixo e autonomia, com responsabilização por eventual omissão, é medida essencial para redução da corrupção e atribuição de efetividade aos órgãos de controle[25].

Ademais, a falta de auditores refletida no levantamento realizado pela consultoria Crowe Horwath RCS (2010) é outro facilitador da corrupção que, na maioria das vezes, só é percebida quando atinge milhões de dólares. De acordo com o levantamento, o Brasil é um dos países com a menor taxa de auditores por habitantes dentre uma lista de vinte países da América e Europa.

Soma-se a isso a demora na apuração e julgamento que, na maioria das vezes, faz com que o montante fruto do roubo sofra descaminho, com prejuízo incalculável para o Estado, que não consegue reaver os ativos.

O Brasil perde cerca de 130 bilhões a cada ano em razão da corrupção, o equivalente a 5% de seu PIB, deixando de crescer 2% ao ano, conforme dados obtidos em estudo realizado pela Fundação Getulio Vargas[26], o que ressalta a importância da governança efetiva no combate à corrupção.

Dentre os mecanismos de controle interno, destaca-se a ampliação da transparência e do controle social visando à maior acessibilidade da informação, profissionalização e organização da gestão da coisa pública, enquanto barreira à corrupção e melhoria da governança.

Nesse contexto, a Lei Complementar n. 101/2000 (Lei de Responsabilidade Fiscal) impôs a responsabilidade na gestão fiscal, exigindo dos entes federativos planejamento e transparência a fim de manter o equilíbrio nas contas públicas. Nesses termos:

---

25 CAMBI, Eduardo; BERTONCINI, Mateus. Combate à corrupção, cit., p. 336.
26 AZEVEDO DE SOUZA, Josélio. Corrupção custa R$ 130 bi por ano ao País. *AE-Agência Estado*. 28-11-1010, p. 1. Disponível em: http://muco.com.br/ Matéria.aspx?id=21735. Acesso em: 24 jul. 2020.

Tal lei inova ao limitar gastos tanto para as despesas do exercício (prevendo contingenciamentos e limitação de empenhos) quanto para o grau de endividamento. Prevê o cumprimento de metas de resultados entre receitas e despesas, bem como a obediência a limites e condições para a renúncia de receita, geração de despesas com pessoal da seguridade social e outras, dívidas consolidada e mobiliária, operações de crédito, inclusive por antecipação de receita, concessão de garantia e inscrição de restos a pagar[27].

A Lei promove a transparência nos gastos públicos, inclusive mediante a institucionalização dos "portais da transparência", que conferem ampla publicidade com estímulo ao controle realizado pela sociedade.

Cambi e Bertoncini trazem os ensinamentos da obra de Simon Schwartzman, que afirma que "não há dúvida que o potencial da corrupção é muito maior em regimes políticos fechados, em que a distribuição de recursos e de privilégios acontece de forma autocrática e sigilosa"[28].

Nestes termos, evidencia-se a relevância da Lei Federal n. 12.527/2011 para superação da cultura do sigilo com ampliação do acesso à informação e incentivo à constituição de uma sociedade informada e uma Administração Pública eficiente.

No Brasil, apesar das diversas leis regulamentando o tema, há o predomínio da sensação de impunidade ante a ineficiência do combate à corrupção.

Não obstante, tem-se verificado, hodiernamente, fenômeno peculiar envolvendo a corrupção, que passou a se ligar mais ao corruptor do que ao corrupto, e os casos midiáticos revelam muito bem isso. A agência privada corruptora, "por ser detentora de poder, consegue passar discreta à percepção pública", já que "o olhar todo é voltado ao corrupto, pertencente ao Estado, enquanto agência

---

27 CAMBI, Eduardo; BERTONCINI, Mateus. Combate à corrupção, cit., p. 343.
28 SCHWARTZMAN apud CAMBI, Eduardo; BERTONCINI, Mateus. Combate à corrupção, cit., p. 349.

enfraquecida do poder"[29]. A vida do corrupto é averiguada a fundo, enquanto nada se faz na empresa privada corruptora que se esquiva. Nesses termos:

> O que acontece nesse ambiente de mudança de face do fenômeno da corrupção? O Estado intensifica controles da atividade econômica, para evitar os desvios de conduta que, em seu seio, tenham ligação com agentes econômicos externos privados. Porém, falha. Falha porque há um descompasso entre sua estrutura, marcada por competências territoriais, com a estrutura e consequente atividade dos agentes da vida econômica, supra territorial. (...) Perdendo paulatinamente força, compensa com reforços de controle social. Reforça o poder administrativo sancionador e inclusive faz com que o Direito Penal seja chamado para auxiliar o Direito Administrativo[30].

Em decorrência disso, há uma administrativização do Direito Penal com a ampliação do Direito Administrativo Sancionador, resultado de um Estado que opta por fazer mais controles para contrabalancear os descontroles.

Esse fenômeno é decorrência do aumento da macrocriminalidade – também denominada criminalidade econômica, organizada, transnacional, sofisticada, delitos não convencionais ou não tradicionais ou, no conceito de Silva Sánchez, *crimes of the powerful* –, típica de uma sociedade de risco[31]. Assim, passa a ser necessária a intervenção estatal para a proteção de bens jurídicos supraindividuais, como a ordem

---

29 GUARAGNI, Fábio André; SOBRINHO, Fernando Martins Maria. A natureza da contribuição da pessoa jurídica na apuração das infrações previstas na Lei Anticorrupção. *Direito e justiça*: estudos em homenagem a Gilberto Giacoia. Curitiba: Ministério Público, 2016. p. 5.
30 GUARAGNI, Fábio André; SOBRINHO, Fernando Martins Maria. A natureza da contribuição da pessoa jurídica na apuração das infrações previstas na Lei Anticorrupção, cit., p. 7.
31 SEBASTIÃO FILHO, Jorge. A criminalização de condutas de perigo abstrato e a tutela de bens jurídicos supraindividuais nos delitos econômicos. *Revista Jurídica – UNICURITIBA*, v. 25, n. 9, 2010. Disponível em: http://revista.unicuritiba.edu.br/index.php/RevJur/article/view/58/37. Acesso em: 1º out. 2020.

econômica. Essa intervenção se dá tanto pelo Direito Penal Econômico como pelo Direito Administrativo Sancionador.

Nesse viés, a Lei de Improbidade Administrativa (Lei n. 8.429/92), baseada nos princípios que regem a Administração Pública, surge enquanto mecanismo interno de vigilância, dispondo sobre as sanções aplicáveis aos agentes públicos nos casos de enriquecimento ilícito no exercício de mandato, cargo, emprego ou função na administração pública direta, indireta ou fundacional.

Após vinte anos, é editada a Lei Anticorrupção (Lei n. 12.846/2013) em complemento à lei de 1992, resultado de uma iniciativa pioneira e preocupação espontânea com os compromissos internacionais assumidos há mais de dez anos – Convenção sobre o Combate da Corrupção de Funcionários Públicos Estrangeiros em Transações Internacionais, Convenção Interamericana contra a Corrupção e Convenção das Nações Unidas contra a Corrupção.

A Lei n. 12.846/2013 dispõe sobre a responsabilização administrativa de empresas, quando da prática de corrupção contra a administração pública, nacional ou estrangeira, tendo por objetivo impedir a atuação destas em esquemas ilícitos com o fito de evitar danos aos cofres públicos[32]. Também, prevê a possibilidade de serem firmados acordos de leniência, mecanismo para possibilitar a recuperação do prejuízo ao erário, ao autorizar a redução da multa caso a empresa assuma a participação no ato corrupto e venha, então, a cooperar com as investigações que seguirão.

Ainda, a Lei de Licitações (Lei n. 8.666/93) engloba os crimes contra a Administração Pública, praticados tanto por servidores públicos como por particulares, bem como traz normas gerais de licitações e contratos administrativos "pertinentes a obras, serviços,

---

[32] Nesse sentido, Fábio André Guaragni e Fernando Martins Maria Sobrinho versam a respeito das possibilidades de minoração das sanções reservadas ao ente coletivo contidas na Lei n. 12.846/2013 (GUARAGNI, Fábio André; SOBRINHO, Fernando Martins Maria. A natureza da contribuição da pessoa jurídica na apuração das infrações previstas na Lei Anticorrupção, cit., p. 365-380).

inclusive de publicidade, compras, alienações e locações no âmbito dos Poderes da União, dos Estados, do Distrito Federal e dos Municípios", como apresenta em seu art. 1º.

Verifica-se que o controle da Administração Pública oportuniza a constatação, a averiguação e o exame da coisa pública pela própria Administração, pelos demais poderes e pelos particulares, garantindo a gestão ótima e alinhada com o princípio da juridicidade[33].

Desse modo, o exercício de controle observa se o ato administrativo segue preceitos da legalidade, da economicidade e da legitimidade.

Em resumo, as diversas formas de controle verificam a adequação do regime jurídico ao exercício da atividade administrativa e aplicam as sanções correspondentes, quando necessário.

Especialmente, diante da necessidade de adoção de incansáveis medidas pelo poder público para enfrentamento da emergência de saúde decorrente do coronavírus, inclusive, com dispensa das licitações, o tema toma especial relevo.

3. CONTRATOS DE LICITAÇÃO REALIZADOS NO PERÍODO DA PANDEMIA

A pandemia da Covid-19 teve impacto não só na sociedade, mas também na política e economia, evidenciando as limitações do tradicional direito administrativo e tornando urgente a necessidade de se adotar novas medidas para solucionar os problemas oriundos da crise de saúde. Sobretudo, a atividade estatal foi influenciada diretamente e de modo intenso, com a necessidade de inúmeras contratações para fazer frente à disseminação do vírus e problemas decorrentes da acentuada crise que se instaurou no país.

Dentro desse contexto, foi publicada a Lei n. 13.979/2020, que instituiu a dispensa temporária das licitações para a "aquisição de bens, serviços, inclusive de engenharia, e insumos destinados ao

---

[33] GUERRA, Evandro Martins. *Os controles externos e internos da administração pública*. 2. ed. rev. e atual. Belo Horizonte: Fórum, 2011. p. 90.

enfrentamento da emergência de saúde pública de importância internacional decorrente do coronavírus", enquanto perdurar a emergência de saúde, conforme o § 1º do art. 4º da Lei[34].

A Medida Provisória n. 926, que entrou em vigor em 20 de março de 2020, afasta a licitação e outras "formalidades para obras e compras de bens e serviços destinados ao enfrentamento" da pandemia. O texto da MP possibilita admissão das empresas que haviam sido dispensadas do processo licitatório por irregularidades, nos casos em que a dispensada for a única fornecedora dos bens, serviços e equipamentos dos quais necessita a administração e desde que mediante declaração de idoneidade e garantia do fornecedor. Supletivamente, a Lei n. 13.979/2020, que já previa a dispensa nas licitações para compra de equipamentos de saúde enquanto medida para resolução da emergência de saúde, passa a dispensar "todas as compras e serviços, inclusive de engenharia, necessários ao enfrentamento da pandemia"[35], bem como os estudos preliminares no caso dos bens e serviços comuns.

Com a dispensa da pesquisa de preços, a autoridade poderá autorizar compra por valor superior em razão das oscilações de mercado, mediante justificativa. Se houver restrições quanto a fornecedores, mesmo as empresas que não contem com os requisitos de habilitação poderão ser admitidas.

Outra flexibilidade prevista na MP n. 921 é o Regime Diferenciado de Contratações (Lei n. 12.462/2011), que tinha por intuito desburocratizar as obras relacionadas à Copa do Mundo de 2014 e às Olimpíadas de 2016. O alcance cada vez maior da medida passou a abranger também "obras e serviços de engenharia do Sistema Único de Saúde (SUS), dos sistemas públicos de ensino e do sistema prisional".

Apesar de a pandemia da Covid-19 exigir maior celeridade e eficiência da Administração Pública, com a desburocratização ou

---

34 BRASIL. *Lei nº 13.979, de 6 de fevereiro de 2020*. Dispõe sobre as medidas para enfrentamento da emergência de saúde pública de importância internacional decorrente do coronavírus responsável pelo surto de 2019. D.O.U, Brasília, DF, 7 fev. 2021, n. 1.
35 BRASIL. *Medida Provisória nº 926, de 20 de março de 2020*. D.O.U, Poder Executivo, Brasília, DF, 20 mar. 2020. Seção 55-G, p. 1.

dispensa dos procedimentos licitatórios, para evitar violação dos direitos mais sensíveis da pessoa humana, a autorização direta torna crescente a preocupação com desvios de verbas públicas e a falta de fiscalização nos procedimentos.

Nesse contexto, a Lei n. 13.979/2020, já modificada pela MP n. 926/2020, em seu art. 4º-B traz rol taxativo das situações em que se presumirá de modo absoluto o atendimento das exigências para contratação direta: (i) ocorrência de situação de emergência; (ii) necessidade de pronto atendimento da situação de emergência; (iii) existência de risco à segurança de pessoas, obras, prestação de serviços, equipamentos e outros bens, públicos ou particulares; e (iv) limitação da contratação à parcela necessária ao atendimento da situação de emergência.

Independentemente da presunção de boa-fé do gestor público e da situação de legítima emergência a fundamentar a contratação, com dispensa da prova, ainda se faz obrigatória a devida motivação com indicação dos objetos do contrato, sujeito e preço, já que a Lei n. 13.979/2020 não afasta a aplicação do art. 26 da Lei n. 8.666/93, que trata das formalidades para dispensa do procedimento licitatório, bem como a observância dos princípios norteadores da atuação do administrador público.

O gestor deverá motivar adequadamente a dispensa de licitação, justificar a pertinência, necessidade da contratação (art. 4º-B, II) ou parcelas estimadas para atender a situação de emergência (art. 4º-B, IV).

Ademais, garantir o acesso às motivações das decisões gera a transparência, que é um dos princípios das modernas técnicas de governança baseadas na credibilidade, eficiência, coerência e responsabilidade de sistemas de organização.

Necessária, ainda, a apresentação de termo de referência simplificado ou de projeto básico simplificado que deverá conter, além de outros requisitos, os critérios utilizados para medição e pagamento, estimativas de preço, descrição do objeto, fundamentação e descrição da solução apresentada. A estimativa de preço somente será dispensada em casos excepcionais, mediante justificativa da autoridade competente. A exigência tem como objetivo a atribuição de maior segurança ao procedimento previsto em Lei, impedindo interpretações equivocadas que acarretariam risco aos recursos públicos.

Não obstante os cuidados do legislador, as flexibilidades em relação às contratações no período da pandemia representam um perigo diante do atual contexto de macrocriminalidade, na medida em que abrem espaço para práticas envolvendo corrupção. Assim, é de suma importância a atuação por parte da Administração Pública, com o fim de fiscalizar e realizar um eficiente controle interno, como é o caso dos programas de integridade.

CONCLUSÃO

O poder é tipo específico de comunicação do sistema político, não exclusivo do Estado, que liga ações e decisões, demandando uma ação de quem o possui e de quem a ele se obriga. Além disso, possui o domínio das possibilidades, ao delimitar as alternativas monopolizando as opções.

Ainda, em que pese não se limite às sanções, a utilização da coação otimiza o cumprimento das determinações, especialmente no âmbito do direito. Quando existe uma ação política, por exemplo, quem a ela se submete não tem outra opção senão cumpri-la ou deixar de cumprir, diante da restrição das escolhas imposta pelo poder que limita todas as dúvidas inerentes às ações sociais.

De outra banda, o fenômeno da corrupção, correspondente à contaminação do monopólio da comunicação, apesar dos inúmeros mecanismos de controle, ainda é objeto de preocupação ao redor do mundo por comprometer as entidades públicas, governos, sociedade e empresas privadas.

A história do Brasil, desde os primórdios, tem por marca uma cultura de apropriação do que é público em benefício privado, com vultosos desvios de recursos públicos, em decorrência da ineficiência dos mecanismos de controle, investigações que se protraem no tempo, sobrecarga do Judiciário e baixos índices de punição efetiva que, juntos, geram uma sensação generalizada de impunidade.

É essencial a fiscalização da Administração Pública com o fim de obter-se uma utilização ótima dos recursos públicos, atentando-se aos princípios da juridicidade e da eficiência. Especialmente no período de pandemia, a dispensa da licitação torna a resposta estatal mais célere, diante da crescente preocupação em torno da eficiência. De outro lado, surge a preocupação com a efetividade dos mecanismos de controle.

Em tese, a contratação célere sem o devido processo licitatório facilita o desvio de recursos públicos e atos de corrupção, não atendendo a melhor relação custo-benefício na utilização dos recursos.

Não obstante, a Lei n. 13.979/2020 confere mais segurança ao procedimento ao traçar rol taxativo das situações em que se presumirá de modo absoluto o atendimento das exigências para contratação direta, mantida a necessidade de motivação adequada como a dispensa, inclusive, com apresentação de termo de referência simplificado ou projeto básico simplificado que apenas serão dispensados mediante justificativa da autoridade competente.

Destarte, com base na análise ora realizada, a partir da perspectiva de Niklas Luhmann sobre o poder, buscou-se demostrar que o fenômeno da corrupção não é mais compreendido de maneira individual, com base em desvios de conduta próprios àqueles que detêm o poder, mas que as práticas corruptas do sistema político alcançam uma dimensão sistêmica, à medida que todo um sistema social é por ela abrangido, trazendo danos imensuráveis à coletividade.

REFERÊNCIAS

AZEVEDO DE SOUZA, Josélio. Corrupção custa R$ 130 bi por ano ao País. *AE-Agência Estado*. 28-11-1010, p. 1. Disponível em: http://muco.com.br/Matéria.aspx?id=21735. Acesso em: 24 jul. 2020.

BECKER, G. S. Crime and punishment: an economic approach. *Journal of Political Economy*, v. 76, n. 1, p. 169-217, 1968.

BOBBIO, Norberto. *Dicionário de Política, por Norberto Bobbio, Nicola Matteucci e Gianfranco Pasquino*. 2. ed. Trad. João Ferreira et al. Brasília: Ed. Universidade de Brasília, 1986.

BRASIL. *Código Penal*. Decreto-Lei nº 2.848, de 7 de dezembro de 1940. Disponível em: http://www.planalto.gov.br/ccivil_03/decreto-lei/del2848compilado.htm Acesso em: 18 fev. 2022.

BRASIL. *Lei nº 8.429/1992, de 02 de junho de 1992*. Dispõe sobre as sanções aplicáveis aos agentes públicos nos casos de enriquecimento ilícito no exercício de mandato, cargo, emprego ou função na administração pública direta, indireta ou fundacional e dá outras providências. Disponível em: http://www.planalto.gov.br/ccivil_03/leis/l8429.htm. Acesso em: 2 jul. 2020.

BRASIL. *Lei nº 13.979, de 6 de fevereiro de 2020*. Dispõe sobre as medidas para enfrentamento da emergência de saúde pública de importância internacional decorrente do coronavírus responsável pelo surto de 2019. D.O.U, Brasília, DF, 7 fev. 2021, n. 1.

BRASIL. *Medida Provisória nº 926, de 20 de março de 2020*. D.O.U, Poder Executivo, Brasília, DF, 20 mar. 2020. Seção 55-G.

CÂMARA DOS DEPUTADOS. MP Dispensa Licitação de compras e obras durante a pandemia da Corona Vírus. *Agência Câmara de Notícias*, 2020. Disponível em: https://www.camara.leg.br/noticias/647218-mp-dispensa-licitacao-de-compras-e-obras-durante-pandemia-de-coronavirus/. Acesso em: 1º jul. 2020.

CAMBI, Eduardo; BERTONCINI, Mateus. Combate à corrupção: propostas extrapenais de aperfeiçoamento do ordenamento jurídico brasileiro. *Direito e justiça*: estudos em homenagem a Gilberto Giacoia. Curitiba: Ministério Público, 2016.

CROWE HORWATH RCS (2010). *Carência de auditores no Brasil*. Disponível em: http://www.administradores.com.br/informe-se/economia-e-financas/resultadode levantamento-mostra-carencia-de-auditores-nobrasil/40045/. Acesso em: 29 abr. 2011.

FERRAZ JÚNIOR, Tercio Sampaio. Corrupção: ética ou política. *Revista USP*, n. 110, 2016.

FORTINI, Cristiana. Governança pública e combate à corrupção: novas perspectivas para o controle da Administração Pública brasileira. *Interesse Público – IP*, Belo Horizonte, ano 19, n. 102, p. 27-44, mar.--abr. 2017. Disponível em: https://www.editoraforum.com.br/wp content/uploads/2017/05/governanca-combate-corrupcao.pdf. Acesso em: 24 jul. 2020.

GIDDENS, Anthony. *As consequências da modernidade*. Trad. Raul Fiker. São Paulo: Editora UNESP, 1991.

GOMES, Christiano Gonzaga. *A delação premiada e a teoria dos jogos com base no equilíbrio de John Nash*. 2017. Disponível em: https://blog.

saraivaaprova.com.br/delacao-premiada-e-a-teoria-dos-jogos--com-base-no-equilibrio-de-john-nash/. Acesso em: 19 jun. 2020.

GOMES, Laurentino. *1808*. São Paulo: Planeta do Brasil, 2015.

GUARAGNI, Fábio André. *A Lei de Improbidade Administrativa no contexto do controle da Administração Pública*: semelhanças e distinções entre o Direito Administrativo e o Direito Penal. Belo Horizonte: Del Rey, 2016.

GUARAGNI, Fábio André; SOBRINHO, Fernando Martins Maria. A natureza da contribuição da pessoa jurídica na apuração das infrações previstas na Lei Anticorrupção. *Direito e justiça*: estudos em homenagem a Gilberto Giacoia. Curitiba: Ministério Público, 2016.

GUERRA, Evandro Martins. *Os controles externos e internos da administração pública*. 2. ed. rev. e atual. Belo Horizonte: Fórum, 2011.

HABERMAS, Jürgen. *Sobre Nietzsche y otros ensayos*. México: Red Editorial Iberoamericana, 1996.

HAYASHI, Felipe Eduardo Hideo. *Corrupção*: combate trasnacional, compliance e investigação criminal. Rio de Janeiro: Lumen Juris, 2015.

HEGEL, G. W. F. *Jenaer Philosophie der Geistes*. Freiburg: Karl Alber Verlag, 1979.

HUNGRIA, Nélson. *Comentários ao Código Penal*. Rio de Janeiro: Forense, 1958. v. IX.

LUHMANN, Niklas. *Poder*. Trad. Luz Mónica Talbot e Darío Rodríguez Mansilla. México: Universidad Iberoamericana; Barcelona: Anthropos, 1995.

SEBASTIÃO FILHO, Jorge. A criminalização de condutas de perigo abstrato e a tutela de bens jurídicos supraindividuais nos delitos econômicos. *Revista Jurídica – UNICURITIBA*, v. 25, n. 9, 2010. Disponível em: http://revista.unicuritiba.edu.br/index.php/RevJur/article/view/58/37. Acesso em: 1º out. 2020.

SIMIONI, Rafael Lazzarotto. A comunicação do poder em Niklas Luhmann. *Revista Brasileira de Estudos Políticos*, v. 97, 2008. Disponível em: https://pos.direito.ufmg.br/rbep/index.php/rbep/article/view/57. Acesso em: 23 jun. 2020.

2

Combate à corrupção e o reforço dos órgãos de controle: intersecção entre direito penal e direito administrativo

Jaques Fernando Reolon[1]

Resumo: O cenário social e político brasileiro recente, permeado por denúncias de corrupção e ações policiais e judiciais contra conhecidos políticos, promoveu uma nova percepção de corrupção generalizada e descrédito das instituições governamentais. Nessa esteira, um discurso punitivista, pautado no reforço ao aumento de penas e ao encarceramento de pessoas, passou a ser cotidiano. O presente trabalho aborda esse novo cenário, buscando posicionar o papel dos órgãos de controle como central nesse combate à corrupção.

Palavras-chave: Controle. Corrupção. Macrocriminalidade. Ressarcimento. Punitivismo.

---

1 Doutorando em Direito Constitucional pelo Instituto Brasileiro de Ensino, Desenvolvimento e Pesquisa (IDP). Mestre em Administração Pública pelo Instituto Brasileiro de Ensino, Desenvolvimento e Pesquisa (IDP). Advogado e economista.

INTRODUÇÃO

O Brasil é um país construído com base em suas contradições estruturais. O histórico escravocrata e o conceito colonial exploratório são elementos que constantemente aparecem nos trabalhos de cientistas sociais e historiadores do Direito quando se arvoram na difícil e ingrata tarefa de tentar definir por que o brasileiro age de determinada forma.

A percepção social dos brasileiros em geral sobre os problemas que afligem a comunidade são diversos e se modificam ao longo dos anos. Em maior ou menor escala, o problema da violência urbana e a falta de saúde são duas das principais preocupações históricas dos cidadãos como reflexo do modelo social existente. O êxodo para os centros urbanos na primeira parte do século XX e o déficit educacional são alguns dos fatores que podem apontar para a situação atual.

Nos últimos anos, entretanto, um problema – certamente não novo – passou a ocupar com ainda mais intensidade a preocupação dos brasileiros: a corrupção. Em 2017, o jornal *O Globo* publicou uma reportagem[2] destacando que, pela primeira vez, a corrupção passou a figurar no topo da lista de preocupações. De acordo com a pesquisa, 31% dos brasileiros enxergam a corrupção como o principal problema do país.

Essa percepção social certamente se refletiu no processo eleitoral de 2018, com bastante presença de discursos anticorrupção, antipolítica e punitivistas. Nesse sentido, é certo que a pressão sobre os parlamentares desde então será cada vez mais forte no sentido de estabelecer políticas mais rígidas no campo penal para que haja uma resposta à sociedade, ainda que no universo simbólico. Em tempos mais remotos, a pressão popular ingressou no debate legislativo também e já produziu efeitos concretos, a exem-

---

[2] FIGUEIREDO, Janaina. Latinobarômetro: corrupção aparece pela 1ª vez como principal preocupação para Brasil, diz pesquisa. *Jornal O Globo*. Disponível em: https://oglobo.globo.com/brasil/latinobarometro-corrupcao-aparece-pela-1-vez-como-principal-preocupacao-para-brasil-diz-pesquisa-21999964. Acesso em: 28 jul. 2020.

plo da intensa movimentação das "Jornadas de Junho de 2013", de que decorreu a aprovação da Lei n. 12.846/2013 e da Lei n. 12.850/2013. A primeira, focada no combate à corrupção, e a segunda, às organizações criminosas.

Ocorre que a resposta ao anseio social apenas baseado nos instrumentos punitivistas do Direito Penal, embora pareça ao cidadão leigo o mais correto, nem sempre é o mais efetivo para o combate aos atos de corrupção. Ademais, a identificação de tais condutas exigem uma conformação de todo o sistema jurídico a fim de se buscar as técnicas de investigação, análise e sanção dos ilícitos praticados.

O presente trabalho analisa o papel dos órgãos de controle interno e externo como importantes atores nessa tarefa de promover a prevenção aos crimes relacionados à corrupção e, uma vez que ocorram, na formação do conjunto probatório que auxiliará o Estado na efetivação da tutela criminal.

1. O COMBATE AOS CRIMES DOS PODEROSOS

Um dos principais problemas relacionados à percepção nacional de que a corrupção é o problema central da sociedade brasileira é a falta de confiança nos sistemas institucionais existentes. O sistema político, nesse sentido, é o primeiro afetado. O descrédito nos governantes e no sistema político em si promove um verdadeiro vácuo de credibilidade, deslegitimando a importância da política no sistema democrático.

A coordenadora da pesquisa mencionada alhures, Marta Lagos, destaca a força simbólica do resultado encontrado no Brasil, ao tratar da percepção de que os governantes atendem a interesses individuais em detrimento do interesse público: "No Brasil, esse percentual alcançou 97%. Quase 100% dos brasileiros acreditam que o governo não governa para eles e sim pensando em outros interesses, que nada têm a ver com as demandas da sociedade. Isso é grave"[3].

---

3   FIGUEIREDO, Janaina. Latinobarômetro: corrupção aparece pela 1ª vez como principal preocupação para Brasil, diz pesquisa, cit.

Em segundo lugar na pesquisa, surge a "Situação Política" como principal causa de preocupação[4], à frente de questões como desemprego, saúde e violência. Dessa forma, uma vez que a corrupção e o sistema político figuram nesse panteão em posição de proeminência, necessariamente, o "discurso da impunidade" passará a fazer parte dos debates. Alegações de que poucos corruptos são presos e de que a justiça é condescendente com determinados grupos sociais são alguns desses argumentos levantados. A desconfiança no sistema judicial surge como uma consequência lógica desse cenário.

Nesse sentido, cada vez mais o tema do combate à corrupção será alvo de preocupação do Direito Penal, aprofundando-se os seus conceitos e buscando-se meios de promover a persecução penal como forma de oferecer uma resposta satisfatória à sociedade. Há, porém, um risco evidente dessa busca: a promoção de violações aos direitos individuais e distorções dos institutos, principalmente do Direito Processual Penal, na busca pela punição de tais condutas.

Ocorre que as pesquisas demonstram que as ações de combate à corrupção mais efetivas não estão necessariamente ligadas diretamente à mera punição do agente público. É certo que há uma necessidade de responsabilização pelo ilícito, mas, se a preocupação é no combate à prática em si, é preciso ter uma visão estrutural do problema.

Em trabalho publicado em 2016, os pesquisadores Lucas Sachsida Junqueira Carneiro e Paulo César Corrêa Borges já apontavam para essa perspectiva:

> Assim sendo, é possível demonstrar que a corrupção em nosso país deixou há muito de ser puramente "moral", passando a ser ende-

---

4 Naquele momento histórico em que foi realizada a pesquisa, o Brasil passava por um momento muito particular. Pouco tempo antes houve o processo de *impeachment*, que retirou a chefia do Executivo da presidente Dilma Rousseff. Assim, Michel Temer era o Presidente em exercício, cercado por suspeitas de corrupção. Todo esse processo foi amplamente televisionado, promovendo o acompanhamento contínuo dos fatos pela população. Esses fatores podem explicar a percepção e os dados apontados na pesquisa.

micamente institucionalizada. Basta observar que no relatório CRIP UFMG se constatou que em 69,5% dos casos, a pressão para a corrupção veio do superior hierárquico (FILGUEIRAS, 2010, p. 83). A institucionalização da corrupção aponta para um problema interessante. Se a corrupção está inserida na lógica da ação pública, advindo de uma coordenação superior, a sua personificação se apresenta pouco eficiente. A penalização e demissão de um funcionário corrupto, apesar de necessárias, traz pouquíssima eficiência no combate de uma corrupção que passou a ser o modo e a finalidade de agir de um determinado órgão cuja complexidade estrutural pressupõe um número maior de agentes públicos. A corrupção institucionalizada é uma infecção generalizada, cujo tratamento tópico é obsoleto[5].

Interessante notar que algumas conclusões apontadas pelos pesquisadores muito dialogam com a Teoria da Associação Diferencial de Edwin Sutherland ao apontar para o aprendizado por interação com outras pessoas em um processo comunicacional.

A hipótese aqui sugerida como uma substituição para as teorias convencionais é a de que a criminalidade de colarinho-branco, como qualquer outra criminalidade sistemática, é aprendida; que ela é aprendida em associação direta ou indireta com aqueles que já praticam o comportamento; e aqueles que aprendem este comportamento criminoso são apartados de contatos íntimos e frequentes com comportamento de obediência à lei. Se uma pessoa torna-se um criminoso ou não é amplamente determinado pela frequência e intimidade de seus contatos com as duas espécies de comportamento. Isto pode ser denominado de processo de associação diferencial. É uma explicação para a origem das criminalidades de colarinho-branco e da classe baixa[6].

---

5   CARNEIRO, Lucas Sachsida Junqueira; BORGES, Paulo César Corrêa. Os contornos da corrupção sistêmica no Brasil e seus efeitos na proteção dos direitos humanos. *Revista de Direito Administrativo e Gestão Pública*, v. 2, n. 1, p. 89-108, 2016.
6   SUTHERLAND, Edwin. A criminalidade do colarinho branco. Trad. Lucas Monorelli. *Revista Eletrônica de Direito Penal e Política Criminal*, Porto Alegre: Universidade Federal do Rio Grande do Sul, v. 2, n. 2, 2014.

A corrupção inserida na lógica da ação pública como descrita por Carneiro e Borges é necessariamente disseminada entre os agentes públicos em uma espécie de cultura organizacional que perpetua e legitima ações que são, por definição, atos de corrupção.

O combate à corrupção exige, portanto, uma atuação mais integrada das demais instâncias governamentais, não podendo buscar uma visão punitivista e simplista do uso do Direito Penal como ferramenta central de combate, seja pela dificuldade das punições na atuação judiciária, seja pela busca pela resposta efetiva para o Estado, qual seja, o ressarcimento do dano ao erário.

A busca por uma redução nas condenações por corrupção não necessariamente indicará impunidade. O objetivo é que o baixo índice de judicializacão e sanção penal aponte para uma efetividade cada vez maior das ações de controle estatal, esses, sim, importantes instrumentos para a prevenção dos atos de corrupção. Carneiro e Borges já apontavam para a importância desses órgãos:

> Os sistemas de controles internos de cada órgão são também importantes na solução do problema. Entretanto, considerando o grande número de ações propostas, se mostram ainda bastante tímido. Conforme dados da Controladoria-Geral da União, as punições expulsivas (demissão, cassação de aposentadoria e destituição) aplicadas na Administração Pública Federal, no âmbito administrativo, atingiram 541 servidores em 2.015, contrapondo-se aos mais 15.000 processos autuados, conforme indicativos do Ministério Público Federal (...)[7].

Embora ainda se aponte para uma atuação tímida dos órgãos de controle interno, isso tem se modificado ao longo dos anos. Em relação aos casos relacionados à pandemia da Covid-19, por exemplo, a CGU identificou[8] mais de 396 mil agentes públicos que receberam

---

7   CARNEIRO, Lucas Sachsida Junqueira; CORRÊA, Paulo César. Os contornos da corrupção sistêmica no Brasil e seus efeitos na proteção dos direitos humanos, cit., p. 89-108.
8   CGU: mais de 396 mil agentes públicos receberam auxílio emergencial. *Jornal Correio Braziliense*. Disponível em: https://www.correiobraziliense.

o auxílio emergencial indevidamente no mês de maio. Estão incluídos nesse número servidores federais e estaduais, além de militares. É apenas um exemplo da capacidade operacional desse órgão na busca por irregularidades no âmbito da Administração.

E se o olhar estiver voltado para os órgãos de controle externo, mais especificamente o Tribunal de Contas da União – TCU, o seu papel no combate à corrupção tem se mostrado cada vez mais relevante e presente. As auditorias operacionais capitaneadas pela Corte – como se demonstrará mais à frente neste trabalho –, além de identificarem irregularidades com base na análise minuciosa dos documentos da Administração, possuem papel preventivo relevante, muitas vezes freando o gestor de promover a malversação dos recursos públicos.

2. O COMBATE AOS CRIMES DOS PODEROSOS

A extensão do conceito de crimes de colarinho-branco, forjado por Sutherland e expandido cada vez mais ao longo dos anos, revela a importância da mudança de paradigmas da análise do Direito Penal, desviando, ainda que em parte, o olhar da criminalidade da rua para os delitos praticados pelos poderosos.

A importância da pesquisa empreendida por Sutherland passa principalmente por apontar que o Direito Penal deve buscar uma abordagem mais ampla, mirando o olhar não simplesmente para as causas da criminalidade, mas para o sistema em si. Observa-se, portanto, por quais razões o sistema penal deixa de alcançar determinados grupos.

Estratégias meramente pautadas em formas mais amplas e robustas de tipos penais voltados para a corrupção e o recrudescimento das penas impostas não necessariamente levarão a respostas sociais melhores. Isso não aconteceu nos crimes patrimoniais

---

com.br/app/noticia/economia/2020/07/14/internas_economia,872071/cgu--mais-de-396-mil-agentes-publicos-receberam-auxilio-emergencial.shtml. Acesso em: 28 jul. 2020.

ou nos crimes relacionados ao tráfico de drogas. Não seria nos crimes relacionados à corrupção que fórmulas mais robustas teriam sucesso *a priori*.

Essa preocupação se torna ainda mais relevante quando se aponta para o uso de megaoperações como uma política de resposta à sociedade, com elementos de pirotecnia na prisão de figuras importantes da República com ampla cobertura midiática, seguida por coletivas de imprensa transmitidas ao vivo pelos veículos televisivos. Em muitos desses casos, não é raro se vislumbrar o desvirtuamento do processo penal, o esgarçamento dos institutos legais e, por que não apontar, a violação a direitos individuais.

O esforço do combate à corrupção deve passar necessariamente por um trabalho de inteligência que tenha como norte não simplesmente o encarceramento dos poderosos, mas, sim, o ressarcimento ao erário. Obviamente, o objetivo desse argumento não é que se estabeleçam mecanismos para a impunidade, mas, sim, a construção de uma política que não tenha como foco central apenas a prisão dos poderosos em si.

A estrutura jurídica deve buscar a integração para garantir que os prejuízos ao erário sejam coibidos e que esses valores sejam recuperados e aplicados em prol da coletividade. É por meio do trabalho de inteligência na apuração dos desvios e na identificação das falhas do sistema que a corrupção poderá ser coibida.

Um dos elementos mais importantes que podem alterar cada vez mais essa dinâmica é a atuação dos órgãos de controle – seja controle interno ou controle externo – na identificação e comunicação de fraudes aos órgãos competentes.

3. DIFICULDADES E ESPECIALIZAÇÃO DOS CRIMES

Parte da dificuldade da identificação e responsabilização daqueles que atuam em crimes relacionados à corrupção envolvendo grandes empresas e o Poder Público, por exemplo, está na análise dos documentos e no apontamento das irregularidades, quando a informação se dilui nas linhas e colunas das planilhas e nas diversas páginas, compostas de termos técnico inteligíveis apenas para aqueles que dominam tal idioma. Nesses casos, por exemplo, é fundamental que haja um aparato estatal especializado, seja na Polícia, seja no Ministério Público, capaz de identificar tais desvios e a sua repercussão no mundo fático. É certo que os dois órgãos mencionados possuem cada vez mais instrumentos e expertise para essa função. Essa tarefa nesses órgãos, porém, é dividida com todas as demais atribuições, não sendo dedicados os recursos financeiros e pessoais necessários para a excelência exigida pela tarefa.

Crimes relacionados à corrupção e apropriação de verbas pública envolvem, muitas vezes, identificação de desvios contábeis, irregularidades processuais e adoção de práticas temerárias capazes de burlar os sistemas normativos e fiscalizatórios existentes em busca de impunidade e maximização de lucros. Atuando junto a essas empresas, estão profissionais especializados em entender a lógica do sistema existente e buscar os mecanismos de evitá-la.

Ocorre que essa tarefa, deveras importante para os órgãos investigatórios, mas carente de profunda especialização, encontra respaldo tanto no órgão central do Controle Interno Federal – a Controladoria-Geral da União – quanto no órgão responsável por auxiliar o Poder Legislativo na realização do Controle Externo – o Tribunal de Contas da União.

Por sua especialidade central em identificar irregularidades nos processos administrativos existentes, esses órgãos são capazes de realizar a identificação de ilícitos, muitas vezes concomitantemente à execução de atos ímprobos. Pela característica contínua da atividade de controle, em muitos momentos a identificação das falhas é rápida, permitindo uma atuação estatal mais efetiva no combate a tais ilícitos.

É claro que nem sempre essa resposta rápida acontece, mas isso ocorre em razão da amplitude de casos que chegam à análise dos auditores desses órgãos, e não em razão de falhas dos profissionais envolvidos nas análises. O corpo técnico dos órgãos de controle, principalmente no âmbito federal, está cada vez mais especializado e pronto para realizar as análises necessárias para a identificação de irregularidades e a proteção do erário.

4. REFORÇO OPERACIONAL E TÉCNICO DOS ÓRGÃOS DE CONTROLE

No âmbito da especialização operacional, cumpre destacar um importante julgado do STF que reforçou o papel do TCU no combate à corrupção e a desvios de recursos públicos. Essa situação refere-se à possibilidade de acesso a dados do BNDES para a análise da lisura e da eficiência das operações de créditos. Nesse sentido, a atuação da Corte de Contas na auditoria realizada em relação aos empréstimos entre o banco e a JBS é emblemática.

O trabalho dos auditores do TCU deu origem a quatro acórdãos do Plenário da Corte que apontaram indícios de prejuízos ao BNDES de falta de zelo dos agentes públicos na concessão dos empréstimos e na fiscalização da aplicação dos recursos. Assim destaca a Corte:

> Além dos possíveis prejuízos causados, os relatórios de auditoria aprovados pelo Plenário do TCU indicaram inúmeros outros indícios de irregularidades que apontam para a existência de possível tratamento privilegiado ao Grupo JBS e para o desvio de finalidade de grande parcela dos bilionários recursos aprovados nas operações. Segundo as evidências indicadas nos relatórios de auditoria, alguns agentes do BNDES podem ter falhado no dever de cuidado objetivo e diligência, uma vez que podem ter deixado de cuidar de forma adequada dos diversos procedimentos de análise e aprovação das operações, realizados, em regra, em tempos extremamente exíguos e muito inferiores aos usualmente empregados pela instituição financeira em operações semelhantes, muito embora se tratassem de operações envolvendo bilhões de reais e de grande complexidade. Também, fundadas nas mesmas evidências, podem ter realizado exames sem profundidade necessária ao emprego desses volumosos recursos, tendo tais exames se mostrado carentes de justificativas técnicas adequadas, e por vezes sem observância das normas da própria instituição financeira, como, por exemplo, a verificação dos limites máximos de exposição do Banco a riscos junto ao grupo JBS[9].

---

9   TCU. Histórico da atuação do TCU na fiscalização das operações do BNDES com o grupo JBS. *Portal TCU*. Disponível em: https://portal.tcu.gov.br/

Nesse sentido, ao apontar os indícios observados nas auditorias, esses dados representam grande valia para a atuação penal no caso em tela, considerando que, no seu papel de auditar as contas relacionadas com recursos da União, o TCU oferece elementos probatórios para os titulares da ação penal atuarem posteriormente.

De todo modo, a questão penal não é o cerne dessa atuação. A busca pela identificação dos recursos desviados e o ressarcimento desses valores é o ponto central do trabalho. Caso a análise dos desvios indique uma conduta criminosa, os órgãos responsáveis por tal investigação – notadamente a polícia judiciária e o Ministério Público – partirão de um conteúdo probatório mais robusto e baseado em evidências documentais.

O caso da JBS, na verdade, é importante para a história do controle e do combate à corrupção por outro relevante motivo: nessa atuação a Corte conseguiu garantir a sua liberdade de acesso aos contratos firmados entre o Banco e a JBS.

Nessa decisão em sede de Mandado de Segurança que discutia as prerrogativas investigatória do TCU, embora o STF tenha declarado que o TCU não possui competência para decretar a quebra de sigilo bancário, ele tem a possibilidade de acessar determinadas informações em razão do interesse público. Nesse sentido, o segredo do negócio não pode servir de impedimento para o exercício da atividade de controle.

3. O sigilo de informações necessárias para a preservação da intimidade é relativizado quando se está diante do interesse da sociedade de se conhecer o destino dos recursos públicos.

4. Operações financeiras que envolvam recursos públicos não estão abrangidas pelo sigilo bancário a que alude a Lei Complementar nº 105/2001, visto que as operações dessa espécie estão submetidas aos princípios da administração pública insculpidos no art. 37 da Constituição Federal. Em tais situações, é prerrogativa constitucional do Tribunal [TCU] o acesso a informações relacionadas a operações financiadas com recursos públicos.

imprensa/noticias/historico-da-atuacao-do-tcu-na-fiscalizacao-das-
-operacoes-do-bndes-com-o-grupo-jbs.htm. Acesso em: 29 jul. 2020.

5. O segredo como "alma do negócio" consubstancia a máxima cotidiana inaplicável em casos análogos ao *sub judice,* tanto mais que, quem contrata com o poder público não pode ter segredos, especialmente se a revelação for necessária para o controle da legitimidade do emprego dos recursos públicos. É que a contratação pública não pode ser feita em esconderijos envernizados por um arcabouço jurídico capaz de impedir o controle social quanto ao emprego das verbas públicas[10].

O acórdão emanado pelo STF é deveras importante por declarar claramente a amplitude do papel investigatório do TCU. Embora não possa quebrar sigilos, a Corte tem a competência de verificar as operações realizadas inclusive junto aos bancos públicos por meio da análise documental. Com base nessas informações, é possível verificar eventuais irregularidades e falhas nos processos existentes, com a formação de robustos elementos que, uma vez submetidos ao contraditório e à ampla defesa, embasarão futuras ações nos âmbitos penal, administrativo e cível.

Nesse ponto, cumpre apontar a preocupação levantada por Chiavelli Falavigno, que demonstra a justa dúvida acerca da utilização de atos administrativos como elementos comprobatórios para uma eventual responsabilização penal:

> A prova de elementos mínimos de autoria e materialidade, a chamada justa causa, é essencial para o início da ação penal, que já causa gravame ao acusado. Nesse sentido, sua configuração deveria dar-se com base em um *standard* probatório mais elevado, com uso de conhecimento técnico específico, científico e, dentro do possível, imparcial. A influência do procedimento administrativo, no qual há um mitigado direito à defesa, dentro do processo penal provoca, por vezes, uma verdadeira inversão do ônus da prova[11].

A preocupação justa em relação aos atos administrativos não encontra guarida quando se fala nas análises realizadas pelos Tribu-

---

10 STF, Mandado de Segurança 33.340, Rel. Min. Luiz Fux.
11 FALAVIGNO, Chiavelli Facenda. *O risco de deslegalização no direito penal: análise da complementação administrativa do ordenamento punitivo.* Tese de Doutorado. Universidade de São Paulo. São Paulo, 2018.

nais de Contas, por exemplo, pois já está inscrito na Súmula Vinculante 3:

> Nos processos perante o Tribunal de Contas da União asseguram-se o contraditório e a ampla defesa quando da decisão puder resultar anulação ou revogação de ato administrativo que beneficie o interessado, excetuada a apreciação da legalidade do ato de concessão inicial de aposentadoria, reforma e pensão[12].

Nesse sentido, o exame da matéria perante a Corte de Contas passará pelo crivo do contraditório e da ampla defesa, e, uma vez levada à apreciação no âmbito penal, poderá ainda ser submetida a essa análise naquele juízo a fim de formar o convencimento do juiz na efetivação da tutela penal.

5. ATUAÇÕES SIGNIFICATIVAS DE CONTROLE

Como demonstrado anteriormente, seja na situação da atuação da Controladoria-Geral da União na identificação das irregularidades relacionadas a repasse de recursos do auxílio emergencial para a Covid-19, seja na atuação do TCU no caso BNDES/JBS, há um vislumbre de possibilidades da atuação conjunta entre órgãos investigativos e de controle na busca pelo combate à corrupção como gênero.

Embora sejam casos distintos do ponto de vista financeiro e operacional, o objetivo do apontamento foi demonstrar que o braço estatal do controle é um importante elemento para coibir os crimes no seio da Administração Pública.

Essa atuação, conforme mencionado anteriormente, é constante e a postura proativa dos órgãos de controle são fundamentais para o sucesso. Apenas para ciar exemplos recentes, o TCU iniciou um levantamento sobre as ações governamentais no setor elétrico em resposta à pandemia. Nesse sentido, especial atenção foi dada às questões contratuais, notáveis focos de corrupção no âmbito administrativo.

---

12   Súmula Vinculante 3 do STF.

O segundo ponto importante da análise que o Tribunal fez na regulamentação da Conta-Covid pela Aneel foi em relação ao reequilíbrio econômico-financeiro dos contratos. Para o TCU, é necessário que a normatização feita pela Aneel institua metodologia para identificar se os impactos econômicos são passíveis de serem atribuídos à pandemia de Covid-19 no âmbito de cada concessão ou permissão. Deverá ser avaliado, também, se ficaram presentes os pressupostos que justificam o reequilíbrio econômico-financeiro inicialmente contratado[13].

A medida tem claro caráter preventivo, com o fulcro de evitar eventuais tentativas da utilização da situação imprevisível da Covid-19 para ajustes pouco republicanos ou alterações contratuais injustificáveis. Nesse sentido, com o estabelecimento de balizas objetivas para os acordos decorrentes da pandemia, é possível que a análise do controle seja mais efetiva em caso de descumprimento.

Além dessa tarefa fiscalizatória, o TCU também pode atuar em parceria com os órgãos do Poder Público na construção de instrumentos que aperfeiçoem a gestão pública. Recentemente, a Corte de Contas firmou um Acordo de Cooperação Técnica com o Ministério da Infraestrutura (MInfra) e o Departamento Nacional de Infraestrutura de Transportes (DNIT). O objetivo é garantir **mais transparência na execução dos contratos** sob responsabilidade do DNIT.

Por meio do acordo, o TCU vai compartilhar seus sistemas de análises de orçamento e de licitações, que já fazem o acompanhamento técnico para identificação de tipologias previamente carregadas nas ferramentas. De acordo com a subsecretária de Conformidade e Integridade do ministério, delegada Fernanda Oliveira, que intermediou a parceria, o acordo será mais um instrumento

---

13 TCU. TCU realiza levantamento sobre as ações governamentais no setor elétrico em resposta à pandemia. *Portal TCU*. Disponível em: https://portal.tcu.gov.br/imprensa/noticias/tcu-realiza-levantamento-sobre-as-acoes-governamentais-no-setor-eletrico-em-resposta-a-pandemia.htm?fbclid=IwAR1g3GWAD0h7aMr7KJO-fN2ZJMRpZJkqk3EkTp5Rx9__y811Uw7yxB-brdU. Acesso em: 29 jul. 2020.

de fiscalização visando antecipar eventuais equívocos administrativos, ou até fraudes nos contratos executados pelo DNIT. Em contrapartida, a autarquia fornecerá ao TCU suas bases de informações estruturadas contendo dados relativos às planilhas orçamentárias, permitindo dinamismo no compartilhamento das análises e benefícios recíprocos[14].

A cooperação, no caso em tela, se dará por meio do compartilhamento de banco de dados e informações, em um modelo que se encaixa perfeitamente no controle concomitante dos atos do Poder Público. Considerando que o Princípio da Transparência é fundamental para a gestão pública, a iniciativa é capaz de promover uma ampliação dos mecanismos de controle e, consequentemente, a redução dos caos de corrupção na Administração.

O Direito Penal, aqui, mostra-se cada vez mais como *ultima ratio*, como sempre destacado nos manuais da matéria e disseminado nos bancos escolares. O Poder Público deve se valer de seus meios de controle para frear ímpetos antirrepublicanos, deixando o aparato do Direito Penal para ser usado nos casos em que efetivamente são necessários.

6. RISCOS DAS AÇÕES DO CONTROLE

Após apresentar a importância dos órgãos de controle na tarefa estatal do combate à corrupção, é necessário apresentar um ponto específico que preocupa os agentes públicos e os doutrinadores do Direito Administrativo. Um dos principais aspectos relacionados à atuação diligente e proativa dos órgãos de controle está relacionado ao temor dos gestores públicos na tomada de decisões. Isso ocorre porque a responsabilização decorrente do julgamento de

---

14 TCU. TCU, Ministério da Infraestrutura e DNIT firmam acordo para aperfeiçoar fiscalização e prevenir fraudes em licitações. *Portal TCU*. Disponível em: https://portal.tcu.gov.br/imprensa/noticias/tcu-ministerio-da-infraestrutura-e-dnit-firmam-acordo-para-aperfeicoar-fiscalizacao-e-prevenir-fraudes-em-licitacoes.htm?fbclid=IwAR1oXX4sa-bOJlHrgELD06nQINnsWKBpl_IkqI55d14juAZx1xlN37aBN0U. Acesso em: 29 jul. 2020.

contas desses profissionais, além de referir-se ao gestor em si – pessoa física –, é capaz de gerar dificuldades inclusive no âmbito eleitoral.

A partir da atuação do TCU, o gestor público poderá sofrer, como consequência na esfera eleitoral, a penalidade de suspensão dos direitos políticos, o que é de profundo prejuízo para os políticos. Nesse sentido, um dos efeitos colaterais é a insegurança de muitos gestores que, diante do temor da responsabilização, deixam de tomar as decisões necessárias para promover as ações de benfeitorias da sociedade.

Esse temor foi, inclusive, tratado no texto já célebre que trata da infantilização da gestão pública do ministro do Tribunal de Contas da União, Bruno Dantas. Nesse texto, o ministro aponta que o reforço das ações de controle impulsionado pela Constituição de 1988 promoveu uma necessidade de se atentar para a busca de um equilíbrio entre ação e controle, a fim de se evitar criar um apagão decisório, como dito pelo ministro e apelidado por muitos juristas como o apagão das canetas.

O ministro destaca o importante papel dos órgãos de controle na análise das ações governamentais, apontando, porém, para uma limitação dessa atuação.

> O TCU tem se esmerado em realizar auditorias operacionais que identificam fragilidades, riscos e oportunidades de aperfeiçoamento na gestão governamental. Justamente por navegar nos mares da eficiência, e não no controle estrito da legalidade, é preciso resistir à tentação de substituir o gestor público nas escolhas que cabem ao Poder Executivo, e é essa a autocontenção que defendo. É comum que especialistas – como são os auditores – tenham concepções e fórmulas até mais inteligentes para os problemas identificados, mas o controle de eficiência deve mirar processos de tomada de decisão e a razoabilidade dos critérios adotados, sem pretensões quixotescas ou salvacionistas[15].

---

15 DANTAS, Bruno. O risco de 'infantilizar' a gestão pública. *Jornal O Globo*. Disponível em: https://oglobo.globo.com/opiniao/o-risco-de-infantilizar-gestao-publica-22258401.

A despeito de alertar para os riscos da atuação cada vez mais aprofundada dos órgãos de controle, não se pode deixar de notar a sua importância. Mais correto seria enxergar como uma mudança de paradigmas. O papel de controle deve ser orientar, fiscalizar e aproximar-se da gestão pública a fim de promover um maior contato na execução das obras e serviços públicos. Esse papel é muito mais efetivo no combate à corrupção do que simplesmente realizar o aumento da punição ou o encarceramento de pessoas. A boa gestão pública exige essa nova abordagem.

CONCLUSÃO

O combate a crimes como a corrupção exige uma atuação que leve em conta o aparato estatal como um todo na busca pelos melhores resultados para o Estado. O papel dos órgãos internos e de controle, nesse cenário, surgem com grande proeminência, devendo ser considerados como verdadeiros agentes de construção de uma política pública voltada para a ampliação.

As ações adotadas pela Controladoria-Geral da União e pelo Tribunal de Contas da União são inúmeras.

Pela primeira, vale destacar, a malha fina dos convênios, a plataforma FalaBR, o Observatório da Prevenção, a nova metodologia para condução de processos administrativos disciplinares PAD e o Analisador de Licitações, Contratos e Editais, chamado de ALICE, todos permeados de maciça tecnologia de ponta.

O TCU, por sua vez, incorporou inteligência artificial para a fiscalização em tempo real e antecipadamente de quase 60 mil licitações e contratos anuais. Um avanço excepcional.

O presente texto destacou que não é razoável seguir o velho entendimento equivocado de que a criminalidade irá reduzir com o aumento do uso da força policial ou o encarceramento de pessoas. As ações punitivas do Estado possuem eficácia limitada, devendo o Estado buscar mecanismos que promovam uma melhor ação no combate aos crimes.

Assim, em relação à corrupção, nada mais correto do que o reforço das ações de controle como ferramentas centrais na estratégia do combate a crimes contra a Administração Pública.

REFERÊNCIAS

CARNEIRO, Lucas Sachsida Junqueira; BORGES, Paulo César Corrêa. Os contornos da corrupção sistêmica no Brasil e seus efeitos na proteção dos direitos humanos. *Revista de Direito Administrativo e Gestão Pública*, v. 2, n. 1, p. 89-108, 2016.

CGU: mais de 396 mil agentes públicos receberam auxílio emergencial. *Jornal Correio Braziliense*. Disponível em: https://www.correiobraziliense.com.br/app/noticia/economia/2020/07/14/internas_economia,872071/cgu-mais-de-396-mil-agentes-publicos-receberam-auxilio-emergencial.shtml. Acesso em: 28 jul. 2020.

DANTAS, Bruno. O risco de 'infantilizar' a gestão pública. *Jornal O Globo*. Disponível em: https://oglobo.globo.com/opiniao/o-risco-de-infantilizar-gestao-publica-22258401. Acesso em: 15 out. 2021.

FALAVIGNO, Chiavelli Facenda. *O risco de deslegalização no direito penal: análise da complementação administrativa do ordenamento punitivo*. Tese de Doutorado. Universidade de São Paulo. São Paulo, 2018.

FIGUEIREDO, Janaina. Latinobarômetro: corrupção aparece pela 1ª vez como principal preocupação para Brasil, diz pesquisa. *Jornal O Globo*. Disponível em: https://oglobo.globo.com/brasil/latinobarometro-corrupcao-aparece-pela-1-vez-como-principal-preocupacao-para-brasil-diz-pesquisa-21999964. Acesso em: 28 jul. 2020.

SUTHERLAND, Edwin. A criminalidade do colarinho branco. Trad. Lucas Monorelli. *Revista Eletrônica de Direito Penal e Política Criminal*, Porto Alegre: Universidade Federal do Rio Grande do Sul, v. 2, n. 2, 2014.

TCU. Histórico da atuação do TCU na fiscalização das operações do BNDES com o grupo JBS. *Portal TCU*. Disponível em: https://portal.tcu.gov.br/imprensa/noticias/historico-da-atuacao-do-tcu-na-fiscalizacao-das-operacoes-do-bndes-com-o-grupo-jbs.htm. Acesso em: 29 jul. 2020.

TCU. TCU realiza levantamento sobre as ações governamentais no setor elétrico em resposta à pandemia. *Portal TCU*. Disponível em: https://portal.tcu.gov.br/imprensa/noticias/tcu-realiza-levantamento-sobre-as-acoes-governamentais-no-setor-eletrico-em-resposta-

-a-pandemia.htm?fbclid=IwAR1g3GWAD0h7aMr7KJO-fN-2ZJMRpZJkqk3EkTp5Rx9__y811Uw7yxB-brdU. Acesso em: 29 jul. 2020.

TCU. TCU, Ministério da Infraestrutura e DNIT firmam acordo para aperfeiçoar fiscalização e prevenir fraudes em licitações. *Portal TCU*. Disponível em: https://portal.tcu.gov.br/imprensa/noticias/tcu-ministerio-da-infraestrutura-e-dnit-firmam-acordo-para-aperfeicoar-fiscalizacao-e-prevenir-fraudes-em-licitacoes.htm?fbclid=IwAR1oXX4sa-bOJlHrgELD06nQINnsWKBpl_IkqI55d14juAZx1xlN37aBN0U. Acesso em: 29 jul. 2020.

3

A aplicabilidade da Lei Anticorrupção aos partidos políticos: a necessária adoção dos programas de *compliance* partidário[1]

Fernanda Ravazzano Lopes Baqueiro[2]

---

1   Artigo também publicado na obra *Estudos de Ciências Criminais: criminalistas baianas homenageiam a jurista Eliana Calmon*, organizada por Selma Santana, Taysa Matos e Thaize Carvalho (Belo Horizonte, D'Plácido, 2018).
2   Pós-doutoranda em Criminal Compliance pela Universidade do Rio de Janeiro (UERJ). Pós-doutora em Relações Internacionais pela Universidade de Barcelona, Espanha (2016). Doutora em Direito Público pela Universidade Federal da Bahia, linha de pesquisa "Direito Penal e Constituição" (2015). Mestra em Direito Público pela Universidade Federal da Bahia, linha de pesquisa "Direito Penal Garantidor" (2009). Graduada em Direito pela Universidade Federal da Bahia (2007). Professora do Mestrado e Doutorado em Políticas Sociais e Cidadania da UCSAL. Professora do Mestrado em Direito da UCSAL. Advogada-sócia do Escritório Thomas Bacellar Advogados Associados. Membro fundador do Instituto Compliance Bahia (ICBAHIA). Membro do Centro de Pesquisas em Crimes Econômicos e Compliance professor João Marcello de Araújo Jr. (CPJM). Membro do Instituto Baiano de Direito Processual Penal (IBADPP). Membro da Associação dos Advogados criminalistas do Brasil (Abracrim).

Resumo: O presente artigo tem como finalidade discutir a aplicabilidade da Lei Anticorrupção aos partidos políticos e a necessária adoção dos programas de *compliance*. Para tanto, analisar-se-á a natureza jurídica das agremiações e o texto da Lei n. 12.846/2013, a fim de constatar se a incidência da mencionada lei ofenderia ou não o princípio da legalidade ou se se trataria de uma adequação imediata. Paralelo a isso, estudam-se os Tratados e Convenções Internacionais para repressão ao suborno transnacional dos quais o Brasil é signatário por ter sido a Lei Anticorrupção edificada sobre tais Tratados, percebendo-se, portanto, a finalidade do diploma brasileiro. Por fim, serão apresentados mecanismos de *compliance* a serem adotados pelos partidos políticos diante da previsão de responsabilidade solidária entre estes e os atos de seus filiados, bem como os problemas a serem enfrentados nos casos de financiamento irregular de campanhas eleitorais.

Palavras-chave: Lei Anticorrupção. Partidos políticos. *Compliance*.

INTRODUÇÃO

Como bem adverte a Ministra Eliana Calmon, presidente honorífica do Instituto Compliance Bahia (ICBAHIA), que sempre pautou sua conduta em preceitos éticos e no respeito às leis, a corrupção está se alastrando por todas as áreas do país (2014); a política com a ausência de transparência, de regras claras, e a simbiose entre o poder econômico e o poder político terminam por conduzir tanto pobres quanto ricos ao exercício equivocado do direito de votar, quer acreditando em falsas promessas de candidatos (não obstante a própria compra de votos), quer conferindo credibilidade a projetos que, de fato, não serão propostos ou discutidos corretamente no Congresso.

É justamente diante desse quadro que o presente artigo será desenvolvido. A temática debruça-se sobre a aplicabilidade da Lei Anticorrupção – Lei n. 12.846/2013 – aos partidos políticos e a necessária adoção de programas de *compliance* para prevenir e reprimir as práticas corruptas envolvendo agremiações eleitorais, seus filiados e terceiros.

Inicialmente, destacam-se a definição do termo *compliance* e a finalidade dos programas de conformidade, analisando-se a premente mudança cultural que permeia não apenas a sociedade brasileira, mas, sobretudo, qualquer Estado Democrático de Direito. Trata-se de exigência do mercado globalizado e dos ideais internacionais, previstos em Tratados e Convenções dos quais o Brasil é signatário.

Em seguida, serão analisadas as exigências previstas na Lei Anticorrupção e as consequências administrativas e civis para pessoas jurídicas e criminais para as pessoas físicas. Nesse ínterim, será objeto do artigo o estudo da aplicabilidade da Lei n. 12.846/2013 aos partidos políticos, apresentando, ainda, as lições de direito comparado.

Com efeito, o art. 1º da Lei em comento prevê as agremiações em seu texto? O parágrafo único do artigo possui rol exemplificativo ou taxativo? Trata-se de analogia *in malam partem* da lei ou apenas de adequação imediata do texto? E a interpretação teleológica conduziria a qual conclusão?

Por fim, se analisará a possibilidade da adoção de políticas de *compliance* objetivando-se a redução dos riscos de casos de corrupção envolvendo partidos políticos, candidatos e setores da sociedade civil, em especial nos casos de financiamento de campanhas.

1. O ATUAR EM CONFORMIDADE NA SOCIEDADE GLOBALIZADA E OS TRATADOS INTERNACIONAIS DE COMBATE À CORRUPÇÃO

Compliance vem do verbo em inglês *to comply*, que corresponde a atuar em conformidade, em acordo com as leis e regras existentes; é cumprir, obedecer regulamentos internos e externos. São as boas práticas exigíveis não apenas no mercado, mas na vida em sociedade como um todo.

As políticas de *compliance* consistem em um conjunto de medidas voltadas à conscientização das pessoas de quais condutas são admissíveis e quais são equivocadas nas relações interpessoais, sobretudo ao lidar com a coisa pública. Trata-se, portanto, de uma mudança primeiramente cultural, da compreensão de que o famoso "jeitinho brasileiro" não corresponde a prática desejável, uma vez que busca a solução de problemas através de quaisquer meios, sendo, não raro, o uso de posturas ilícitas, objetivando-se apenas alcançar o resultado almejado, pouco importando o caminho a ser perseguido.

Segundo Jorge Alexander González, ao analisar a definição de *compliance* em paralelo à noção de atuar em cumprimento das normas legais, assevera:

> Tiende a confundirse en España los conceptos de *compliance* y de cumplimiento normativo. Sin entrar ahora en disquisiciones sobre el alcance de un concepto u otro, y con el objeto de entender mejor las siguientes líneas, cabe señalar que el *compliance* es "algo más" que el cumplimiento normativo. Es, en realidad, el sometimiento a aquellas normas de origen legislativo, pero también a aquellas otras autoimpuestas, derivadas de unos estándares superiores a los exigidos por la ley. Frente al concepto clásico de Derecho positivo (*hard law*), se añade el cumplimiento ético, la responsabilidad social corporativa, etc. (*soft law*)[3].

Dessa forma, não se limita a mera atuação em conformidade com a legislação, mas com os deveres éticos que devem orientar as relações interpessoais, com os valores que pautam as condutas no âmbito privado e, sobretudo, público.

Não obstante, a cultura da *compliance* passou a ganhar contornos mais incisivos, sobretudo após a globalização dos mercados. Com a facilitação da circulação de pessoas e coisas e a troca de informações, e a partir do incremento dos meios de comunicação, os grandes conglomerados foram surgindo e ampliando suas áreas de atuação, com a formação de empresas binacionais e as grandes multinacionais. É extremamente comum uma pessoa jurídica ter a sede em mais de um país ou a sede em uma nação e as filiais em diversos Estados soberanos distintos, com diferentes culturas, mercados e regras.

O crescimento do mercado e a supressão contínua de barreiras ocasionaram, por outro lado, maior facilidade na prática de condutas ilícitas nos âmbitos civil, administrativo e criminal. Trata-se dos efeitos indesejados da globalização. Se, após o *crack* da Bolsa de Nova York em 1929, o governo estadunidense passou a se preocupar com a atuação das empresas no âmbito interno, criando agências de re-

---

3   GONZÁLEZ, Jorge Alexandre. *Función de compliance y partidos políticos en España*. 2015. Disponível em: http://debate21.es/2015/05/08/funcion-de--compliance-y-partidos-politicos-en-espana/. Acesso em: 5 dez. 2017.

gulação de condutas[4] – em especial diante da constatação da falência da política ultraliberal – a fim de exercer um controle vertical sobre as pessoas jurídicas, após a Segunda Guerra Mundial, a necessidade passa a ser internacional.

É justamente com a globalização das empresas que em 1977 é editada nos Estados Unidos a *Foreing Corrupt Pratices Act* (FCPA) pautada em duas vertentes: a transparência contábil das empresas, adequando-se à Lei de Valores Mobiliários de 1934, e as práticas antissuborno internacionais, vedando que sócios, acionistas ou funcionários das empresas pratiquem o suborno de funcionários estrangeiros a fim de obter facilidades ou a manutenção do negócio. Volta-se, portanto, a cidadãos norte-americanos e a estrangeiros que emitam valores mobiliários nos EUA[5].

Tal lei prevê punições cíveis, administrativas e criminais aos sujeitos que pratiquem condutas corruptas com pessoas estrangeiras, e, conforme salienta Daniel Torrey[6], até meados de 1997 outras nações não compreendiam o pagamento de valores a funcionários estrangeiros como sendo crime, citando, inclusive, o Código Tributário Francês, que previa tal prática[7].

Somente com a interferência da Organização para a Cooperação e Desenvolvimento Econômico (OCDE) ocorre a ratificação e entrada em vigor da Convenção sobre o Combate da Corrupção de Funcionários Públicos Estrangeiros em Transações Comerciais Internacionais do próprio órgão.

---

4 SHECAIRA, Sérgio Salomão; ANDRADE, Pedro Luiz Bueno de. *Compliance* e o direito penal. *Boletim do Instituto Brasileiro de Ciências Criminais*, ano 18, n. 222, maio 2011.
5 USA. *Foreing Corrupt Pratices Act* (FCPA). Fraud Section Home. The United States Department of Justice. Disponível em: https://www.justice.gov/criminal-fraud/foreign-corrupt-practices-act. Acesso em: 15 out. 2021.
6 TORREY, Daniel. *FCPA cria sanções no combate à corrupção comercial*. 2012. Disponível em: https://www.conjur.com.br/2012-abr-11/fcpa-cria-sancoes-combate-corrupcao-comercial-internacional. Acesso em: 5 dez. 2017.
7 Somente depois o artigo 39-2 *bis* do Código Penal Francês passou a prever tal conduta como criminosa (TORREY, Daniel. *FCPA cria sanções no combate à corrupção comercial*, cit.).

O Brasil ratifica a Convenção em 2000, alterando o Código Penal e a Lei de Lavagem de Capitais; tais modificações, todavia, quedam-se insuficientes, pois cuidam apenas do aspecto repressivo do problema, deixando de fora o viés mais importante do combate à corrupção: as medidas preventivas[8].

Todavia, como constatado em relatório apresentado em 2007 pela OCDE, o Brasil, ao não tratar da responsabilidade penal da pessoa jurídica para crimes de corrupção, termina por não apresentar avanços significativos no combate à corrupção, como destacam Samantha Meyer-Pflug e Vítor de Oliveira:

> A OCDE conclui que o Brasil não tomou as medidas necessárias e eficazes para determinar as responsabilidades de pessoas jurídicas nos esquemas de pagamento de suborno a funcionários públicos estrangeiros e deveria criar leis que fossem aplicadas nesses casos.
>
> Alega a OCDE, recentemente, "que o atual regime estatutário sobre as obrigações de pessoas jurídicas é inconsistente e, como consequência, as empresas não são punidas no Brasil por suborno internacional".
>
> Ainda, segundo o relatório, dois casos "potenciais" de pagamento de propinas envolvendo empresas brasileiras teriam sido identificados pela entidade durante a visita de cinco dias feita pela equipe da OCDE ao Brasil nos meses de maio e junho de 2007[9].

Seguem os autores pontuando que o mencionado relatório, ainda em 2007, já apresentava os riscos do envolvimento de empresas brasileiras em casos de corrupção transnacional, citando especificamente as investigações em andamento sobre a participação de pessoas jurídicas do Brasil em irregularidades cometidas no programa "Petróleo por Comida" da ONU, no qual o antigo governo iraquiano vendia petróleo em troca de comida[10].

---

8   Que só foram adotadas posteriormente, com a edição da Lei n. 12.846/2013.
9   MEYER-PFLUG, Samantha Ribeiro; OLIVEIRA, Vitor Eduardo Tavares de. O Brasil e o combate internacional à corrupção. *Revista de Informação Legislativa*, Brasília, a. 46, n. 181, p. 187-194, jan.-mar. 2009. p. 190.
10 Idem, ibidem.

Outra diploma internacional de relevo refere-se à Convenção Interamericana contra a Corrupção da OEA de 1996, promulgada pelo Decreto n. 4.410/2002[11], que estabelece no Artigo III medidas preventivas para a repressão ao suborno, traçando, ainda, no Artigo IV as práticas consideradas corrupção, determinando no artigo seguinte que os países signatários adotassem em seus ordenamentos jurídicos internos a tipificação de tais condutas, a fim de facilitar, inclusive, a cooperação entre os países para uma repressão mais eficaz à corrupção.

Não obstante, prevê, ainda, no Artigo VIII o suborno transnacional e no Artigo IX a criminalização do enriquecimento ilícito – sendo que este último tema, malgrado esteja previsto também na Convenção da OCDE e nas convenções que serão analisadas a seguir, até o presente momento não se encontra tipificado na legislação brasileira.

Ainda na vertente internacional, que contribuiu para a elaboração da Lei Anticorrupção[12], convém destacar a Convenção de Mérida[13] e o *Bribery Act*[14].

Em 2006, o Brasil, através do Decreto n. 5.687, promulga a Convenção das Nações Unidas contra a Corrupção, adotada pela Assembleia Geral das Nações Unidas em 31 de outubro de 2003[15].

---

11 BRASIL, Congresso Nacional. *Decreto nº 4.410, de 7 de outubro de 2002.* Promulga a Convenção Interamericana contra a Corrupção, de 29 de março de 1996, com reserva para o art. XI, parágrafo 1º, inciso "c". Disponível em: http://www.planalto.gov.br/ccivil_03/decreto/2002/D4410.htm. Acesso em: 1º dez. 2017.

12 BRASIL, Congresso Nacional. *Lei nº 12.846, de 1º de agosto de 2013.* Dispõe sobre a responsabilização administrativa e civil de pessoas jurídicas pela prática de atos contra a administração pública, nacional ou estrangeira, e dá outras providências. Disponível em: http://www.planalto.gov.br/ccivil_03/_ato2011-2014/2013/lei/l12846.htm. Acesso em: 1º dez. 2017.

13 BRASIL, Congresso Nacional. *Decreto nº 5.687, de 31 de janeiro de 2006.* Promulga a Convenção das Nações Unidas contra a Corrupção, adotada pela Assembleia Geral das Nações Unidas em 31 de outubro de 2003 e assinada pelo Brasil em 9 de dezembro de 2003. Disponível em: http://www.planalto.gov.br/ccivil_03/_ato2004-2006/2006/decreto/d5687.htm. Acesso em: 1º dez. 2017.

14 UNITED KINGDOM. *Bribery Act.* 2010. Disponível em: https://www.legislation.gov.uk/ukpga/2010/23/contents. Acesso em: 1º dez. 2017.

15 BRASIL, Congresso Nacional. *Decreto nº 5.687, de 31 de janeiro de 2006*, cit.

A Convenção também prevê expressamente medidas preventivas a serem adotadas pelos governos dos Estados-partes, bem como pelas pessoas jurídicas públicas e privadas a fim de evitar a prática de corrupção no âmbito interno e o próprio suborno transnacional; trata, pela primeira vez, de mecanismos legais para repatriação de ativos obtidos por meio de atos corruptos e remetidos para outros países[16].

O enfoque, por conseguinte, é novamente na prevenção da corrupção, descrevendo nos arts. 7° e 8° a contratação e gestão dos funcionários públicos e a necessidade de adoção de um código de conduta para estes, de forma mais pormenorizada, que as Convenções anteriores, e nos arts. 12 e 13 dispõe sobre as mesmas preocupações para o setor privado[17].

Em abril de 2010, o *UK Bribery Act* (Ato de Corrupção 2010) recebeu o *Royal Assent*, última etapa para sua promulgação, passando a regulamentar a atuação de empresas nacionais que operam não apenas no Reino Unido, mas na União Europeia e mesmo no estrangeiro. Ou seja: pode ser aplicado o *Bribery Act* tanto às empresas do Reino Unido que estejam atuando no mercado estrangeiro quanto às empresas estrangeiras que estejam atuando no Reino Unido.

O manual de boas práticas anticorrupção do escritório de advocacia PLMJ – Sociedade de Advogados, RL, com sede em Portugal, descreve a preocupação que o mercado internacional deve ter na atuação no Reino Unido:

> A grande novidade do "Bribery Act 2010" face à Decisão Quadro n° 2003/568/JAI do Conselho é o alargamento da previsão da responsabilidade das pessoas colectivas pelos actos de corrupção perpetrados por pessoas a elas associadas tendo em vista a obtenção ou manutenção de negócios ou qualquer vantagem indevida na condução dos negócios da empresa, quer nas relações com entes públicos quer entes com privados.

---

16 MEYER-PFLUG, Samantha Ribeiro; OLIVEIRA, Vitor Eduardo Tavares de. O Brasil e o combate internacional à corrupção, cit., p. 193.
17 BRASIL, Congresso Nacional. *Decreto n° 5.687, de 31 de janeiro de 2006*, cit.

12. Nestes termos as pessoas colectivas poderão ser responsabilizadas criminalmente pelos actos de qualquer pessoa que, independentemente da natureza ou validade da colaboração, preste serviços à empresa ou em nome desta.

(...)

Acresce ainda que as disposições previstas no "Bribery Act 2010" são aplicáveis a todas as condutas ou omissões praticadas no Reino Unido, ainda que a pessoa e/ou empresa responsável tenha domicílio ou sede no estrangeiro.

17. Assim, ainda que sedeada fora do Reino Unido uma empresa portuguesa ficará sujeita ao "Bribery Act 2010" se, no decurso dos seus negócios em Inglaterra, País de Gales, Escócia ou Irlanda do Norte, uma pessoa a ela associada praticar um acto ou omissão subsumível a um crime de corrupção[18].

Ou seja: vislumbra-se que as empresas brasileiras que desejem estabelecer parcerias com pessoas jurídicas do Reino Unido devem também se adequar ao *Bribery Act*, atentando, ainda, para a possibilidade de responsabilização penal da pessoa jurídica – que somente encontra previsão no Brasil para crimes ambientais, conforme expressamente previsto no art. 225 da CF[19] – quando estiver atuando no Reino Unido e ocorrer lá a prática do ato de corrupção.

O documento legal encontra-se dividido em sete seções[20], e, especificamente, as seções um, dois, seis e sete tratam, respectivamente, da corrupção ativa de sujeitos públicos ou privados, da corrupção passiva de sujeitos públicos ou privados, da corrupção de funcionários públicos estrangeiros e da falha organizacional da

---

18 PLMJ, Sociedade de Advogados. *Manual de boas práticas anti-corrupção*. p. 5-6. Disponível em: http://www.plmj.com/xms/files/Guias_Investimento/2014/Manual_Anti-Corrupcao.pdf. Acesso em: 1º dez. 2017.

19 BRASIL, Congresso Nacional. *Constituição da República Federativa do Brasil de 1988*. Disponível em: http://www.planalto.gov.br/ccivil_03/constituicao/constituicaocompilado.htm. Acesso em: 1º dez. 2017.

20 STRASSBURGER, Sabrina, *Nova Lei do Reino Unido – UK Bribery Act – e seus efeitos no Brasil*. Disponível em: https://espaco-vital.jusbrasil.com.br/noticias/2614087/nova-lei-do-reino-unido-uk-bribery-act-e-seus-efeitos-no-brasil. Acesso em: 1º dez. 2017.

empresa na prevenção da corrupção, com a consequente responsabilização penal das pessoas jurídicas – além da responsabilização das pessoas físicas – por crimes de corrupção praticados pelos sócios, funcionários da própria empresa ou terceiros que integrem sociedades parceiras, como associados, representantes, agentes e distribuidores.

Caberá à pessoa jurídica, como meio para se defender, a demonstração de que adotou internamente todas as medidas possíveis para evitar a corrupção. Dessa forma, deve a sociedade possuir um programa de *compliance* bem estruturado, a fim de não responder criminalmente pelos ilícitos perpetrados por terceiros.

Com efeito, percebe-se que a sobrevivência das pessoas jurídicas, quer de direito público, quer de direito privado, perpassa necessariamente pela observância não apenas da legislação interna, mas também da internacional. A tendência maior atualmente é uniformizar as regras de boas práticas, harmonizando as exigências do mercado internacional com as legislações internas.

Nesse sentido, foi editada em 2013 a Lei n. 12.846[21], prevendo a responsabilização civil, administrativa das pessoas jurídicas e, ainda, criminal das pessoas físicas integrantes das empresas envolvidas em esquemas de corrupção. A lei se volta a dois momentos: preventivo, com a disposição de medidas de conformidade na tentativa de evitar a prática de atos de corrupção, e repressivo, voltado à investigação e punição das pessoas físicas e jurídicas diante da constatação do suborno.

Malgrado a Lei Anticorrupção preveja em seu bojo a aplicabilidade de suas regras a pessoas jurídicas de direito público e privado, exsurge a dúvida acerca da sua incidência aos partidos políticos, o que se passará a discorrer no próximo tópico.

2. DA APLICABILIDADE DA LEI ANTICORRUPÇÃO AOS PARTIDOS POLÍTICOS

Conforme *ex vi*, a adoção de políticas de conformidade é exigência da sociedade globalizada, fruto de uma mudança cultural e econô-

---

21   BRASIL, Congresso Nacional. *Lei nº 12.846, de 1º de agosto de 2013*, cit.

mica, pautada na necessidade de se respeitar as regras do jogo no âmbito interno e externo. Não mais se admite que pessoas jurídicas públicas ou privadas adotem posturas irresponsáveis e que seus integrantes atuem em desrespeito aos ditames legais. A corrupção passa a ser vista como um mal que precisa ser extirpado do seio social.

No Brasil, especificamente, a mudança cultural ainda está ocorrendo, de forma paulatina, principalmente por se ter a concepção de que os problemas enfrentados no cotidiano podem ser solucionados pelo famigerado "jeitinho brasileiro" – formas de burlar a lei para obter o resultado desejado. Há ainda resistência da população em entender que pequenas condutas também significam práticas corruptivas, como a aquisição de produtos piratas, a tentativa de suborno de funcionários públicos para obter provimentos favoráveis ou mesmo não sofrer punição quando parados em *blitz* de alcoolemia, para citar os exemplos mais corriqueiros.

Entretanto, tal mudança de concepção é perceptível, sobretudo quando se está diante de grandes casos de corrupção envolvendo agentes políticos, como se depreende da operação "Lava Jato" e, anteriormente, do caso "Mensalão" (Ação Penal 470)[22]. Por essa razão, exsurge o seguinte questionamento: os partidos políticos estariam também sujeitos à Lei Anticorrupção?

A Lei de Partidos Políticos[23] – Lei n. 9.096/95 – prevê expressamente em seu art. 1º que os partidos políticos são pessoas jurídicas de direito privado, em consonância com o quanto previsto no art. 44 do CC[24]. Por essa razão, José Jairo Gomes analisa a possibilidade de

---

22 Neste artigo não serão tecidas críticas às ilegalidades e inconstitucionalidades da operação "Lava Jato" bem como do julgamento do mensalão por não serem objeto da presente pesquisa, embora se registre a existência de diversas vicissitudes nas duas ações.
23 BRASIL, Congresso Nacional. *Lei nº 9.096, de 19 de setembro de 1995*. Dispõe sobre partidos políticos, regulamenta os arts. 17 e 14, § 3º, inciso V, da Constituição Federal. Disponível em: http://www.planalto.gov.br/ccivil_03/leis/L9096.htm. Acesso em: 1º dez. 2017.
24 BRASIL. Lei n. 10.406, de 10 de janeiro de 2002. Institui o Código Civil. *Diário Oficial da União*, Brasília, DF, 11 jan. 2002. Disponível em: http://www.planalto.gov.br/ccivil_03/Leis/2002/L10406compilada.htm. Acesso em: 15 out. 2021.

impetração de mandado de segurança contra decisão dos dirigentes partidários e a competência para resolução de possíveis conflitos entre os filiados e os partidos:

4 Natureza jurídica

No ordenamento brasileiro, o partido político apresenta natureza de pessoa jurídica de Direito Privado, devendo seu estatuto ser registrado no Serviço de Registro Civil de Pessoas Jurídicas da Capital Federal (LOPP, art. 8º).

Diante disso, sempre se entendeu não caber mandado de segurança contra ato de seus dirigentes, haja vista que o *mandamus* tem como pressuposto ato de autoridade pública ou agente de pessoa jurídica no exercício de atribuições do Poder Público. No entanto, esse entendimento não mais subsiste, pois a Lei nº 12.016/2009, que conferiu nova disciplina à ação mandamental, equiparou às autoridades os "representantes ou órgãos de partidos políticos" (art. 1º, § 1º). De sorte que, a partir da vigência dessa norma, é possível impetrar *writ* contra "representantes ou órgãos de partidos políticos".

Por outro lado, eventuais querelas existentes entre um partido e uma pessoa natural ou jurídica, entre dois partidos, entre órgãos do mesmo partido ou entre partido e seus filiados devem ser ajuizadas na Justiça Comum estadual (TSE – MS nº 43.803/RJ – *DJe* 23-9-2013), não sendo competente a Justiça Eleitoral, exceto se a controvérsia provocar relevante influência em processo eleitoral já em curso, caso em que os interesses maiores da democracia e da regularidade do processo eleitoral justificam a atração da competência da Justiça Especial[25].

Dessa forma, a uma primeira leitura da Lei n. 12.846/2013, conclui-se que esta incide sobre os partidos políticos por força do art. 1º, parágrafo único[26], do diploma em análise. Ocorre que, mal-

---

25 GOMES, José Jairo. *Direito eleitoral*, 11. ed. São Paulo: Atlas, 2015. p. 96
26 Art. 1º Esta Lei dispõe sobre a responsabilização objetiva administrativa e civil de pessoas jurídicas pela prática de atos contra a administração pública, nacional ou estrangeira. Parágrafo único. Aplica-se o disposto nesta Lei às sociedades empresárias e às sociedades simples, personificadas ou não, independentemente da forma de organização ou modelo societário adotado, bem como a quaisquer fundações, associações de entidades ou

grado pareça ser tema de fácil compreensão, a aplicabilidade da Lei Anticorrupção é alvo de sérias divergências doutrinárias, sobretudo por se referir a uma norma que traz como consequência a imposição de sanções na esfera administrativa, cível e mesmo criminal (art. 3º).

Diante disso, questiona-se: perante a possível omissão legislativa, compreender que a Lei Anticorrupção incidiria sobre os partidos políticos significaria violar o princípio da legalidade? Tratar-se-ia de uma interpretação extensiva do tipo penal, vedada pelo ordenamento, por se tratar de prejuízo ao réu? Ou haveria, tão somente, adequação imediata ao tipo?

Sabe-se que num Estado Democrático de Direito o princípio da legalidade é a espinha dorsal de todo o sistema de regras, exercendo função limitadora e de garantia. Por essa razão, revela-se imprescindível constatar se há, de fato, afronta a tal preceito.

Para Gustavo Costa Ferreira[27], a aplicação da indigitada lei afrontaria a legalidade, desembocando em uma interpretação extensiva prejudicial. Já Fábio Eduardo Galvão pondera:

> A Lei Anticorrupção brasileira criou a possibilidade de responsabilização objetiva de pessoas jurídicas pela prática de atos contra a administração pública, nacional ou estrangeira. Na sua letra fria, a lei se aplica às empresas e sociedades personificadas ou não, bem como a quaisquer associações de entidades ou pessoas.

> Por sua vez, o Código Civil estabelece que os partidos políticos são pessoas jurídicas de direito privado, que têm sua organização e funcionamento disciplinados em lei específica.

---

pessoas, ou sociedades estrangeiras, que tenham sede, filial ou representação no território brasileiro, constituídas de fato ou de direito, ainda que temporariamente (BRASIL, Congresso Nacional. *Lei nº 12.846, de 1º de agosto de 2013*, cit.).

27 FERREIRA, Gustavo Costa. *Partidos políticos ficaram de fora do âmbito de aplicação da Lei 12.856/13 (Lei Anticorrupção)*. Disponível em: http://gustavocostaferreira.jusbrasil.com.br/artigos/174301099/partidos-politicos-ficaram-de-fora-do-ambito-de-aplicacao-lei-12846-13-lei-anticorrupcao. Acesso em: 5 dez. 2017.

É um equívoco inferir que o regime da Lei Anticorrupção alcance os partidos políticos, sendo de rigor lembrar que a elaboração da norma brasileira teve como base a FCPA (*Foreign Corrupt Practices Act*), lei americana que desencadeou o processo de combate à corrupção internacionalmente.

Como é reconhecido pelo próprio Departamento de Justiça americano, o propósito da FCPA foi o de impor penalidades a pessoas físicas e jurídicas que realizem pagamentos na forma de suborno perante órgãos de governo e partidos políticos no exterior, a fim de obter ou manter negócios nos Estados Unidos, mas não diretamente a aplicação de sanções aos partidos.

Desse modo, a finalidade da lei americana, que é fiscalizada pelo Departamento de Justiça dos EUA e pela SEC – *Securities and Exchange Commission* (órgão semelhante à CVM – Comissão de Valores Mobiliários), é o de combater a corrupção transnacional.

A FCPA não se aplica aos partidos políticos, mas sim às empresas dos Estados Unidos que venham a praticar atos de corrupção no estrangeiro e aos "funcionários de governos estrangeiros".

Dessa maneira, não faz sentido a interpretação de que um partido político poderia ser dissolvido pela Justiça brasileira por ato de seus representantes, pois os agentes políticos, como dispõe o Código Civil, têm a sua atuação disciplinada em leis específicas, por meio de um regime próprio que não se confunde com o da Lei Anticorrupção[28].

Dessa forma, por ter regramento próprio, os partidos políticos, segundo Galvão, não estariam sujeitos à Lei Anticorrupção, afastando, ainda, a interpretação teleológica, pois a construção da Lei n. 12.846/2013 estaria pautada no *FCPA* norte-americano, não aplicável aos partidos políticos. Malgrado haja tal compreensão por parcela da doutrina, concorda-se com a corrente que admite a plena incidência da Lei Anticorrupção às agremiações.

---

28 GALVÃO, Fábio Eduardo. *Fábio Eduardo Galvão, para a Folha de S. Paulo: a Lei Anticorrupção deve se aplicar a partidos? NÃO.* 13 dez. 2017. Disponível em: http://www.fabiomedinaosorio.com.br/5543-2/. Acesso em: 5 dez. 2017.

Primeiramente, como visto no primeiro capítulo desta pesquisa, a lei brasileira restou pautada não apenas na legislação estadunidense, mas nas Convenções Internacionais para repressão à corrupção.

A própria *FCPA* aplica-se, ainda que de forma indireta, também aos partidos políticos, ao se referir, dentre as condutas proibidas, ao pagamento de valores a *Foreign Government Official* (oficiais de governo estrangeiro), o que, segundo o próprio Departamento de Justiça Norte-Americano, engloba os partidos políticos estrangeiros e seus filiados:

> Quem é um funcionário estrangeiro?
>
> As disposições antisuborno do FCPA aplicam-se aos pagamentos corruptos feitos para (1) "qualquer funcionário estrangeiro"; (2) "qualquer partido político estrangeiro ou funcionário dele"; (3) "qualquer candidato para cargos políticos estrangeiros"; ou (4) qualquer pessoa, sabendo que a totalidade ou uma parte do pagamento será oferecida, dada ou prometida a um indivíduo pertencente a uma dessas três categorias. Embora o estatuto distinga entre um "funcionário estrangeiro", "partido político ou funcionário deste" e "candidato a cargos políticos estrangeiros", o termo "funcionário estrangeiro" neste guia geralmente se refere genericamente a um indivíduo pertencente a quaisquer destas três categorias[29].

Convém ainda adotar as conclusões de Ana Cláudia Santano e Fernando Gama Netto:

---

29 Who Is a Foreign Official? The FCPA's anti-bribery provisions apply to corrupt payments made to (1) "any foreign official"; (2) "any foreign political party or official thereof"; (3) "any candidate for foreign political office"; or (4) any person, while knowing that all or a portion of the payment will be offered, given, or promised to an individual falling within one of these three categories. Although the statute distinguishes between a "foreign official," "foreign political party or official thereof," and "candidate for foreign political office," the term "foreign official" in this guide generally refers to an individual falling within any of these three categorie (DEPARTAMENT OF JUSTICE. *A Resource Guide to the U.S. Foreign Corrupt Practices Act*. 2. ed. jul. 2020. Disponível em: https://www.justice.gov/criminal-fraud/file/1292051/download. Acesso em: 15 out. 2021. p. 28).

Da plena aplicabilidade da Lei nº 12.846/2013 às pessoas jurídicas listadas no artigo 44 do Código Civil

Não cabem dúvidas sobre a sujeição de toda e qualquer pessoa jurídica à Lei Anticorrupção. O conceito de pessoa jurídica adotado pela norma é o mais abrangente possível sendo somente exemplificativa a lista constante no parágrafo único do artigo 1º da Lei, tipo aberto, tornando a norma perfeitamente aplicável às pessoas jurídicas arroladas no art. 44 do Código Civil, como as organizações religiosas; partidos políticos e empresas individuais de responsabilidade limitada, ainda que não estejam explícitas na Lei 12.846/13, como também as empresas públicas, embora restritivamente.

Não se trata aqui de analogia *in malam partem*, o que é expressamente vedado pelo Direito Penal, mas da simples adequação imediata da norma, pois resta clara a redação do art. 1º da Lei Anticorrupção quanto a sua incidência a quaisquer pessoas jurídicas, sendo o rol do parágrafo único meramente exemplificativo, pois remete ao *caput* do artigo que não traz qualquer restrição.

Acaso o *caput* trouxesse a redação "Considera-se pessoas jurídicas para fins dessa lei...", restaria clara a intenção do legislador em limitar o alcance da norma. *In casu*, ocorre o contrário, pois o parágrafo único reforça o texto anterior, trazendo hipóteses nas quais se questionaria a aplicação da lei. É, por conseguinte, mero reforço do texto.

Nesse sentido, German Meza (2016), ao discorrer sobre a responsabilização dos partidos políticos por ato de seus filiados na Argentina, reforça a plena incidência da Lei Anticorrupção do país às agremiações eleitorais, o que conduz à concepção de que os diplomas legais tanto do Brasil quanto do país vizinho foram edificadas não apenas com base na *FCPA*, mas no quanto determinado pelas Convenções Internacionais citadas anteriormente, possuindo, por conseguinte, maior amplitude.

O mesmo ocorre no México[30] e na Espanha, quando há, inclu-

---

30 CHÁVEZ, Víctor. *Responsabilidad de todos los partidos, vigilar aplicación del Sistema Anticorrupción: PAN.* 17 jul. 2016. Disponível em: http://www.elfi-

sive, a apresentação pela ONG *Transparency International España*[31] da proposta de 40 medidas a serem adotadas pelos partidos políticos para evitar a corrupção no país. Ou seja: diversos são os países democráticos que aplicam a Lei Anticorrupção aos partidos políticos, por exigência das Convenções Internacionais firmadas das quais o Brasil é também signatário.

Não obstante, a redação do art. 1º da Lei Anticorrupção é clara em admitir tal incidência, não se podendo concordar que se trataria de analogia em prejuízo da parte. Não admitir a incidência da lei às agremiações representaria um retrocesso ao país, notadamente quando se vê a clara intenção do legislador em prevenir e reprimir quaisquer práticas corruptivas.

Em consonância com o que aqui se aduz, Antônio Fonseca[32] salienta que seria estranho deixar os partidos políticos de fora da Lei n. 12.846/2013 devido à importância das agremiações no exercício dos direitos políticos. Simplesmente não funcionaria o pacto nacional de integridade política. Dessa forma, dúvidas não restam quanto à aplicabilidade da Lei Anticorrupção aos partidos políticos.

3. O *COMPLIANCE* PARTIDÁRIO

Conforme *ex vi*, diante da plena aplicabilidade da Lei Anticorrupção aos partidos políticos, em virtude de sua natureza jurídica e sua função na subsistência da democracia, revela-se imprescindível a adoção de políticas de *compliance* para buscar coibir as práticas de

---

nanciero.com.mx/nacional/responsabilidad-de-todos-los-partidos-vigilar--aplicacion-del-sistema-anticorrupcion-pan.html. Acesso em: 15 dez. 2017.

31 TRANSPARENCY INTERNATIONAL ESPAÑA. *Propuestas electorales a los partidos políticos para prevenir y combatir la corrupción política e institucional.* Disponível em: https://transparencia.org.es/wp-content/uploads/2015/11/40_medidas_electorales_partidos_prevenir_corrupc.pdf. Acesso em: 15 dez. 2017.

32 FONSECA, Antonio. *Pacto Nacional de Integridade Política.* 2017. Disponível em: http://www.lecnews.com/artigos/2017/04/26/pacto-nacional-de-integridade-politica/. Acesso em: 15 dez. 2017.

corrupção dentro dos partidos políticos e entre os atores políticos e os demais segmentos da sociedade.

Para tanto, convém primeiramente rememorar a responsabilidade solidária dos partidos políticos por atos de seus filiados para, em seguida, apresentar-se os programas de *compliance* que devem ser implementados, desaguando, por fim, nos riscos do financiamento de campanhas por pessoas físicas e a necessária adoção de medidas de conformidade pelas pessoas jurídicas a elas filiadas.

3.1. Responsabilidade solidária pelas condutas ilícitas dos filiados

Como é sabido, os partidos políticos são responsáveis pelos atos praticados por seus filiados, conforme preceitua o art. 241 do Código Eleitoral[33], e de inconteste aplicabilidade prática, como se depreende de diversos julgados[34]. O art. 15-A da Lei dos Partidos

---

33 BRASIL, Congresso Nacional. *Lei nº 4.737, de 15 de julho de 1965*. Institui o Código Eleitoral. Disponível em: http://www.planalto.gov.br/ccivil_03/leis/L4737.htm. Acesso em: 1º dez. 2017.
34 Direito administrativo. Apelação cível. Embargos à execução fiscal. Multas. Infrações administrativas. Propaganda eleitoral. Partido político. Responsabilidade solidária. Recurso conhecido e desprovido. I. Decorre do artigo 241, do Código Eleitoral, a inequívoca responsabilidade solidária entre os Partidos e seus candidatos, em ordem a evidenciar que aqueles também poderão ser responsabilizados por eventuais infrações administrativas praticadas por estes no que relacionado à propaganda eleitoral. II. Na medida em que o artigo 20, da Lei Federal nº 9.504/97 cuida de recursos da campanha, e não propriamente da responsabilidade por excessos praticados em propaganda eleitoral, revela-se inadequada sua aplicação à hipótese que versa sobre autuações levadas a efeito pela Administração Pública Municipal por conta de diversas infrações administrativas, consubstanciadas nas colagens, em mobiliários públicos, de cartazes contendo propagandas eleitorais de seus candidatos, em descumprimento, portanto, à vedação contida no artigo 40, inciso III, do Decreto nº 6.330/1981. III. Recurso conhecido e improvido. Acorda a Egrégia Segunda Câmara Cível, em conformidade da Ata e Notas Taquigráficas da Sessão, que integram este julgado, por unanimidade de votos, conhecer e negar provimento ao Recurso de Apelação Cível, nos termos do Voto do Eminente Desembargador Relator (TJES, APL 00271767320068080024, 2ª Câmara Cível, Rel. Namyr Carlos de Souza Filho, j. 12-7-2016, Data de Publicação: 19-7-2016).

Políticos[35] prevê a responsabilidade, inclusive civil e trabalhista, do órgão partidário por quaisquer incumprimentos de obrigação, violação de direito, causando dano ou ato ilícito, sendo que, ao excluir a responsabilidade solidária, conferiu tal restrição somente ao partilhamento da responsabilidade com outros órgãos distintos dos causadores do dano.

Outrossim, o Tribunal Superior Eleitoral, ao decidir na Consulta 1.398 a quem pertence o cargo no sistema representativo quando houver pedido de cancelamento de filiação ou transferência de legenda, asseverou, de forma expressa, que o mandato pertence ao partido e não ao candidato em si:

> Arrisco a diagnosticar que, a despeito das peculiaridades do nosso sistema proporcional, uma das causas da debilidade dos partidos políticos reside, precisamente, na indiferença oficial e popular quanto à desenfreada transmigração partidária que se observa nos parlamentos. É que, suposto não solucionem de per si os problemas das disputas intrapartidárias e dos embates entre correligionários por votos, **o reconhecimento e a vivência de que o mandato pertence ao partido, não à pessoa do mandatário, têm, entre outros, o mérito de fortalecer a identificação e a vinculação ideológica entre candidatos, partidos e eleitorado.**
>
> (...)
>
> E, neste passo, estou convencido de que, por força de imposição sistêmica do mecanismo constitucional da representação proporcional, as vagas obtidas por intermédio do quociente partidário pertencem ao partido. Daí, aliás, a irrelevância absoluta da circunstância de já não constar do ordenamento vigente nenhuma norma expressa ao propósito[36].

Em 2007, tal entendimento foi ratificado pelo Supremo Tribunal Federal no julgamento dos Mandados de Segurança 26.602, 26.603 e 26.604. Cita-se ainda o artigo 17, § 1º, da CF[37], que estabelece como

---

35 BRASIL, Congresso Nacional. *Lei nº 9.096, de 19 de setembro de 1995*, cit.
36 PELUSO, Cezar. TSE, *CTA n. 1.398/DF*, Res. n. 22.526, de 27-3-2007, Rel. Min. Francisco Cesar Asfor Rocha. 2007.
37 BRASIL, Congresso Nacional. *Constituição da República Federativa do Brasil de 1988*, cit.

dever dos partidos políticos estabelecer normas de fidelidade e disciplina. Por conseguinte, é dever das agremiações zelar pela integridade do seu funcionamento e das condutas de seus filiados.

Dessa forma, os atos eventualmente ilícitos perpetrados por seus filiados serão de responsabilidade solidária dos partidos políticos. A responsabilidade referida, por ser de natureza civil, abrange a culpa *in eligendo*, respondendo a agremiação pelos atos ilícitos perpetrados e danos ocasionados por seus prepostos e agentes por tê-los escolhido mal[38].

Por essa razão, revela-se imprescindível a adoção de políticas de *compliance* pelas agremiações, tanto no âmbito preventivo quanto no momento repressivo.

3.2. Medidas de conformidade a serem implementadas

Os programas de *compliance*, por conseguinte, dividem-se em dois momentos: medidas de prevenção e medidas repressivas, conferindo-se enfoque maior nas primeiras. É preferível, portanto, conscientizar o indivíduo, fiscalizar suas condutas, do que reprimi-las.

Para tanto, as pessoas jurídicas investem em alterações nos estatutos ou contratos sociais, na inserção de cláusulas específicas de boas práticas nos contratos com funcionários ou terceirizados, na elaboração e disseminação de códigos de conduta, acompanhados, ainda, de cursos, palestras e treinamentos acerca do seu conteúdo. É ensinar a atuar de forma correta, lícita, afastando do ambiente de trabalho a compreensão de que violar a lei para alcançar o fim desejado vale a pena.

Antecedendo, inclusive, tais alterações, é mister a realização da avaliação de riscos da empresa e a realização da *due diligence* (procedimento que envolve estudo, análise e avaliação detalhada

---

[38] MORI, Celso Cintra. *O mandato pertence aos partidos e a responsabilidade também*. 18 mar. 2010. Disponível em: https://www.conjur.com.br/2010--mar-18/mandato-pertence-aos-partidos-responsabilidade-tambem. Acesso em: 15 dez. 2017.

das informações de uma empresa antes de qualquer operação empresarial), para verificar quais são as alterações necessárias no código de conduta e contratos sociais da própria empresa, bem como os riscos inerentes ao negócios da pessoa jurídica com outras sociedades empresariais.

Wagner Giovanini (2014) apresenta, ainda, outros temas relevantes, que devem ser abordados no código de ética, bem como nos treinamentos, cursos e palestras, a fim de embasar a conduta do sócio, funcionário ou parceiro, prevenindo a prática de atos de corrupção, como os conflitos de interesses, presentes e hospitalidades, doações e patrocínios. Com os parâmetros definidos e bem disseminados, as chances da prática de condutas irregulares são drasticamente reduzidas. Ou seja: alcança-se a desejada mudança cultural.

No âmbito repressivo, quando da notícia da prática de uma conduta irregular, os mecanismos de conformidade priorizam o diálogo entre os funcionários e estes com seus superiores, bem como com o público externo, através da instituição dos canais de denúncia – garantindo ao denunciante o sigilo necessário a preservar a sua intimidade – e da criação de comissões para investigar e adotar as medidas repressivas necessárias interna – sanções administrativas – e externamente – elaboração de eventuais notícias-crime para as autoridades policiais ou o Ministério Público.

Apresenta-se a seguir um quadro explicativo das medidas de *compliance* a serem adotadas pela empresa:

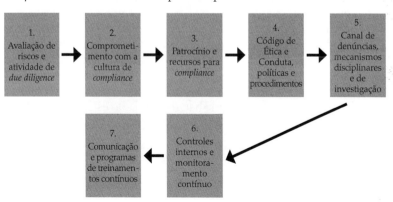

Cumpre, ainda, tratar da figura do *compliance officer*, responsável pelo gerenciamento do programa de integridade da empresa, desde a sua implementação, perpassando pelo monitoramento das atividades previstas, participando, ainda, da comissão instaurada para apurar infrações praticadas pelos sócios/funcionários/parceiros da pessoa jurídica.

Para tanto, deve ser apresentado manual de instrução para a atuação do *compliance officer*, detalhando as funções, as formas de controle interno e monitoramento contínuo da empresa. Há de se oferecer também treinamento específico para este profissional, para que desempenhe com qualidade o seu mister.

Especificamente quanto ao objeto de estudo deste artigo, Jorge Alexander González discorre sobre os mecanismos de *compliance* a serem implementados nos partidos políticos:

> Sentada esta base simplificada del contenido de la función de *compliance* parece sencillo deducir que en el ámbito de los partidos políticos esta función se desarrolla – primitivamente – en muy diversos ámbitos. Los partidos tienen que observar una serie de aspectos puramente normativos, como pueden ser los relativos a su financiación, la protección de datos personales de sus afiliados y simpatizantes o, más recientemente, la prevención penal. Junto a estas previsiones se empiezan a implantar otra serie de compromisos de autocumplimiento que no vienen exigidos por las normas vigentes. Así comienzan a desarrollarse códigos éticos o de buenas prácticas, que junto a las normas de Derecho positivo, elevan los estándares exigidos por las mismas y tratan de completar, dentro del partido, la función de *compliance* desde un punto de vista teórico (la exigencia de dimisión a un cargo público del partido imputado por corrupción sería un ejemplo clásico de este segundo grupo, pues no es una previsión legalmente establecida, pero sí autoimpuesta en algunos partidos políticos). Hasta el momento no todos los partidos han desarrollado estos códigos éticos, y dentro de los partidos que sí han desarrollado estas normas internas encontramos códigos muy sencillos y otros bien desarrollados[39].

---

39 GONZÁLEZ, Jorge Alexandre. *Función de compliance y partidos políticos en España*, cit.

Ana Cláudia Santano e Fernando Gama Netto[40], ao analisarem as hipóteses de infrações administrativas previstas no art. 5º da Lei n. 12.846/2013, asseveram que os incisos I, II e III referem-se a práticas comuns perpetradas por filiados políticos, que podem se utilizar indevidamente dos partidos para a prática de atos de corrupção e tráfico de influência, com a roupagem do *lobby* (conduta em si que não é ilícita, mas que, em verdade, é usada como fachada para ilegalidades).

É imprescindível, por conseguinte, diante da responsabilização solidária que permeia os partidos políticos e seus afiliados, e a prática de corrupção, tráfico de influência, fraudes à licitação e outros ilícitos, que os partidos adotem medidas de *compliance* a fim de prevenir tais condutas e eficazmente reprimi-las.

Por fim, insta salientar quanto à responsabilidade penal que, malgrado se saiba que esta só resta configurada quanto há, indubitavelmente, o dolo do sujeito, há desde a Ação Penal 470 (conhecido caso do "mensalão") a compreensão equivocada da responsabilidade criminal, impondo-se, na prática, a responsabilização objetiva dos gestores da pessoa jurídica ou o *compliance officer*, pelo emprego deturpado da teoria do domínio final do fato[41] e o uso da doutrina da cegueira deliberada[42] ao arrepio do princípio da culpabilidade. A adoção e implementação adequada de um programa de *compliance* é ferramenta capaz de questionar a indevida responsabilização, como já citado no tópico 1 deste artigo.

---

40   SANTANO, Ana Cláudia; NETTO, Fernando Gama de Miranda. A Lei Anticorrupção aplicada aos partidos políticos: uma primeira aproximação teórica. *Direito administrativo e suas transformações atuais.* Curitiba: Íthala, 2016. p. 609-610.
41   GLOECKNER, Ricardo Jacobsen. Criminal compliance, *lavagem de dinheiro e o processo de relativização do* nemo tenetur se detegere*: cultura do controle e política criminal atuarial.* Disponível em: http://www.publicadireito.com.br/artigos/?cod=70fc5f043205720a. Acesso em: 15 dez. 2017.
42   FOLHA DE SÃO PAULO. *Teoria da 'cegueira deliberada' ampara condenações da lava jato.* 28 dez. 2017. Disponível em: http://www1.folha.uol.com.br/poder/2017/12/1946478-teoria-da-cegueira-deliberada-ampara--condenacoes-na-lava-jato.shtml. Acesso em: 28 dez. 2017.

3.3. Riscos e cuidados no financiamento de campanhas eleitorais

Último tema a ser abordado, o financiamento de campanhas eleitorais apresenta novo entrave a ser enfrentado pelos partidos políticos e pelas pessoas jurídicas às quais pertencem os particulares que realizam as doações. A Lei n. 13.165/2015[43] vedou expressamente a possibilidade das pessoas jurídicas realizarem financiamento de campanhas eleitorais. Em verdade, o Supremo Tribunal Federal, já no julgamento da ADIn 4.650, não mais permitia tal possibilidade.

Buscava-se com tal vedação a redução dos casos de corrupção envolvendo partidos políticos, candidatos e empresas privadas, sob o pretexto do falso *lobby*, garantindo a elaboração de projetos de lei ou a alteração destes de acordo com os interesses da pessoa jurídica que bancou a eleição do candidato ou o fortalecimento de determinado partido. Outrossim, haveria ainda a redução do marketing eleitoral e o aprimoramento dos debates entre os candidatos, focados não em uma empresa em si, mas nas propostas que convenceriam parcelas do mercado[44].

Não obstante, a medida em si não é capaz, em nada, de reduzir os casos de corrupção, como assevera Juliana Goetzke de Almeida[45], tendo em vista a ampla possibilidade de pessoas físicas, municiadas por pessoas jurídicas, realizarem as mesmas doações e cobrarem, posteriormente, os mesmos favores (da mesma forma, estaria a sociedade empresarial sujeita à Lei Anticorrupção). Há o risco, inclusive, do aumento da incidência do famigerado "caixa dois eleitoral".

---

43 BRASIL. *Lei n. 13.195, de 29 de setembro de 2015*. Altera as Leis n. 9.504, de 30 de setembro de 1997, 9.096, de 19 de setembro de 1995, e 4.737, de 15 de julho de 1965 – Código Eleitoral, para reduzir os custos das campanhas eleitorais, simplificar a administração dos Partidos Políticos e incentivar a participação feminina. Disponível em: http://www.planalto.gov.br/ccivil_03/_ato2015-2018/2015/lei/l13165.htm. Acesso em: 15 out. 2021.

44 ALMEIDA, Juliana Goetzke de. *As regras de compliance e as doações eleitorais em 2016*. 28 jul. 2016. Disponível em: http://www.empresassa.com.br/2016/07/as-regras-de-compliance-e-as-doacoes.html?m=1. Acesso em: 15 dez. 2017.

45 Idem, ibidem.

Mais uma vez revela-se primordial a adoção de programas de *compliance* pelos partidos políticos e pelas empresas às quais as pessoas físicas estariam vinculadas, quer, por exemplo, vedando no estatuto social a possibilidade de os gestores doarem valores para o financiamento de campanhas, quer limitando os valores a serem doados, além da exigência de prestação de contas à empresa[46].

Quanto à agremiação política, a já discutida figura do *compliance officer* ganha importância ainda maior, como adverte German Meza:

> **IV El compliance officer como garante originario. Una referencia al responsable económico-financiero de campaña**
>
> Sobre la base de estas consideraciones, debemos tener en cuenta que en el año 2011 se sancionó la ley 26.683, que incorpora el art. 20 bis a la ley 25.246, el cual modifica el Código Penal y crea la Unidad de Información Financiera, estableciendo que cuando el sujeto obligado se trate de una persona jurídica regularmente constituida, deberá designarse un "oficial de cumplimiento". Y los partidos políticos, en tanto reciben donaciones y aportes de terceros (art. 20, inc. 18, de la misma ley), deben ser considerados sujetos obligados.
>
> Así, a partir de la incorporación legal de esta figura, parece razonable considerar que el destinatario de las expectativas sociales de conducta, en relación con la prevención de delitos dentro del partido político, ha dejado de ser el presidente, quien tan solo tiene el deber de designar un oficial de cumplimiento para que este implemente el programa de compliance más adecuado en aquel – ello si quiere desgravar su responsabilidad jurídico-penal y la del propio partido por los delitos cometidos en su seno; el nuevo destinatario de este deber es el compliance officer (como nueva forma de intervención del Estado sobre las personas jurídicas), sin perjuicio de los nuevos deberes que puedan surgir a partir de su designación, abriendo paso a reglas de imputación diferentes de las habituales[47].

---

46 Idem, ibidem.
47 GIMÉNEZ MEZA, Germán E. El compliance criminal en los partidos políticos. *El derecho. Diario de doctrina y jurisprudencia*, Buenos Aires: Universidad Católica Argentina, n. 14, 107, 2016, p. 3.

Percebe-se, pois, que os programas de *compliance* ganham relevo também em razão do financiamento de campanhas eleitorais, sendo exigível tanto no próprio partido político quanto na pessoa jurídica à qual a pessoa física que realizará as doações pertença.

Retomando o pensamento de Eliana Calmon[48], vislumbra-se a necessidade da adoção de regras transparentes para se evitar a prática corruptiva nas eleições:

> A relação entre o poder econômico e o poder político existe a partir da elaboração das leis. É preciso fazer regras transparentes para acabar com os grotões que são seccionados de duas formas: as pessoas ignorantes não sabem em quem votar, então você faz a troca de voto por favores, e as pessoas não tão ignorantes, que é a classe média, você engana com regras que são verdadeiros embustes. Por exemplo, Renan Calheiros dizer que, depois do movimento de junho, o Senado votou projetos espetaculares... Isso não é verdade. Eles votaram projetos pela metade, que parecem deslumbrantes, mas não são.

É mister, por conseguinte, a compreensão de que a Lei Anticorrupção aplica-se aos partidos políticos, a fim de se tentar estabelecer regras claras quanto ao jogo político.

CONSIDERAÇÕES FINAIS

Conforme *ex vi*, é necessário enfrentar o presente tema diante do alastramento da corrupção, sobretudo no âmbito político, como bem asseverado pela Ministra Eliana Calmon[49].

Nesse sentido, perquiriu-se pela aplicabilidade da Lei Anticorrupção aos partidos políticos, tendo em vista a natureza jurídica destes e o fato de o art. 1º da mencionada Lei trazer rol de pessoas

---

48 CALMON, Eliana. [Entrevista concedida a] Evilásio Júnior, José Marques e Fernanda Aragão. *Bahia Notícias*, 13 jan. 2014. Disponível em: https://www.bahianoticias.com.br/entrevista/340-eliana-calmon.html. Acesso em: 15 out. 2021.
49 Idem.

jurídicas sobre as quais incide o diploma jurídico, não fazendo menção expressa às agremiações eleitorais.

Não obstante, constatou-se a plena aplicação da Lei n. 12.846/2013, quer por ter a lei se referido no *caput* a pessoas jurídicas – adequando-se imediatamente aos partidos políticos –, quer analisando-se os Tratados e Convenções Internacionais para repressão ao suborno transnacional dos quais o Brasil é signatário e influenciaram a edição da indigitada lei.

Com efeito, a mudança cultural ocorre em todo o globo, sendo premente que o Brasil se adeque aos padrões internacionais e altere a percepção equivocada de que o "jeitinho brasileiro" vale a pena. A cultura da conformidade ganha contornos no mundo globalizado e o Estado brasileiro deve acompanhar tal mudança.

Os partidos políticos, como expressão do exercício da democracia, precisam adotar programas de *compliance* a fim de pautar as condutas da própria sigla e de seus filiados de acordo com a legislação interna e externa.

O atuar em conformidade é uma exigência e não uma opção. Países como Argentina, México e Espanha já ressaltam a importância do *compliance* partidário. Não há, por conseguinte, o que se questionar sobre a necessária observância da Lei Anticorrupção pelas agremiações.

Ao final deste trabalho, apresentaram-se as medidas de *compliance* a serem adotadas pelos partidos políticos, no âmbito preventivo e repressivo, bem como os riscos enfrentados no financiamento de campanhas eleitorais por pessoas físicas, apontando que a mera alteração da legislação eleitoral na tentativa de reduzir os casos de corrupção, em verdade, podem apresentar o fomento do famigerado "caixa dois".

Assim, conclui-se pela plena aplicação da Lei n. 12.846/2013 aos partidos políticos, reforçando a necessidade de adoção de programas de conformidade como mecanismo para reduzir os casos de corrupção e demais práticas ilícitas envolvendo os partidos, seus filiados e particulares.

REFERÊNCIAS

ALMEIDA, Juliana Goetzke de. *As regras de* compliance *e as doações eleitorais em 2016.* 28 jul. 2016. Disponível em: http://www.empresassa.com.br/2016/07/as-regras-de-compliance-e-as-doacoes.html?m=1. Acesso em: 15 dez. 2017.

BRASIL, Congresso Nacional. *Lei n. 4.737, de 15 de julho de 1965.* Institui o Código Eleitoral. Disponível em: http://www.planalto.gov.br/ccivil_03/leis/L4737.htm. Acesso em: 1º dez. 2017.

BRASIL, Congresso Nacional. *Constituição da República Federativa do Brasil de 1988.* Disponível em: http://www.planalto.gov.br/ccivil_03/constituicao/constituicaocompilado.htm. Acesso em: 1º dez. 2017.

BRASIL, Congresso Nacional. *Lei n. 9.096, de 19 de setembro de 1995.* Dispõe sobre partidos políticos, regulamenta os arts. 17 e 14, § 3º, inciso V, da Constituição Federal. Disponível em: http://www.planalto.gov.br/ccivil_03/leis/L9096.htm. Acesso em: 1º dez. 2017.

BRASIL, Congresso Nacional. *Lei n. 9.504, de 30 de setembro de 1997.* Estabelece normas para as eleições. Disponível em: http://www.planalto.gov.br/ccivil_03/leis/L9504.htm. Acesso em: 1º dez. 2017.

BRASIL, Congresso Nacional. *Lei n. 10.406, de 10 de janeiro de 2002.* Institui o Código Civil. Disponível em: http://www.planalto.gov.br/ccivil_03/Leis/2002/L10406compilada.htm. Acesso em: 15 out. 2021.

BRASIL, Congresso Nacional. *Decreto n. 4.410, de 7 de outubro de 2002.* Promulga a Convenção Interamericana contra a Corrupção, de 29 de março de 1996, com reserva para o art. XI, parágrafo 1º, inciso "c". Disponível em: http://www.planalto.gov.br/ccivil_03/decreto/2002/D4410.htm. Acesso em: 1º dez. 2017.

BRASIL, Congresso Nacional. *Decreto n. 5.687, de 31 de janeiro de 2006.* Promulga a Convenção das Nações Unidas contra a Corrupção, adotada pela Assembleia Geral das Nações Unidas em 31 de outubro de 2003 e assinada pelo Brasil em 9 de dezembro de 2003. Disponível em: http://www.planalto.gov.br/ccivil_03/_ato2004-2006/2006/decreto/d5687.htm. Acesso em: 1º dez. 2017.

BRASIL, Congresso Nacional. *Lei n. 12.846, de 1º de agosto de 2013.* Dispõe sobre a responsabilização administrativa e civil de pessoas jurídicas pela prática de atos contra a administração pública, nacional ou estrangeira, e dá outras providências. Disponível em: http://www.planalto.gov.br/ccivil_03/_ato2011-2014/2013/lei/l12846.htm. Acesso em: 1º dez. 2017.

BRASIL, Congresso Nacional. *Lei n. 13.195, de 29 de setembro de 2015.* Altera as Leis n. 9.504, de 30 de setembro de 1997, 9.096, de 19 de setembro de 1995, e 4.737, de 15 de julho de 1965 – Código Eleitoral, para reduzir os custos das campanhas eleitorais, simplificar a administração dos Partidos Políticos e incentivar a participação feminina. Disponível em: http://www.planalto.gov.br/ccivil_03/_ato2015-2018/2015/lei/l13165.htm. Acesso em: 15 out. 2021.

BRASIL, Supremo Tribunal Federal. *Mandado de Segurança 26.602/DF.* Rel. Min. Eros Grau. Julgado em 4-10-2007. Publicado em 17-10-2008. Disponível em: https://stf.jusbrasil.com.br/jurisprudencia/2928434/mandado-de-seguranca-ms-26602-df?ref=topic_feed. Acesso em: 15 dez. 2017.

BRASIL, Supremo Tribunal Federal. *Mandado de Segurança 26.603/DF.* Rel. Min. Celso de Mello. Julgado em 4-10-2007. Publicado em 19-12-2008. Disponível em: http://www.sbdp.org.br/arquivos/material/570_Ementa.pdf. Acesso em: 15 dez. 2017.

BRASIL, Supremo Tribunal Federal. *Mandado de Segurança 26.604/DF.* Rel. Min. Celso de Mello. Julgado em 4-10-2007. Publicado em 19-12-2008. Disponível em: http://www.sbdp.org.br/arquivos/material/570_Ementa.pdf. Acesso em: 15 dez. 2017.

BRASIL, Tribunal de Justiça do Espírito Santo. *Apelação 00271767320068080024.* Rel. Des. Namyr Carlos de Souza Filho, j. 12-7-2016, 2ª Câmara Cível, Data de Publicação: 19-7-2016. Disponível em: https://tj-es.jusbrasil.com.br/jurisprudencia/365345775/apelacao-apl-271767320068080024. Acesso em: 15 dez. 2017.

BRASIL, Tribunal Superior Eleitoral. *Consulta 1.398.* Disponível em: http://www.migalhas.com.br/arquivo_artigo/art20071220-1.pdf. Acesso em: 15 dez. 2017.

CALMON, Eliana. [Entrevista concedida a] Evilásio Júnior, José Marques e Fernanda Aragão. *Bahia Notícias*, 13 jan. 2014. Disponível em: https://www.bahianoticias.com.br/entrevista/340-eliana-calmon.html. Acesso em: 15 out. 2021.

CHÁVEZ, Víctor. *Responsabilidad de todos los partidos, vigilar aplicación del Sistema Anticorrupción: PAN*. 17 jul. 2016. Disponível em: http://www.elfinanciero.com.mx/nacional/responsabilidad-de-todos-los--partidos-vigilar-aplicacion-del-sistema-anticorrupcion-pan.html. Acesso em: 15 dez. 2017.

DEPARTAMENT OF JUSTICE. *A Resource Guide to the U.S. Foreign Corrupt Practices Act*. 2. ed. jul. 2020. Disponível em: https://www.justice.gov/criminal-fraud/file/1292051/download. Acesso em: 15 out. 2021.

FERREIRA, Gustavo Costa. *Partidos políticos ficaram de fora do âmbito de aplicação da Lei 12.856/13 (Lei Anticorrupção)*. Disponível em: http://gustavocostaferreira.jusbrasil.com.br/artigos/174301099/partidos--politicos-ficaram-de-fora-do-ambito-de-aplicacao-lei-12846--13-lei-anticorrupcao. Acesso em: 5 dez. 2017.

FOLHA DE SÃO PAULO. *Teoria da 'cegueira deliberada' ampara condenações da lava jato*. 28 dez. 2017. Disponível em: http://www1.folha.uol.com.br/poder/2017/12/1946478-teoria-da-cegueira-deliberada-ampara--condenacoes-na-lava-jato.shtml. Acesso em: 28 dez. 2017.

FONSECA, Antonio. *Pacto Nacional de Integridade Política*. 2017. Disponível em: http://www.lecnews.com/artigos/2017/04/26/pacto-nacional-de-integridade-politica/. Acesso em: 15 dez. 2017.

GALVÃO, Fábio Eduardo. *Fábio Eduardo Galvão, para a Folha de S. Paulo: a Lei Anticorrupção deve se aplicar a partidos? NÃO*. 13 dez. 2017. Disponível em: http://www.fabiomedinaosorio.com.br/5543-2/. Acesso em: 5 dez. 2017.

GIMÉNEZ MEZA, Germán E. El compliance criminal en los partidos políticos. *El derecho. Diario de doctrina y jurisprudencia*, Buenos Aires: Universidad Católica Argentina, n. 14, 107, 2016.

GIOVANNI, Wagner. Compliance, *a excelência na prática*. São Paulo, 2014.

GLOECKNER, Ricardo Jacobsen. Criminal compliance, *lavagem de dinheiro e o processo de relativização do nemo tenetur se detegere: cultura do controle e política criminal atuarial*. Disponível em: http://www.publicadireito.com.br/artigos/?cod=70fc5f043205720a. Acesso em: 15 dez. 2017.

GOMES, José Jairo. *Direito eleitoral.* 11. ed. São Paulo: Atlas, 2015.

GONZÁLEZ, Jorge Alexandre. *Función de compliance y partidos políticos en España.* 2015. Disponível em: http://debate21.es/2015/05/08/funcion-de-compliance-y-partidos-politicos-en-espana/. Acesso em: 5 dez. 2017.

JUSBRASIL. *Eliana Calmon diz que a corrupção está dominando tudo.* Disponível em: https://espaco-vital.jusbrasil.com.br/noticias/113738276/eliana-calmon-diz-que-a-corrupcao-esta-dominando-tudo. Acesso em: 1º dez. 2017.

MEYER-PFLUG, Samantha Ribeiro; OLIVEIRA, Vitor Eduardo Tavares de. O Brasil e o combate internacional à corrupção. *Revista de Informação Legislativa,* Brasília, a. 46, n. 181, p. 187-194, jan.-mar. 2009.

MORI, Celso Cintra. *O mandato pertence aos partidos e a responsabilidade também.* 18 mar. 2010. Disponível em: https://www.conjur.com.br/2010-mar-18/mandato-pertence-aos-partidos-responsabilidade-tambem. Acesso em: 15 dez. 2017.

PELUSO, Cezar. TSE, *CTA n. 1.398/DF,* Res. n. 22.526, de 27-3-2007, Rel. Min. Francisco Cesar Asfor Rocha. 2007.

PLMJ, Sociedade de Advogados. *Manual de boas práticas anti-corrupção.* Disponível em: http://www.plmj.com/xms/files/Guias_Investimento/2014/Manual_Anti-Corrupcao.pdf. Acesso em: 1º dez. 2017.

SANTANO, Ana Cláudia; NETTO, Fernando Gama de Miranda. A Lei Anticorrupção aplicada aos partidos políticos: uma primeira aproximação teórica. *Direito administrativo e suas transformações atuais.* Curitiba: Íthala, 2016. p. 603-624.

SHECAIRA, Sérgio Salomão; ANDRADE, Pedro Luiz Bueno de. *Compliance e o direito penal. Boletim do Instituto Brasileiro de Ciências Criminais,* ano 18, n. 222, maio 2011.

STRASSBURGER, Sabrina, *Nova Lei do Reino Unido – UK Bribery Act – e seus efeitos no Brasil.* Disponível em: https://espaco-vital.jusbrasil.com.br/noticias/2614087/nova-lei-do-reino-unido-uk-bribery-act--e-seus-efeitos-no-brasil. Acesso em: 1º dez. 2017.

TORREY, Daniel. *FCPA cria sanções no combate à corrupção comercial.* 2012. Disponível em: https://www.conjur.com.br/2012-abr-11/fcpa-cria-

-sancoes-combate-corrupcao-comercial-internacional. Acesso em: 5 dez. 2017.

TRANSPARENCY INTERNATIONAL ESPAÑA. *Propuestas electorales a los partidos políticos para prevenir y combatir la corrupción política e institucional*. Disponível em: https://transparencia.org.es/wp-content/uploads/2015/11/40_medidas_electorales_partidos_prevenir_corrupc.pdf. Acesso em: 15 dez. 2017.

UNITED KINGDOM. *Bribery Act*. 2010. Disponível em: https://www.legislation.gov.uk/ukpga/2010/23/contents. Acesso em: 1º dez. 2017.

UNITED STATES OF AMERICA, Departament of Justice. *Cláusulas anti-suborno e sobre livros e registros contábeis da lei americana anti-corrupção no exterior*. Disponível em: https://www.justice.gov/sites/default/files/criminal-fraud/legacy/2012/11/14/fcpa-portuguese.pdf. Acesso em: 1º dez. 2017.

UNITED STATES OF AMERICA, Departament of Justice. *FCPA: a resource guide to the FCPA U.S. Foreign Corrupt Practices Act*. Disponível em: https://www.justice.gov/sites/default/files/criminal-fraud/legacy/2015/01/16/guide.pdf. Acesso em: 5 dez. 2017.

UNITED STATES OF AMERICA, Departament of Justice. *Foreing Corrupt Pratices Act*. Disponível em: https://www.justice.gov/criminal-fraud/foreign-corrupt-practices-act. Acesso em: 1º dez. 2017.

V

A MACROCRIMINALIDADE E O PROCESSO PENAL BRASILEIRO

1

A presunção de inocência: tradição e ideologia

Demóstenes Lázaro Xavier Torres[1]

Resumo: O presente trabalho tem por finalidade examinar o princípio da presunção de inocência, suas características gerais e os fatores externos que determinam o seu sentido no Brasil e provocam a sua ineficácia normativa. A discussão revela-se importante para a compreensão adequada do ativismo punitivista que cresce no país e a sua implicação da proteção dos direitos. O presente trabalho possui natureza descritiva. Buscou-se, a partir de referenciais teóricos e exame da jurisprudência, elaborar um breve diagnóstico dos elementos que obstaculizam a concreção das garantias constitucionais, sobretudo o princípio da presunção de inocência. Para tanto, far-se-á, a princípio, um breve relato sobre o princípio em questão, identificando sua matriz política. Posteriormente, abordar-se-á a interpretação da garantia constitucional no direito brasileiro, bem como a influência que a cultura inquisitorial sedimentada na comunidade jurídica exerce sobre a sua interpretação. Por fim, expor-se-á os aspectos ideológicos que

---

[1] Mestrando em Direito Constitucional pelo Instituto Brasileiro de Ensino, Desenvolvimento e Pesquisa (IDP). Especialista em Direito Penal e Processo Penal pela Academia de Polícia Civil do Estado de Goiás. Graduado em Direito pela Pontifícia Universidade Católica de Goiás. Advogado. Procurador de Justiça de Goiás (aposentado).

orientam os agentes estatais responsáveis pela persecução penal, demonstrando como a aplicação ideológica do direito acarreta a fragilização dos alicerces institucionais do sistema jurídico.

Palavras-chave: Presunção de inocência. Sistema inquisitorial. Garantia constitucional.

INTRODUÇÃO

Não se tem dúvidas de que, hoje, a área do Direito que gera os mais acalorados debates tanto no meio acadêmico como no judicial é o Direito Penal. Isso em razão das inúmeras operações midiáticas provocadas pelo Ministério Público, bem como pela influência que tais operações, quase sempre com grande apoio popular, exercem sobre os magistrados.

Um princípio que há muito tem perdido a sua substância é a presunção de inocência. Embora não seja novidade no constitucionalismo brasileiro, referido princípio ganhou grande importância com o advento da Constituição Federal de 1988, que estabeleceu um extenso rol de direitos e garantias fundamentais.

No entanto, a tradição herdada do sistema inquisitivo, inaugurado em 1941 no processo penal brasileiro, impossibilita a efetiva implementação de uma prática que, de fato, promova, em sua máxima extensão, a presunção de não culpabilidade.

Desse modo, a Corte Suprema brasileira oscila a sua jurisprudência entre entendimentos totalmente contrários ao texto constitucional[2], justificando esse comportamento apenas o apego irracional ao produto herdado da tradição jurídica pré-constituição.

Ademais, além do problema do inquisitivismo, o direito processual penal brasileiro sofre com o ativismo proporcionado tanto por promotores e procuradores da República quanto por magistrados,

---

2 BRASIL. STF, HC 126.292/SP, Tribunal Pleno, Rel. Min. Teori Zavascki, Data de publicação: 17-5-2016; BRASIL. STF, HC 107.644/SP, 1ª Turma, Rel. Min. Ricardo Lewandowski, Data de Publicação: 18-10-2011.

que imaginam a jurisdição como caminho de mudança da realidade social, na busca de um ideal de justiça.

No entanto, a tradição inquisitiva, por sua natureza, bem como o referido ativismo judicial, na verdade acaba por esvaziar, por inteiro, a eficácia normativa das garantias constitucionais, acarretando, por fim, a desestruturação do próprio sistema jurídico, que deixa de ter como parâmetro de decisão a regra democraticamente imposta.

Assim, abordaremos, no primeiro tópico, as balizas conceituais do princípio constitucional da presunção de não culpabilidade. Após, a partir de precedentes do Supremo Tribunal Federal, buscaremos demonstrar os reflexos da tradição inquisitória no Brasil. Em seguida, a partir de artigo da lavra de Ela Wiecko V. de Castilho, que trata da ideologia da redução da desigualdade da punição, demonstraremos como fatores ideológicos são utilizados, de forma finalística, na conformação da norma jurídica, para buscar fim não perseguido pela norma, o que acarreta grave corrupção sistêmica, pela consequente politização do sistema jurídico.

1. A PRESUNÇÃO DE NÃO CULPABILIDADE

O princípio da presunção de inocência, ou de não culpabilidade, é uma garantia fundamental estampada no art. 5º, LVII, da CF. Segundo Luigi Ferrajoli, "esse princípio fundamental de civilidade representa o fruto de uma opção garantista a favor da tutela da imunidade dos inocentes, ainda que ao custo da impunidade de algum culpado"[3]. A adoção da garantia da presunção de não culpabilidade no processo penal brasileiro decorre de escolha do constituinte originário e reflete um modelo político historicamente situado e eleito para direcionar a política criminal do país, de modo que o princípio "não é apenas uma garantia de liberdade e de verdade, mas também uma garantia de segurança ou, se quisermos, de defesa social"[4].

---

3   FERRAJOLI, Luigi. *Direito e razão*: teoria do garantismo penal. São Paulo: Revista dos Tribunais, 2010. p. 506.
4   Idem, ibidem.

A Constituição Federal de 1988 prescreveu o instante em que a presunção de inocência deixa de exercer a sua proteção normativa, permitindo que o Estado execute a pena fixada na sentença condenatória. Conforme a redação do inciso LVII do seu art. 5º, ninguém será considerado culpado até o trânsito em julgado de sentença penal condenatória.

Segundo Nelson Nery Junior[5], a proteção normativa da regra constitucional se estende até o trânsito em julgado da sentença penal condenatória. Não tendo operado o evento denominado *trânsito em julgado*, a inocência da pessoa é normativamente presumida, pelo que a restrição da sua liberdade só estará autorizada em hipóteses excepcionais, devidamente permitidas pela legislação infraconstitucional. Nessa esteira, eventual antecipação da pena importará inequívoca violação à Carta Magna.

Conforme explicado anteriormente, percebe-se que o legislador, de forma diversa da adotada pelo Código de Processo Penal de 1941, que presumia a culpabilidade do réu, trilhou uma diretriz garantista. Para tanto, conferiu aos acusados, no curso do processo penal, todos as benesses que decorrem dessa presunção normativa da não culpabilidade, como, *v.g.*, a vedação de restrição da liberdade que não tenha natureza cautelar.

No mesmo sentido, Nereu José Giacomolli[6] atenta para a excepcionalidade da prisão antes da condenação definitiva, esclarecendo que a restrição da liberdade em momento anterior ao trânsito em julgado da sentença condenatória deverá possuir natureza cautelar e, portanto, vinculada a necessidades processuais. O autor deixa claro que não encontra guarida no texto constitucional a constrição da liberdade fundada em elementos despidos de cautelaridade, como a gravidade do delito, a necessidade de defesa da ordem pública

---

5 NERY JUNIOR, Nelson. *Princípios do processo na Constituição Federal*: processo civil, penal e administrativo. 9. ed. São Paulo: Revista dos Tribunais, 2009. p. 296.
6 GIACOMOLLI, Nereu José. *Prisão, liberdade e as cautelares alternativas ao cárcere*. São Paulo: Marcial Pons, 2013.

abstratamente considerada etc. Com efeito, a limitação da liberdade com amparo em situação não contingencial, como cotidianamente acontece no Brasil pós-Lava Jato, revela a prática da utilização instrumental da jurisdição penal, com escopo diverso daquele estabelecido pelo legislador constituinte, num nítido desvirtuamento da regra constitucional.

Conforme já explicado, decorre da presunção de inocência o dever de o Estado se abster de impingir antecipadamente alguma pena aflitiva, sem que seja comprovada a culpa do acusado, por meio do devido processo legal, não se justificando, por exemplo, a tentativa recente de antecipação do cumprimento da sentença penal condenatória, após o julgamento pelos tribunais de apelação. Embora a tese tenha sido posteriormente superada, a questão ainda se encontra em debate no Congresso Nacional, por meio da PEC n. 199/2019[7]. Há, também, a expectativa de que o Supremo Tribunal Federal aborde, novamente, a matéria, após a mudança de sua composição, o que ocorrerá em 2020, com a aposentadoria do Ministro Celso de Mello.

Se faz, assim, importante a discussão sobre o significado da presunção de inocência, atentando-se ao seu âmbito de proteção, bem como aos limites de conformação do princípio tanto pelo legislador quanto pelo Poder Judiciário, pois a atribuição voluntarista de significado ao citado preceito normativo, instrumentalizando o direito penal em favor de duvidosas visões de mundo, representa nítida e indiscutível prática que culmina na ineficácia normativa da garantia constitucional, bem como viola o princípio da dignidade da pessoa humana. De acordo com Gilmar Ferreira Mendes:

> Parece evidente, outrossim, que uma execução antecipada em matéria penal configuraria grave atentado contra a própria ideia

---

[7] BRASIL, Câmara dos Deputados. *Proposta de Emenda Constitucional nº 199, de 2019*. Altera os arts. 102 e 105 da Constituição, transformando os recursos extraordinário e especial em ações revisionais de competência originária do Supremo Tribunal Federal e do Superior Tribunal de Justiça. Rel. Dep. Fábio Trad (PSD-MS). Disponível em: https://www.camara.leg.br/proposicoesWeb/fichadetramitacao?idProposicao=2229938. Acesso em: 4 out. 2020.

de dignidade humana. Se se entender, como enfaticamente destacam a doutrina e a jurisprudência, que o princípio da dignidade humana não permite que o ser humano se convole em objeto da ação estatal, não há como compatibilizar semelhante ideia com a execução penal antecipada[8].

Na citação acima, o autor deixa claro que a garantia da presunção de não culpabilidade representa uma deferência da Constituição à dignidade humana, a impossibilitar que alguém que responda a um processo de natureza criminal se convole em objeto do Estado. A violação ao princípio fundamental da dignidade da pessoa humana se dá, sobretudo, quando a autoridade estatal dirige as suas ações com propósitos estranhos ao programa penal, consoante se demonstrará adiante.

Por todas essas razões, é importante, primeiramente, enfatizar o caráter normativo do princípio da presunção de não culpabilidade e os efeitos que dele decorrem. Ainda, acentuado o fato de o legislador ter delimitado temporalmente a incidência do princípio em questão, em nítida opção de política criminal, denunciar as práticas judiciais que fragilizam a força normativa das garantias constitucionais em favor de interesses de minorias que intentam alterar a realidade com base em preconceitos travestidos de material teórico.

2. A PRESUNÇÃO DE INOCÊNCIA E A CULTURA INQUISTORIAL BRASILEIRA

Não obstante o mandamento constitucional previsto no inciso LVII do art. 5º da CF, a cultura jurídica brasileira ainda é permeada pelo inquisitorialismo, que resiste à implementação do sistema acusatório, adotado pela Carta Magna. Até hoje, embora várias reformas tenham acontecido, os processos penais são regulados por um código de cariz inquisitorial, promulgado em 1941, em plena "EraVargas".

---

8   MENDES, Gilmar Ferreira; BRANCO, Paulo Gustavo Gonet; MÁRTIRES COELHO, Inocêncio. *Curso de direito constitucional*. 12. ed. São Paulo: Saraiva, 2009. p. 684.

Até o final dos anos 1990, o Supremo Tribunal Federal, arraigado nessa tradição inquisitiva, reconhecia a constitucionalidade do revogado art. 594 do CPP, que condicionava o direito ao recurso de apelação ao recolhimento à prisão[9]. A questão foi profundamente debatida no HC 72.366/SP, no qual se repetiu orientação dominante na corte à época, no sentido de reconhecer a recepção do recolhimento à prisão como requisito recursal. O julgado se resume na seguinte ementa:

> *Habeas corpus*. 2. Condenado reincidente. Prisão resultante da sentença condenatória. Aplicabilidade do art. 594, do Código de Processo Penal. 3. Os maus antecedentes do réu, ora paciente, foram reconhecidos, na sentença condenatória, e, também, outros aspectos da sua personalidade violenta. 4. Código de Processo Penal, art. 594: norma recepcionada pelo regime constitucional de 1988. Ora, se este artigo é válido, o benefício que dele decorre, de poder apelar em liberdade, há de ficar condicionado à satisfação dos requisitos ali postos, isto é, o réu deve ter bons antecedentes e ser primário. 5. *Habeas corpus* denegado e cassada a medida liminar (STF, Tribunal Pleno, HC 72.366/SP, Rel. Min. Néri da Silveira, j. 13-9-1995, *DJ* 26-11-1999, pp-00084, *Ement.* vol-01973-01, pp-00154).

O entendimento supracitado ecoava nos trabalhos legislativos, possibilitando o enrijecimento de uma prática política que esvaziava, por completo, a presunção de inocência, conforme se observa das regras constantes no art. 2º, § 2º, da Lei n. 8.072/90 ("Em caso de sentença condenatória, o juiz decidirá fundamentadamente se o réu poderá apelar em liberdade"), no art. 9º da Lei n. 9.034/95 ("O réu não poderá apelar em liberdade, nos crimes previstos nesta lei") e no art. 3º da Lei n. 9.613/98 ("Os crimes disciplinados nesta Lei são insuscetíveis de fiança e liberdade provisória e, em caso de sentença condenatória, o juiz decidirá fundamentadamente se o réu poderá apelar em liberdade").

---

9 Art. 594. O réu não poderá apelar sem recolher-se à prisão, ou prestar fiança, salvo se condenado por crime de que se livre solto.

No entanto, a partir do ano 2000, o Supremo Tribunal Federal começou a construir uma jurisprudência mais consentânea com o mandamento constitucional da presunção de inocência, atribuindo natureza cautelar à prisão encartada no art. 594 do CPP, o que possibilitou a abertura do debate acerca da distinção entre prisão-pena e prisão processual. A orientação pode ser destacada no seguinte julgado, de relatoria do então Ministro Joaquim Barbosa:

> Habeas corpus. Processo penal. Recolhimento à prisão para apelar (CPP, art. 594). Sentença insuficientemente motivada. Ordem concedida. 1. O art. 594 do Código de Processo Penal não implica o recolhimento compulsório do apelante. Ao contrário, cuida de modalidade de prisão cautelar, razão por que deve ser interpretado em conjunto com o art. 312 do mesmo diploma. 2. A sentença condenatória, no que tange à prisão do paciente, funda-se na gravidade abstrata do crime por que foi ele condenado. 3. Ordem concedida, para que o paciente aguarde o julgamento da apelação em liberdade[10].

Tendo em vista a tendência de superação do entendimento tradicional, que, como se expôs, encontrava-se alicerçado num sistema inquisitivo, fora promulgada a Lei n. 11.698/2008, que derrogou o art. 594 do CPP, afastando qualquer dúvida quanto à natureza meramente processual das prisões ocorridas antes da formação definitiva da culpa, com o trânsito em julgado da sentença penal condenatória.

Julgamento histórico na promoção da eficácia normativa da presunção de não culpabilidade se deu no HC 84.078/MG[11], de relatoria do Ministro Eros Grau. Nele, o Supremo Tribunal Federal decidiu que a aplicação da sanção fixada em sentença penal condenatória só poderia ocorrer após o esgotamento das instâncias ordinárias e extraordinárias, não sendo relevante a ausência de efeito suspensivo dos recursos interpostos nestas últimas, posto que o

---

10 BRASIL. STF, HC 84.087/RJ, 1ªTurma, Rel. Min. Joaquim Barbosa, j. 27-4-2004, *DJ* 6-8-2004, pp-00042, *Ement.* vol-02158-03, pp-00499.
11 STF, HC 84.078/MG, Tribunal Pleno, Rel. Min. Eros Grau, j. 5-2-2009, *DJe*-035, Divulg. 25-2-2010, Public. 26-2-2010, *Ement.* vol-02391-05, pp-01048.

princípio da presunção de inocência cessa a sua eficácia normativa apenas com a formação definitiva da culpa, que se perfectibiliza com o trânsito em julgado da decisão (art. 5º, LVII, da CF). Pela simples leitura do texto constitucional, não é tarefa difícil chegar a essa conclusão. O enunciado é claro, e a sua deturpação conteudística só é possível a partir de distorções hermenêuticas que desconsideram, completamente, o sentido mínimo que as palavras podem expressar.

Por essa razão, ao examinar os argumentos consequencialistas invocados pelos defensores da possibilidade de cumprimento da pena após o julgamento em segunda instância, destacou o então Ministro Eros Grau em seu voto:

> Uma observação ainda em relação ao argumento nos termos do qual não se pode generalizar o entendimento de que só após o trânsito em julgado se pode executar a pena. Isso – diz o argumento – porque há casos específicos em que o réu recorre, em grau de recurso especial ou extraordinário, sem qualquer base legal, em questão de há muito preclusa, levantando nulidades inexistentes, sem indicar qualquer prejuízo. Vale dizer, pleiteia uma nulidade inventada, apenas para retardar o andamento da execução e alcançar a prescrição. Não há nada que justifique o RE, mas ele consegue evitar a execução. Situações como estas consubstanciariam um acinte e desrespeito ao Poder Judiciário. Ademais, a prevalecer o entendimento que só se pode executar a pena após o trânsito em julgado das decisões do RE e do Resp, consagrar-se-á, em definitivo, a impunidade. Isso – eis o fecho de ouro do argumento – porque os advogados usam e abusam de recursos e de reiterados *habeas corpus*, ora pedindo a liberdade, ora a nulidade da ação penal. Ora – digo eu agora – a prevalecerem essas razões contra o texto da Constituição melhor será abandonarmos o recinto e sairmos por aí, cada qual com o seu porrete, arrebentando a espinha e a cabeça de quem nos contrariar. Cada qual com o seu porrete! Não recuso significação ao argumento, mas ele não será relevante, no plano normativo, anteriormente a uma possível reforma processual, evidentemente adequada ao que dispuser a Constituição. Antes disso, se prevalecer, melhor recuperarmos nossos porretes...
>
> Nas democracias mesmo os criminosos são sujeitos de direito. Não perdem essa qualidade, para se transformarem em objetos processuais. São pessoas, inseridas entre aquelas beneficiadas pela afir-

mação constitucional da sua dignidade. É inadmissível a sua exclusão social, sem que sejam consideradas, em quaisquer circunstâncias, as singularidades de cada infração penal, o que somente se pode apurar plenamente quando transitada em julgado a condenação de cada qual.

O entendimento externado por Eros Grau é claro e preciso: o contingente fático não altera a realidade normativa. O problema do sistema penal brasileiro é estrutural. E não se pode corrigi-lo à custa de direitos e garantias fundamentais.

O julgamento em questão revelava uma tendência de superar o inquisitivismo cultural do direito brasileiro. No entanto, com o advento das várias operações midiáticas, mormente a chamada "Operação Lava Jato", vários atos contrários aos direitos e garantias fundamentais dos investigados passaram a ser executados pelos agentes do Estado. Em relação ao cumprimento antecipado de sanções penais, a decisão tomada pelo STF no ano de 2009 fora mantida apenas até o ano de 2016, quando os ministros da Corte Suprema, no julgamento do HC 126.292/SP, calcados, dessa vez, em um populismo penal autoritário repristinador do mais primitivo inquisitorialismo, permitiram a prisão-pena após o julgamento em segunda instância, mutilando o comando normativo da presunção de não culpabilidade, para fazê-lo incidir, apenas, até o julgamento do recurso de apelação. A relatoria do caso coube ao saudoso Ministro Teori Zavascki e assim foi resumido:

> Constitucional. *Habeas corpus*. Princípio constitucional da presunção de inocência (CF, art. 5º, LVII). Sentença penal condenatória confirmada por Tribunal de segundo grau de jurisdição. Execução provisória. Possibilidade. 1. A execução provisória de acórdão penal condenatório proferido em grau de apelação, ainda que sujeito a recurso especial ou extraordinário, não compromete o princípio constitucional da presunção de inocência afirmado pelo artigo 5º, inciso LVII da Constituição Federal. 2. *Habeas corpus* denegado[12].

---

12   STF, cit.

A decisão proferida no *habeas corpus* supracitado foi confirmada na análise dos pedidos cautelares nas ADCs 43[13] e 44[14]. Eis a ementa do julgado em questão:

> Medida Cautelar na Ação Declaratória de Constitucionalidade. Art. 283 do Código de Processo Penal. Execução da pena privativa de liberdade após o esgotamento do pronunciamento judicial em segundo grau. Compatibilidade com o princípio constitucional da presunção de inocência. Alteração de entendimento do Supremo Tribunal Federal no julgamento do HC 126.292. Efeito meramente devolutivo dos recursos extraordinários e especial. Regra especial associada à disposição geral do art. 283 do CPP que condiciona a eficácia dos provimentos jurisdicionais condenatórios ao trânsito em julgado. Irretroatividade da lei penal mais gravosa. Inaplicabilidade aos precedentes judiciais. Constitucionalidade do art. 283 do Código de Processo Penal. Medida cautelar indeferida.
>
> 1. No julgamento do *Habeas Corpus* 126.292/SP, a composição plenária do Supremo Tribunal Federal retomou orientação antes predominante na Corte e assentou a tese segundo a qual "A execução provisória de acórdão penal condenatório proferido em grau de apelação, ainda que sujeito a recurso especial ou extraordinário, não compromete o princípio constitucional da presunção de inocência afirmado pelo artigo 5º, inciso LVII da Constituição Federal".
>
> 2. No âmbito criminal, a possibilidade de atribuição de efeito suspensivo aos recursos extraordinário e especial detém caráter excepcional (art. 995 e art. 1.029, § 5º, ambos do CPC c/c art. 3º e 637 do CPP), normativa compatível com a regra do art. 5º, LVII, da Constituição da República. Efetivamente, o acesso individual às instâncias extraordinárias visa a propiciar a esta Suprema Corte e ao Superior Tribunal de Justiça exercer seus papéis de estabiliza-

---

13 BRASIL, Supremo Tribunal Federal. Ação Direta de Constitucionalidade 43. Tribunal Pleno. Rel. Min. Marco Aurélio. Disponível em http://stf.jus.br/portal/diarioJustica/listarDiarioJustica.asp?tipoPesquisaDJ=AP&classe=ADC&numero=43. Acesso em: 4 out. 2020.

14 BRASIL, Supremo Tribunal Federal. Ação Direta de Constitucionalidade 44. Tribunal Pleno. Rel. Min. Marco Aurélio. Disponível em: http://portal.stf.jus.br/processos/detalhe.asp?incidente=4986729. Acesso em: 4 out. 2020.

dores, uniformizadores e pacificadores da interpretação das normas constitucionais e do direito infraconstitucional.

3. Inexiste antinomia entre a especial regra que confere eficácia imediata aos acórdãos somente atacáveis pela via dos recursos excepcionais e a disposição geral que exige o trânsito em julgado como pressuposto para a produção de efeitos da prisão decorrente de sentença condenatória a que alude o art. 283 do CPP.

4. O retorno à compreensão emanada anteriormente pelo Supremo Tribunal Federal, no sentido de conferir efeito paralisante a absolutamente todas decisões colegiadas prolatadas em segundo grau de jurisdição, investindo os Tribunais Superiores em terceiro e quarto graus, revela-se inapropriado com as competências atribuídas constitucionalmente às Cortes de cúpula.

5. A irretroatividade figura como matéria atrelada à aplicação da lei penal no tempo, ato normativo idôneo a inovar a ordem jurídica, descabendo atribuir ultratividade a compreensões jurisprudenciais cujo objeto não tenha reflexo na compreensão da ilicitude das condutas. Na espécie, o debate cinge-se ao plano processual, sem reflexo, direto, na existência ou intensidade do direito de punir, mas, tão somente, no momento de punir.

6. Declaração de constitucionalidade do art. 283 do Código de Processo Penal, com interpretação conforme à Constituição, assentando que é coerente com a Constituição o principiar de execução criminal quando houver condenação assentada em segundo grau de jurisdição, salvo atribuição expressa de efeito suspensivo ao recurso cabível.

7. Medida cautelar indeferida.

Nestes precedentes é possível perceber que o Supremo Tribunal Federal se apega a argumentos estritamente consequencialistas para justificar o acerto da decisão tomada, como, por exemplo, a necessidade de assegurar a credibilidade da justiça, destacada pelo Ministro Luís Roberto Barroso, que acentua, textualmente, que "o sacrifício que se impõe ao princípio da não culpabilidade – prisão do acusado condenado em segundo grau antes do trânsito em julgado – é superado pelo que se ganha em proteção da efetividade e da credibilidade da justiça". Mero custo-benefício, pois. Tem-se, nessa hipótese, o sacrifício de uma garantia constitucional em favor de uma suposta credibilidade do ente estatal, que sequer se pode dizer que, de fato, será restaurada. No mesmo sentido, demonstrando com clareza a desconsideração total da argumentação normativa, é a suposta inexistência de prejuízo aos jurisdicionados, em razão de que, como asseverou o Ministro Zavascki, citando voto do Ministro Joaquim Barbosa no HC 84.078:

> (...) de um total de 167 RE's julgados, 36 foram providos, sendo que, destes últimos, 30 tratavam do caso da progressão de regime em crime hediondo. Ou seja, excluídos estes, que poderiam ser facilmente resolvidos por *habeas corpus*, foram providos menos de 4% dos casos[15].

Ora, o entendimento vai de encontro ao próprio sentido da presunção de inocência, pois, além de transmudar aquelas pessoas que têm o seu recurso provido pelos tribunais superiores em objeto, incluindo-os num número supostamente ínfimo – menos de 4% –, inverte a lógica da garantia constitucional, que visa tutelar a imunidade dos inocentes, mesmo que, para isso, algum culpado passe sem punição. Pode-se dizer que a fundamentação político-jurídica do princípio da não culpabilidade visa proteger todos os inocentes. "Basta ao corpo social que os culpados sejam geralmente punidos, pois é seu maior interesse que todos os inocentes, sem exceção sejam protegidos"[16]. Tal fundamento fora esquecido pela Corte Suprema brasileira, nos precedentes citados.

De se perceber, pois, que a resistência à efetiva implementação das garantias constitucionais carrega em si a cultura do inquisitivismo brasileiro. Para isso, basta observar que os julgados citam os entendimentos que antecederam a evolução jurisprudencial havida em 2009, como se a orientação anterior, apenas por se fincar em longa tradição, trouxesse em si a boa interpretação da regra. No entanto, a recente dureza na leitura das garantias constitucionais

---

15 BRASIL. STF, HC 126.292/SP, Tribunal Pleno, Rel. Min. Teori Zavascki, Data de publicação: 17-5-2016; BRASIL. STF, HC 107.644/SP, 1ª Turma, Rel. Min. Ricardo Lewandowski, Data de Publicação: 18-10-2011.

16 FERRAJOLI, Luigi. *Direito e razão*, cit., p. 506.

não se escora, apenas, nessa tradição autoritária, mas também em um ativismo promovido pelo Ministério Público Federal, sobretudo com o advento da "Operação Lava Jato", que, como bem demonstra Ela Wiecko V. Castilho em artigo intitulado "A ilusória democratização do (pelo) controle penal"[17], apresenta os alicerces teóricos desse movimento, que, a nosso ver, parte de uma visão estratégica do direito penal, instrumentalizando a jurisdição e conformando as normas brasileiras por meio de uma submissão ideológica da realidade normativa.

3. A DEMOCRATIZAÇÃO DO CONTROLE PENAL COMO IDEOLOGIA DESESTRUTURANTE DO ESTADO DE DIREITO

No artigo supracitado, interessante notar o capítulo que trata da expansão do direito penal por meio do discurso ideológico legitimador, com fundamento em dissertação apresentada por Pedro Ivo Cordeiro. Das observações feitas no artigo em questão, nos interessam, sobretudo, as construções teóricas realizadas, no Brasil, por Luciano Feldens e Douglas Fischer. O discurso ideológico, segundo esclarece Wiecko, se sustenta nas seguintes premissas:

(i) o Direito Penal deve se pautar pelo desenvolvimento da justiça social e dignidade da pessoa humana, protegendo os bens e interesses valorizados na Constituição, especialmente os interesses difusos, cuja violação atinge a sociedade; (ii) a criminalidade do colarinho-branco é excluída na prática dos operadores jurídicos, não obstante ser a mais lesiva ao Estado Social, porque produz violência e impede a execução de política públicas primárias; (iii) a pena privativa de liberdade é a indicada para a sua repressão; (iv) o Ministério Público deve priorizar a persecução

---

17 CASTILHO, Ela Wiecko Volkmer de. A ilusória democratização do (pelo) controle penal. In: PRANDO, Camila Cardoso de Mello; GARCIA, Mariana Dutra de Oliveira; ALVES, Marcelo Mayora. *Construindo as criminologias críticas*: a contribuição de Vera Andrade. Rio de Janeiro: Lumen Juris, 2018. p. 289-321.

penal das condutas lesivas aos interesses difusos e bens jurídicos antes referidos[18].

Partindo dessas linhas gerais, Wiecko demonstra que referidos entendimentos encontram-se na base do pensamento de vários procuradores da República, sobretudo da "Lava Jato". Porém, a citação mais clara e direta para a reflexão que ora se propõe diz respeito a trabalho desenvolvido pelo juiz responsável pela operação, Sérgio Moro, que dessa forma se expressa sobre o sistema brasileiro:

> Assim, a classe política não goza de grande prestígio junto à população, sendo grande a frustação pelas promessas não cumpridas após a restauração democrática. Por outro lado, a magistratura e o Ministério Público brasileiro gozam de significativa independência formal frente ao poder político. Os juízes e os procuradores da República ingressam na carreira mediante concurso público, são vitalícios e não podem ser removidos do cargo contra a sua vontade. O destaque negativo é o acesso aos órgãos superiores, mais dependentes de fatores políticos. Destaque também negativo merece a concessão, por lei, de foro especial a determinada autoridades públicas, como deputados e ministros, a pretexto de protegê-los durante o exercício do mandato (MORO, 2004, p. 61)[19].

Acerca das estratégias processuais adotadas na operação "Mãos Limpas", e citadas por Sérgio Moro, colacionou Wiecko o seguinte trecho:

> A estratégia de investigação adotada desde o início do inquérito submetia os suspeitos à pressão de tomar decisão quanto a confessar, espalhando a suspeita de que outros já teriam confessado e levantado a perspectiva de permanência na prisão pelo menos pelo período da custódia preventiva no caso da manutenção do silêncio ou, vice-versa, de soltura imediata no caso de uma confissão (uma situação análoga do arquétipo do famoso "dilema do prisioneiro"). Além do mais, havia a disseminação de informações sobre uma corrente de confissões ocorrendo atrás das portas fe-

---

18 Idem, ibidem.
19 Idem, ibidem.

chadas dos gabinetes dos magistrados. Para um prisioneiro, a confissão pode aparentar ser a decisão mais conveniente quando outros acusados em potencial já confessaram ou quando ele desconhece o que os outros fizeram e for do seu interesse precedê-los. Isolamento na prisão era necessário para prevenir que suspeitos soubessem da confissão de outros: dessa forma, acordos da espécie "eu não ou falar se você também não" não eram mais uma possibilidade (2004, p. 58)[20].

A visão exposta nos trabalhos citados por Wiecko serviram de substrato para o ativismo penal que dominou o Brasil nos últimos anos. Se a Suprema Corte, até 2009, indicava superar a tradição inquisitorial herdada da ordem jurídica anterior, contra esse movimento começava a insurgir o discurso ideológico, carregado de ressentimentos e de um equivocado diagnóstico da realidade social brasileira, causando um retrocesso no sistema de direitos há muito não visto.

Para tanto, o discurso jurídico já não era suficiente. Fazia-se necessário adotar as estratégias elencadas por Sérgio Moro. Era preciso inverter a ordem na construção dos significados normativos no sistema jurídico brasileiro. Como, afinal, seria possível fazer prevalecer a tomada de medidas claramente inconstitucionais, num ambiente cultural de evolução do direito? O que fazer para que os Tribunais Superiores mantivessem as estratégias inconstitucionais adotadas pelas operações de combate à corrupção? Nada mais evidente: explorar a falta de prestígio da classe política, sustentada por Sérgio Moro, por meio da adesão da opinião pública.

Para concretizar o ideal punitivista, as estratégias ilegais e inconstitucionais, como conduções coercitivas de investigados, prisões temporárias sem qualquer necessidade cautelar e com o único fim de forçar delações premiadas, bem como a execução da pena sem a formação definitiva da culpa, incitava-se a população, disseminando informações sigilosas à imprensa e fazendo da operação um verdadeiro *reality show*. Ainda, os agentes públicos responsáveis pelas investigações pressionavam de forma indireta os órgãos judiciais,

---

20   Idem, ibidem.

muitas vezes acusando-os de leniência com o combate à corrupção. Assim, conseguiam – como ainda conseguem – implementar as arbitrárias estratégias processuais. Tais práticas representam o esfacelamento da presunção de inocência e, quiçá, do próprio sistema jurídico, como um todo, pois se trata de racionalidades dirigidas a fins, próprias do sistema político.

Ora, em qualquer teoria que trata do sistema jurídico, seja a clássica, que tem em Hans Kelsen o seu maior nome, seja a funcionalista, inaugurada por Niklas Luhmann, não se nega a mínima vinculação de sentido das regras que compõem o sistema jurídico. Assim, é preciso ter em mente que "os programas do sistema jurídico são sempre *programas condicionais*"[21]. Por essa razão: "Para o sistema jurídico não se pode levar em conta uma programação orientada a fins"[22], pois "os programas finalistas são demasiado imprecisos do ponto de vista técnico-jurídico, como para excluir de maneira eficiente um mau uso, ou até mesmo resistência contra a obtenção dos fins propostos"[23].

Desse modo, toda medida judicial que tem por fim algo diverso do que o estabelecido na programação normativa, sobretudo quando a intenção é alcançar resultados determinados e à margem dos direitos, encontra-se em total descompasso com o sistema jurídico, em razão de que:

> O contexto decisório do direito, (...) jamais é um programa finalista que exige buscar os meios adequados para o fim – escolhido livremente ou imposto – e respeitar as delimitações introduzidas no programa, por exemplo, dos custos permitidos ou dos limites legais. Como fundamento do texto autorizado, sempre se tem uma estrutura do tipo "se-então"[24].

Não se pode deixar de lembrar que:

---

[21] LUHMANN, Niklas. *O direito da sociedade*. Trad. Saulo Krieger. São Paulo: Martins Fontes, 2016. p. 259.
[22] Idem, ibidem.
[23] Idem, p. 268.
[24] Idem, ibidem.

A fixação do direito em programas condicionais de modo algum exclui que programas finalistas de outros sistemas funcionais se remetam ao direito: por exemplo, os programas orientados para fins da política que remetam ao direito constitucional; os programas de fins do sistema educativo que remetam à obrigatoriedade do ensino; os regulamentos institucionais e dos direitos e obrigações dos pais de família – programas orientados para fins da economia, que remetem à propriedade. Mas isso não significa juridicizar as próprias funções ou fins. Em vez disso, o direito oferece somente garantias sociais (e não se trataria de garantias se não o fossem, porque estão condicionadas) para permitir a outros sistemas uma gama mais ampla na seleção de seus fins. Do ponto de vista da sociedade em geral, o entrejogo de programas de fins e programas condicionais é frutífero. Porém, esse entrejogo pressupõe que os sistemas e os tipos de programas se mantenham separados, e só por isso se podem esperar resultados[25].

Veja-se, portanto, que a ideologização finalística do direito penal causa nítida corrupção sistêmica, pois o sistema jurídico é invadido por programas estranhos à sua função, tornando-o mero instrumento da autoridade. Daí que Wiecko, após demonstrar a motivação que sustenta a expansão do direito penal no Brasil, acertadamente conclui:

> A criminologia crítica, ao demonstrar a seletividade como característica estrutural do sistema penal, foi apropriada por operadores do direito para, sob a justificativa da aplicação mais igualitária da lei penal, reafirmar a finalidade preventiva e promover a expansão do direito penal. (...)
> A criminalização da corrupção administrativa e política não é capaz de promover mudanças estruturais na organização social e econômica de um país, por uma simples razão: ele serve às estruturas preexistentes. As mudanças se fazem por outras vias. O controle penal opera intrassistema e para o sistema de poder estabelecido. Jamais revolucionará o sistema. A igualdade, a justiça social são promovidas por políticas de reconhecimento e de redistribuição, não pela criminalização[26].

---

25 Idem, p. 271.
26 CASTILHO, Ela Wiecko Volkmer de. A ilusória democratização do (pelo) controle penal, cit., p. 289-321.

A conclusão é lúcida e serena. Não há evolução social que aconteça por meio da repressão penal. Os agentes públicos, sobretudo os juízes e os membros do Ministério Público, devem agir de forma imparcial. A imparcialidade, pois, deve ser a matriz fundante da interpretação das normas jurídicas. O direito é o meio, e nenhum fim para atingir determinado objetivo justifica a sua inobservância. Por essa razão, toda interpretação jurídica que tenha por elemento normativo uma ideologia qualquer deturpa a ordem constituída e descontrói a normatividade ínsita dos textos legais, esvaziando os propósitos democráticos a favor de uma agenda distorcida.

Veja-se, nesse sentido, a ideologia da expansão do controle penal como forma de redução da desigualdade da punição e combate à macrocriminalidade. Ora, os agentes públicos se sustentam em discursos teóricos que descrevem, singularmente, o mundo, para, a partir das supostas deficiências encontradas, pautarem a construção de significados no plano normativo conforme aquilo que entendem correto. Assim agindo, são decapitados pela guilhotina de Hume, afinal, daquilo que é, por evidente, não se pode extrair o que deve ser. Numa democracia, o "dever-ser" é constituído por meio regras e princípios internalizados na ordem jurídica por processos democráticos de tomada de decisão política.

O direito penal brasileiro, assim, além do constante obstáculo que a tradição inquisitorial lhe apresenta, permeou-se, ultimamente, por visões ideológicas e distorcidas de mundo, que se prestam a justificar a sua instrumentalização. Segundo esse entendimento, o direito penal não é mais apenas a *ultima ratio*, mas a razão primeira, responsável por possibilitar a evolução socioeconômica que a sofrida população brasileira tanto almeja.

Como exemplo, é de se observar as várias razões lançadas por juízes e procuradores para justificarem, por exemplo, o cumprimento antecipado da pena de prisão. Citam a credibilidade da justiça, falam da impunidade no Brasil, bradam que os recursos penais possibilitam a prescrição da pretensão etc., no entanto, deixam de enfrentar uma simples indagação: o que se entende por trânsito em julgado? Como a resposta é evidente, os intérpretes, de forma criativa, passam a invocar princípios abstratos e argumentos de cunho estritamente político.

Ademais, é de se observar a imposição do medo como método. As estratégias descritas por Sérgio Moro foram todas utilizadas na operação "Lava Jato". E, por evidente, sempre se soube que tais práticas não guardam qualquer compatibilidade com a ordem jurídica. O processo penal fora permeado pelo medo, provocado até mesmo aos inocentes.

O que se enxerga nessa visão distorcida do mundo jurídico é que o discurso se legitima mais facilmente, pois os fins justificariam os meios. Mas, como já se expôs, com base em conclusão de Wiecko, o direito penal não se presta para alterar as estruturas de poder existentes, mas a elas presta serviço, sendo evidente que outro é o caminho da mudança.

Importa, por último, destacar que a aplicação ideológica do direito penal, assim como hoje se observa, serve mais à desestruturação de todo um sistema, fragilizando as instituições e, ainda mais, o próprio sistema penal, acarretando grave e nítida insegurança jurídica.

CONSIDERAÇÕES FINAIS

Demonstrou-se, ao longo deste breve artigo, o sentido do princípio da presunção de inocência, bem como os fatores que influenciam a sua aplicação no direito brasileiro.

Dentre tais fatores, destacam-se, primeiro, a tradição inquisitiva que insiste em assombrar a comunidade jurídica. A uma, pela dificuldade que o legislador tem de formular as mudanças políticas necessárias para uma verdadeira implementação do sistema acusatório; a duas, em razão da insistência da comunidade jurídica na aplicação irrefletida de institutos jurídicos já superados pela nova ordem constitucional.

Mais recentemente, sobreleva a normatização do sistema jurídico por uma ideologia expansionista do direito penal, como forma de igualdade no ato de punir, que se concretiza pela submissão das normas jurídicas por descrições teóricas da realidade. A partir de uma determinada descrição da realidade, determina-se o que deve ser nela alterado, sem qualquer vinculação com algo que lhe anteceda. Neste ponto, o poder do agente é utilizado para o fim de atingir o ideal escolhido.

A consequência clara é a ausência de imparcialidade na interpretação da norma e, com isso, a concretização de insegurança jurídica, incompatível com o Estado Democrático de Direito.

REFERÊNCIAS

BRASIL, Câmara dos Deputados. *Proposta de Emenda Constitucional nº 199, de 2019.* Altera os arts. 102 e 105 da Constituição, transformando os recursos extraordinário e especial em ações revisionais de competência originária do Supremo Tribunal Federal e do Superior Tribunal de Justiça. Rel. Dep. Fábio Trad (PSD-MS). Disponível em: https://www.camara.leg.br/proposicoesWeb/fichadetra mitacao?idProposicao=2229938. Acesso em: 4 out. 2020.

BRASIL, Supremo Tribunal Federal. Ação Direta de Constitucionalidade 43. Tribunal Pleno. Rel. Min. Marco Aurélio. Disponível em http://stf.jus.br/portal/diarioJustica/listarDiarioJustica.asp?tipoPesquisa DJ=AP&classe=ADC&numero=43. Acesso em: 4 out. 2020.

BRASIL, Supremo Tribunal Federal. Ação Direta de Constitucionalidade 44. Tribunal Pleno. Rel. Min. Marco Aurélio. Disponível em: http://portal.stf.jus.br/processos/detalhe.asp?incidente=4986729. Acesso em: 4 out. 2020.

CASTILHO, Ela Wiecko Volkmer de. A ilusória democratização do (pelo) controle penal. In: PRANDO, Camila Cardoso de Mello; GARCIA, Mariana Dutra de Oliveira; ALVES, Marcelo Mayora. *Construindo as criminologias críticas*: a contribuição de Vera Andrade. Rio de Janeiro: Lumen Juris, 2018.

FERRAJOLI, Luigi. *Direito e razão*: teoria do garantismo penal. São Paulo: Revista dos Tribunais, 2010.

GIACOMOLLI, Nereu José. *Prisão, liberdade e as cautelares alternativas ao cárcere*. São Paulo: Marcial Pons, 2013.

LUHMANN, Niklas. *O direito da sociedade*. Trad. Saulo Krieger. São Paulo: Martins Fontes, 2016.

MENDES, Gilmar Ferreira; BRANCO, Paulo Gustavo Gonet; MÁRTIRES COELHO, Inocêncio. *Curso de direito constitucional*. 12. ed. São Paulo: Saraiva, 2009.

NERY JUNIOR, Nelson. *Princípios do processo na Constituição Federal*: processo civil, penal e administrativo. 9. ed. São Paulo: Revista dos Tribunais, 2009.

2

A porta aberta para a impunidade dos crimes do colarinho-branco no Brasil: a abrangência do acordo de não persecução penal

Francisco Codevila[1]

Resumo: O objetivo do presente artigo é examinar para onde caminha a política criminal brasileira atual em relação à criminalidade do colarinho-branco. Nesse sentido, aborda-se a questão do expansionismo penal, bem como a adequação dos movimentos de reação a esse expansionismo aos pressupostos da teoria do criminoso do colarinho-branco, de Edwin Sutherland e da Criminologia Crítica, para, ao final, concluir, a partir da análise do instituto do "acordo de não persecução penal", recentemente instituído pela Lei n. 13.964/2019, que a política criminal brasileira, com viés de seleti-

---

[1] Doutorando em Direito pelo Instituto Brasileiro de Desenvolvimento e Pesquisa (IDP). Mestre em Direito pela Universidade Católica de Brasília (UCB). Bacharel em Direito pela Universidade de Brasília (UnB). Juiz Federal Titular da 15ªVara da Seção Judiciária do Distrito Federal (Criminal). Juiz Corregedor da Penitenciária Federal de Brasília. Representante do Conselho da Justiça Federal (CJF) na Estratégia Nacional de Combate à Corrupção e Lavagem de Dinheiro (ENCCLA).

vidade, caminha no sentido de conter o movimento expansionista com o objetivo de proteger o criminoso do colarinho-branco da prisão.

Palavras-chave: Expansionismo penal. Colarinho-branco. Criminologia crítica. Acordo de não persecução penal.

INTRODUÇÃO

O processo de expansão do Direito Penal nas sociedades pós-industriais caracteriza-se, entre outros aspetos, pela tutela de novos bens jurídicos, como o meio ambiente e a ordem econômica, bem como pela antecipação da tutela penal, através do crescente manejo dos tipos penais de mera conduta, perigo abstrato e omissivo impróprio.

As causas da provável existência de novos bens jurídicos penais são, seguramente, distintas. Por um lado, cabe considerar a conformação ou generalização de *novas realidades* que antes não existiam – ou não com a mesma incidência – e em cujo contexto há de viver o indivíduo, que se vê influenciado por elas; assim, a mero título de exemplo, as instituições econômicas de crédito e de inversão. Por outro lado, deve-se aludir à *deterioração de realidades tradicionalmente abundantes,* que em nossos dias começam a se manifestar como bens escassos, aos quais se atribui agora um valor que anteriormente não lhes correspondia, ao menos de modo expresso; por exemplo, meio ambiente. Em terceiro lugar, há que se contemplar o incremento essencial de valor que experimentam, como consequência da evolução social e cultural, certas realidades que sempre estiveram aí, sem que se reparasse nelas, por exemplo, o patrimônio histórico-artístico[2].

Como resultado, percebe-se, por parte dos formuladores de políticas criminais, o crescente recurso aos tipos penais relacionados com a proteção de bens jurídicos difusos e coletivos, tais como a sonegação fiscal, os crimes financeiros e a lavagem de dinheiro –

---

2   SILVA SÁNCHEZ, Jesús-María. *A expansão do direito penal*: aspectos da política criminal nas sociedades pós-industriais. São Paulo: Revista dos Tribunais, 2002. p. 27.

voltados à proteção da ordem econômica; e as modalidades de corrupção ativa e passiva e o peculato – que protegem o patrimônio público e a moral administrativa. Todos eles estão inseridos no contexto dos chamados *crimes do colarinho-branco*, também conhecidos, mais recentemente, pelo termo *macrocriminalidade*, em razão dos efeitos mais abrangentes das condutas criminosas em comparação com a criminalidade clássica.

Contudo, apesar do expansionismo penal experimentado nas sociedades ocidentais pós-industriais, cujos reflexos são percebidos de forma direta na formulação de tipos penais direcionados à criminalidade do colarinho-branco, também é possível perceber um movimento político criminal de resistência, iniciado na Europa continental e lastreado, principalmente, nas amplamente disseminadas concepções de *Direito de Intervenção*, de Winfried Hassemer[3], e de *Direito Penal de duas velocidades*, de Jesús- María Silva Sánchez[4].

Sintetizando ambas as concepções – até porque esse não é exatamente o marco teórico deste artigo, ao qual se recorre apenas para contextualizar a problemática a ser examinada –, Hassemer defende que o Direito Penal deve restringir-se à tutela de bens individuais objetivamente definidos, como vida, patrimônio e integridade física, através de um processo penal em que seja assegurada ampla defesa ao acusado, sendo possível, ao final, a condenação ao cárcere; e que os novos bens jurídicos identificados na modernidade pós--industrial, coletivos e difusos, porém referíveis ao indivíduo (concepção monista individual de bem jurídico penal), devem ser tutelados por um outro tipo de direito, denominado de interventivo, situado entre o Direito Penal e o Administrativo, através de um processo menos formal, menos garantista e mais célere, cuja pena, ao final aplicada, deveria ser outra, que não a privação da liberdade.

Por sua vez, Silva Sánchez mantém a tutela dos novos bens jurídicos (difusos e coletivos) no âmbito do Direito Penal, porém

---

3   HASSEMER, Winfried. Perspectivas de uma moderna política criminal. *Revista Brasileira de Ciências Criminais*, São Paulo: RT, n. 08, p. 49, out. 1994.
4   SILVA SÁNCHEZ, Jesús-María. *A expansão do direito penal*, cit.

reserva ao agressor as punições exclusivamente restritivas de direito. Assim, o ramo jurídico-penal deveria se bipartir. Para os novéis problemas, notadamente difusos, utilizar-se-ia um Direito Penal menos garantista, de cunho flexível, ou relativizado, mas que não cominaria pena privativa de liberdade; para os interesses tradicionais, bens jurídicos individuais clássicos, como vida e patrimônio, prevaleceria o vetor liberal garantista, com todo seu rigor técnico[5].

Em suma, ambas as propostas caracterizam-se pelo descarte da pena privativa de liberdade em relação à nova criminalidade que atinge os bens difusos, como a criminalidade do colarinho-branco, e propõem o estabelecimento de duas classes distintas de Direito Penal. O antigo, voltado aos delinquentes tradicionais, membros de classes marginalizadas, enquanto que o novo ramo seria uma válvula de escape para os poderosos, ou seja, os criminosos de colarinho-branco, os quais seriam infensos à prisão[6].

Portanto, se, de um lado, o movimento expansionista do Direito Penal caracteriza-se pela identificação de novos bens jurídicos tuteláveis, novos tipos penais e, consequentemente, pelo surgimento de novos criminosos; de outro, o movimento de contenção desse expansionismo notabiliza-se pelo desapego seletivo das penas corporais, socorrendo-se de medidas como multa, proibição de contratar com o poder público e suspensão de direitos, com o nítido intuito de evitar o encarceramento dos criminosos do colarinho-branco.

E no Brasil, como tem reagido a política criminal local diante do fenômeno expansionista do Direito Penal? O objetivo deste artigo, portanto, é examinar para onde caminha a política criminal atual em relação à criminalidade do colarinho-branco.

Ao final, pretende-se demonstrar, após uma breve análise do estudo criminológico de Edwin Sutherland, sobre a criminalidade do colarinho-branco, e do aporte doutrinário da Criminologia Crítica,

---

[5] SOUZA, Luciano Anderson de. *Direito penal econômico*: fundamentos, limites e alternativas. São Paulo: Quartier Latin, 2012. p. 132.
[6] BOTTINI, Pierpaolo Cruz. *Crimes de perigo abstrato e princípio da precaução na sociedade de risco*. São Paulo: Revista dos Tribunais, 2010. p. 101.

que a política criminal em matéria de crimes de colarinho-branco, no Brasil, se contrapõe fortemente ao movimento de expansão do Direito Penal, com a formulação de propostas que podem conduzir à impunidade, como a recém-aprovada Lei n. 13.964/2019 (Lei Anticrime), que instituiu o *acordo de não persecução penal*.

1. DIREITO PENAL E SOCIEDADE DO RISCO

Antes de chegarmos ao ponto de responder o questionamento proposto, é importante conhecer, ainda que de forma resumida, as causas do processo de expansão penal que culminou, entre outros aspectos, na proteção de novos bens jurídicos, de natureza difusa e coletiva, os quais, como dito, encontram-se diretamente relacionados com a criminalidade do colarinho-branco.

Uma das possíveis explicações pode ser encontrada na relação que Silva Sánchez[7] estabelece entre a ideia de sociedade de risco, trabalhada pelo sociólogo alemão Ulrich Beck[8], e seus impactos sobre a política criminal contemporânea.

Nesse sentido, Beck, na obra *Sociedade do risco*, faz um diagnóstico sobre a sociedade em seus diversos momentos históricos, até chegar ao momento atual (sociedade pós-moderna), em cujo contexto trabalha com a palavra *riscos*, em suas várias dimensões[9].

Beck parte da ideia de que em toda a história da humanidade os riscos sempre existiram, porém em grau e extensão diferentes, posto que, num primeiro momento, tratava-se de riscos pessoais; num segundo momento, mais especificamente na sociedade moderna clássica, os riscos atingiram uma proporção maior, vindo a afetar

---

7   SILVA SÁNCHEZ, Jesús-María. *A expansão do direito penal*, cit.
8   BECK, Ulrich. *Sociedade de risco*: rumo a uma outra modernidade. Trad. Sebastião Nascimento. São Paulo: Editora 34, 2011.
9   VIEIRA, Vanderson Roberto; ROBALDO, José Carlos de Oliveira. A sociedade do risco e a dogmática penal. *Âmbito Jurídico*, Rio Grande, X, n. 38, fev. 2007. Disponível em: http://www.ambito-juridico.com.br/site/index.php?n_link=revista_artigos_leitura&artigo_id=3593. Acesso em: jun. 2019.

a coletividade, devendo-se isso à falta/deficiência do suprimento de algo, como a falta de higienização que propiciava o surgimento de epidemias etc.; na sociedade pós-moderna o quadro é outro, os riscos com maior extensão atingem a sociedade, principalmente por excesso de produção industrial, como o excesso de poluentes que atingem a camada de ozônio, o meio ambiente como um todo, comprometendo, assim, as gerações contemporâneas e futuras[10].

Seguindo seu raciocínio, o sociólogo alemão delimita o enfoque do mundo moderno em dois momentos: primeira modernidade (industrial), caracterizada por uma sociedade estatal e nacional, estruturas coletivas, pleno emprego, rápida industrialização, exploração da natureza não visível, com raízes nas várias revoluções políticas e industriais, a partir do século XVIII; e segunda modernidade ou modernização da modernização ou, ainda, modernidade reflexiva, com início a partir do fim do segundo milênio[11].

A *modernidade reflexiva*, por sua vez, deve ser entendida como o período no qual a sociedade se encontra em risco devido à constante evolução técnica da fase anterior (modernidade simples). Pode, ainda, na linha de intelecção de Beck, ser dividida em dois estágios: o correspondente à reflexividade, que é justamente esse confronto das matrizes da modernidade industrial com as consequências de sua própria evolução; e o relacionado à reflexão, que se caracteriza pela conscientização da modernização. Desse modo, em um primeiro momento, há um desenvolvimento autônomo, despercebido e irracional, que leva à sociedade de risco (reflexividade), para, posteriormente, haver uma tomada de consciência, tornando-se o risco alvo de consideração pública, política e científica (reflexão)[12].

Compreendidas, assim, as bases da teoria de Beck, percebe-se a sociedade do risco como aquela em que os constantes avanços tecno-

---

10   Idem, ibidem.
11   Idem, ibidem.
12   CALLEGARI, André Luís; ANDRADE, Roberta Lofrano. Sociedade do risco e direito penal. In: CALLEGARI, André Luís (org.). *Direito penal e globalização*: sociedade do risco, imigração irregular e justiça restaurativa. Porto Alegre: Livraria do Advogado, 2011. p. 12-13.

lógicos, científicos e econômicos proporcionam um crescimento do conforto e do bem-estar individual da vida humana, porém, também trazem aspectos negativos, como o incremento dos riscos a que estamos submetidos, o que acarreta uma demanda por segurança[13].

Consequentemente, o modelo da pós-industrialização resulta diretamente contraposto ao da sociedade do desenvolvimento industrial do século XIX e, provavelmente, da primeira metade do século XX. A industrialização, no âmbito da dogmática jurídico-penal, havia trazido consigo a construção do conceito de *risco permitido* como limite doutrinário (interpretativo) à incriminação de condutas, assim como a determinação de seu alcance básico. Em linhas gerais, a ideia era a seguinte: a coletividade há de pagar o preço do desenvolvimento, admitindo que as empresas não adotavam as máximas medidas de segurança nem empregavam materiais de máxima qualidade. Do contrário, não seria possível obter o benefício que permitiria a acumulação de capital necessária para reinversão e crescimento; ou então não progrediria no ritmo esperado[14].

Por sua vez, na sociedade da pós-industrialização se constata com clareza uma tendência ao retrocesso da incidência da figura do risco permitido. Dessa forma, nos vemos, pois, diante de um modelo de sociedade orientado a uma restrição progressiva das esferas de atuação arriscada. Em outras palavras, um modelo social em que, na ponderação prévia ao estabelecimento da fronteira entre risco permitido e risco desaprovado, a liberdade de ação cede claramente ante a liberdade de não padecer[15].

Sobre a consequente e inevitável relação entre essa sociedade do risco e o Direito Penal, tem-se observado que os diagnósticos feitos hoje sobre a situação dos sistemas penais ocidentais convergem ao apontar um conjunto de transformações que neles se operou a partir da introdução da ideia do risco. Chegou-se a afirmar não ser mais possível falar em políticas criminais aceitáveis e ajus-

---

13 Idem, p. 15.
14 SILVA SÁNCHEZ, Jesús-María. *A expansão do direito penal*, cit., p. 42-43.
15 Idem, p. 44.

tadas às necessidades de nosso tempo, sem incorporar a elas a ideia de risco e suas manifestações atuais. Isso influenciou uma lógica ligada à percepção de riscos provenientes de sujeitos perigosos. Esse desenvolvimento não só influenciou socialmente a criação de um panorama de insegurança, mas teve reflexos drásticos para o Direito Penal[16].

Sob essa perspectiva, o Direito Penal, tradicionalmente utilizado como meio de repressão de condutas socialmente indesejáveis, transmuda-se e passa a ser um dos mecanismos mais utilizados pelo Estado na luta pela contenção preventiva de condutas hipoteticamente arriscadas[17].

No campo da política criminal, houve notável ampliação dos âmbitos sociais objeto de intervenção penal, a qual pretende incidir sobre novas realidades sociais problemáticas, ou sobre realidades sociais preexistentes cuja vulnerabilidade tenha sido potencializada. Dentre os setores de intervenção preferencial, podem-se citar a fabricação e distribuição de produtos, o meio ambiente, os novos âmbitos tecnológicos, como o nuclear, o informático, o genético, a ordem socioeconômica e as atividades enquadradas em estruturas delitivas organizadas, com especial menção ao tráfico ilícito de drogas[18].

O Direito Penal que resulta dessa política criminal, portanto, teria como características o incremento da criminalização de comportamentos mediante a proliferação de novos bens jurídicos de natureza coletiva; os componentes materiais desses bens jurídicos marcariam diferenças em relação a boa parte dos bens jurídicos tradicionais, produto de sua configuração de acordo com

---

16 MACHADO, Marta Rodriguez de Assis. Dogmática penal. In: RODRIGUEZ, José Rodrigo (org.). *Fragmentos para um dicionário crítico de direito e desenvolvimento*. São Paulo: Saraiva, 2011.
17 MACHADO, Linia Dayana Lopes; GUIMARÃES, Rejaine Silva. Direito penal no contexto da sociedade de risco: um desafio da pós-modernidade. *Revista Direito Penal, Processo Penal e Constituição*, Brasília, v. 3, n. 1, p. 1-16, jan.-jun. 2017.
18 DÍEZ RIPOLLÉS, José Luis. *A política criminal na encruzilhada*. Trad. André Luís Callegari. Porto Alegre: Livraria do Advogado, 2015. p. 60.

as funções sociais que deveriam satisfazer e com a perda de referências individuais[19].

Além disso, haveria o predomínio das estruturas típicas de simples atividade, ligadas a delitos de perigo ou de lesão ideal do bem jurídico, em detrimento das estruturas que exigem um resultado material lesivo: dentro dessa tendência, os delitos de perigo concreto cedem lugar aos de perigo abstrato, e se consolidam os delitos de acumulação e de obstaculização de funções de controle, o que aproxima os comportamentos incriminados aos que são objeto de persecução por parte do direito administrativo sancionador. E abre-se caminho para a fundamentação da punição de comportamentos com base no princípio da precaução, entendido como uma alternativa mais flexível do que a exigência de periculosidade do comportamento[20].

Verifica-se, portanto, que o Direito Penal atual encontra-se extremamente influenciado pelo ambiente da sociedade de risco, o que conduziu o legislador a adotar medidas de natureza preventiva em relação à proteção dos novos e antigos bens jurídicos, com especial repercussão sobre a intensificação do manejo de crimes de perigo abstrato como opção de uma política criminal que pretende se antecipar ao resultado lesivo das condutas.

No Brasil, a partir dos anos 1980, percebe-se uma nítida trajetória do Direito Penal rumo à tutela de bens jurídicos difusos, como é possível verificar com a aprovação de diversas leis criminalizando condutas lesivas à ordem econômica, aos consumidores e ao meio ambiente: Leis n. 7.492/86 (crimes contra o sistema financeiro), n. 8.078/90 (crimes contra o consumidor), n. 8.137/90 (crimes contra a ordem tributária, econômica e relações de consumo), n. 9.605/98 (crimes contra o meio ambiente) e n. 9.613/98 (crime de lavagem de dinheiro).

Nesse contexto, não apenas novos crimes, mas, também, novos criminosos emergiram no cenário brasileiro, dentre eles, donos de

---

19 Idem, p. 61.
20 Idem, p. 61-62.

empresas multinacionais, gestores de instituições financeiras e agentes políticos, ou seja, à chamada criminalidade clássica agregou-se uma nova classe de criminosos, os do colarinho-branco.

A questão a ser enfrentada é se esses novos criminosos serão efetivamente punidos no Brasil ou se farão prevalecer suas posições de proeminência social, econômica e política, a ponto de influir nas políticas criminais formuladas, tal como descrito pelo sociólogo Edwin Sutherland, em seu estudo criminológico sobre os crimes de colarinho-branco, o qual retratou o contexto norte-americano da primeira metade do século passado.

2. A IDEIA DE CRIMINALIDADE DO COLARINHO-BRANCO DE EDWIN SUTHERLAND

Fragoso afirmou, em 1982, haver uma consciência universal de que existe uma criminalidade grave contra o patrimônio e a ordem econômica e social, praticada por pessoas "respeitáveis", que causa extenso dano, incomparavelmente maior do que o produzido pela criminalidade convencional[21].

Contudo, essa consciência não é estrutural no sistema penal contemporâneo, como será demonstrado. Ao contrário, parece ser eventual ou até mesmo acidental. De todo modo, para os fins do presente estudo, é importante conhecer a genealogia do conceito de criminalidade do colarinho-branco, concebido por Edwin Sutherland, em 1939, e até hoje referido nos estudos de criminologia e política criminal.

Pois bem, a partir do surgimento da Escola de Chicago, o estudo da sociologia criminal dividiu-se em duas vertentes: a microssociologia, ou escolas psicológicas, e a macrossociologia criminal. As teorias psicossociológicas ou microssociológicas estudam o problema do crime sob a perspectiva do indivíduo em interação com o meio social. A sociedade cria as condições para o desvio (o espaço geográfico, a pressão por sucesso, a falta de oportunidades etc.) e a micros-

---

21 FRAGOSO, Heleno Cláudio. Direito penal econômico e direito dos negócios. *Revista de Direito Penal e Criminologia*, n. 33, jan.-jun. 1982, p. 122-129.

sociologia estuda como essas condições atuam no indivíduo, de forma particular. São teorias que abandonaram a variante puramente individualista (biológica) e consideram importante a influência da sociedade sobre o homem, enfatizando a formação, os valores e os contatos sociais. A linha de pesquisa microssociológica é a predominante nos Estados Unidos[22].

A segunda linha de pesquisa da sociologia, a perspectiva macrossociológica, detém-se na estrutura social, não considerando o indivíduo como objeto de seu estudo. Considera a própria *sociedade criminógena* seu objeto de estudo. O crime é tomado como um fato puramente social, produto da atuação das estruturas sociais, sem referência a condições individuais. A macrossociologia criminal se divide em duas vertentes de estudos: uma voltada ao paradigma etiológico e outra, ao paradigma da reação social. A macrossociologia etiológica tem por objeto a compreensão das causas do crime, como um dado ontológico, resultante das estruturas sociais. A macrossociologia da reação social analisa, de outro lado, o processo de criminalização realizado pelos órgãos da persecução penal. Entende o crime como uma realidade construída pelo homem (e não ontológica), que é criada e recriada por um processo de interpretação e seleção de condutas. Atribui ao fenômeno da criminalização uma natureza política – no sentido do exercício do poder. É a macrossociologia, principalmente sob a perspectiva da reação social, a forma predominante dos estudos criminológicos desenvolvida na Europa na segunda metade do século XX[23].

Pois bem, a tradicional linha de estudo da sociologia norte-americana, com emprego de métodos científicos, estudo das estatísticas oficiais, associação da criminalidade à pobreza e às condições geográficas de desorganização social, teve suas estruturas abaladas com a apresentação de um estudo de Edwin Sutherland sobre as causas da criminalidade.

---

22 VERAS, Ryana Pala. *Nova criminologia e os crimes do colarinho branco*. São Paulo: WMF Martins Fontes, 2010. p. 11.
23 Idem, p. 12-13.

Em trabalho seminal, apresentado no 34º encontro anual da *American Sociological Society*, realizado em conjunto com o 52º encontro da *American Economic Society*, em 1939, Edwin Sutherland chamou a atenção para os crimes cometidos por indivíduos bem nascidos, bem formados e que ocupavam posição de destaque na sociedade, colocando em cheque a noção, até então prevalente na criminologia, no sentido de que a origem do comportamento criminoso estaria diretamente associada à pobreza e à desestruturação dos lares. Sutherland também chamou a atenção para a ineficácia do sistema penal em relação ao que chamou de criminoso do colarinho-branco.

Segundo o sociólogo americano, os criminólogos da época utilizavam estudos de caso e estatísticas criminais derivados da justiça criminal como sua principal base de dados. Assim, a partir dessas bases, eles formularam teorias gerais do comportamento criminoso e sustentaram que, uma vez que o crime está concentrado na classe baixa, ele é causado pela pobreza ou características pessoais e sociais que acreditavam estar estatisticamente associadas com a pobreza, incluindo enfermidades mentais, desvios psicopáticos, bairros carentes e famílias degeneradas[24].

Propôs, então, a tese no sentido de que o conceito e explicações para o crime, como descritos até então, eram inadequados e incorretos, porque o crime, de fato, não estaria estritamente correlacionado com a pobreza ou com condições psicopáticas e sociopáticas associadas com a pobreza e que uma explicação adequada do comportamento criminoso deveria proceder por caminhos diversos. Portanto, as explicações convencionais seriam inválidas, sobretudo porque derivadas de amostras enviesadas, as quais **não incluíam** vastas áreas do comportamento criminoso de pessoas não pertencentes à classe baixa. Uma das áreas negligenciadas seria, justamente, o comportamento criminoso de empresários e outros profissionais[25].

---

24 SUTHERLAND, Edwin. A criminalidade de colarinho branco. Trad. Lucas Minorelli. *Revista Eletrônica de Direito Penal e Política Criminal – UFRGS*, v. 2, n. 2, 2014.
25 Idem, ibidem.

Para Sutherland, a criminalidade de colarinho-branco manifestava-se na forma de deturpação de demonstrativos financeiros de corporações, manipulação na bolsa de valores, corrupção privada, corrupção direta ou indireta de servidores públicos a fim de obter contratos e leis favoráveis, vendas e publicidades enganosas, apropriação indébita e uso indevido de ativos, adulteração de pesos e medidas e falsificação de mercadorias, fraudes fiscais, uso impróprio de valores em recuperações judiciais e falências, entre outros[26].

Observou, entretanto, que os criminosos de colarinho-branco eram relativamente imunes por causa do viés de classe dos tribunais e do poder deles para influenciar na criação e aplicação da lei. Esse viés de classe afetaria não somente as cortes contemporâneas, mas, em maior escala, teria afetado as cortes antecedentes, que definiram os precedentes e regras processuais daquela época[27].

Prosseguindo em seu raciocínio, afirmou que os aspectos nos quais os crimes das duas classes diferem seriam os incidentais em vez dos essenciais da criminalidade. Principalmente em relação à aplicação das leis penais. Os crimes da classe baixa seriam conduzidos por policiais, promotores e juízes, com penas de multa, prisão e de morte. Os crimes da classe alta não resultariam em nenhuma ação oficial ou em ações indenizatórias em cortes civis ou conduzidos por fiscais e por conselhos ou comissões administrativas, limitando-se a sanções penais na forma de advertências, ordens para cessar uma atividade e, ocasionalmente, a perda de uma licença, e, somente em casos extremos, aplicação de multas ou penas privativas de liberdade. Por isso, os criminosos de colarinho-banco seriam segregados administrativamente dos demais e, em larga medida, como uma consequência disso, não seriam considerados como verdadeiros criminosos por eles mesmos, pelo público em geral ou pelos criminólogos[28].

Além disso, em decorrência do *status* social de que usufruíam, os criminosos de colarinho-branco possuíam voz ativa para deter-

---

26 Idem, ibidem.
27 Idem, ibidem.
28 SUTHERLAND, Edwin. A criminalidade de colarinho branco, cit.

minar o que seria introduzido na legislação e como o Direito Penal, na medida em que os afetava, seria criado e aplicado[29].

Em contraste com o poder dos criminosos de colarinho-branco estaria a vulnerabilidade de suas vítimas. Consumidores, investidores e acionistas são desorganizados, carecem de conhecimento técnico e são incapazes de se proteger. A criminalidade de colarinho--branco surge onde empresários e outros profissionais poderosos entram em contato com pessoas vulneráveis. Muitos dos crimes da classe baixa, no entanto, são praticados contra pessoas ricas e poderosas na forma de furto e roubo. Devido a essa diferença de poder em comparação com as vítimas, os criminosos de colarinho-branco gozariam de relativa imunidade[30].

A partir dessas observações, Sutherland afirmou que aquela teoria criminológica, no sentido de que o comportamento criminoso em geral se devia à pobreza ou às condições psicopáticas e sociopáticas associadas àquela, poderia ser considerada inválida por três razões. Em primeiro lugar, a generalização era baseada em uma amostra enviesada que omitia quase que completamente o comportamento de criminosos de colarinho-branco. Os criminólogos restringiram sua base de dados, mais por razões de conveniência e ignorância do que por princípio, na maioria das vezes, aos casos das cortes criminais e varas da infância e juventude, e essas agências eram usadas, principalmente, para criminosos de baixos estratos econômicos. Consequentemente, suas bases de dados seriam grosseiramente enviesadas do ponto de vista do *status* econômico dos criminosos e a generalização de que a criminalidade estaria vinculada com a pobreza não se justificava[31].

Em segundo lugar, a generalização de que a criminalidade estaria estritamente associada à pobreza, obviamente, não se aplicava aos criminosos de colarinho-branco. Eles não estavam na pobreza, não foram criados em bairros carentes ou por famílias deterioradas

---

29   Idem, ibidem.
30   Idem, ibidem.
31   Idem, ibidem.

e não eram enfermos mentais ou psicopatas. Eles raramente eram crianças problemáticas nos primeiros anos de vida e não precisaram comparecer em varas da infância e juventude ou conselhos tutelares[32].

Em terceiro lugar, as teorias convencionais não explicariam, sequer, a criminalidade da classe baixa. Os fatores sociopáticos e psicopáticos que eram enfatizados, sem dúvida, teriam algo a ver com a origem do crime, mas tais fatores não eram relacionados a um processo geral existente, tanto na criminalidade de colarinho-branco como na de classe baixa, e, portanto, não explicavam a criminalidade de uma classe ou de outra. Elas deveriam explicar o modo ou método do crime – por que criminosos da classe baixa cometem furtos ou roubos em vez de fraudes[33].

Ao levar em consideração as deficiências nas teorias convencionais, uma hipótese que explicasse tanto a criminalidade de colarinho-branco quanto a da classe baixa era necessária. Por motivos de economia, simplicidade e lógica, a hipótese deveria ser aplicada a ambas as classes, porque isso tornaria possível a análise de fatores determinantes livre dos obstáculos dos instrumentos administrativos que conduziam os criminólogos para fora do caminho correto[34].

Concluindo sua exposição, Sutherland propôs uma hipótese substitutiva para as teorias convencionais, no sentido de que a criminalidade de colarinho-branco, como qualquer outra criminalidade sistemática, seria aprendida; que ela seria aprendida em associação direta ou indireta com aqueles que já praticam o comportamento; e aqueles que aprendem esse comportamento criminoso seriam apartados de contatos íntimos e frequentes com comportamento de obediência à lei. Se uma pessoa se torna um criminoso ou não, é amplamente determinado pela frequência e intimidade de seus contatos com as duas espécies de comportamento, o que foi denominado de processo de *associação diferencial*[35].

---

32 SUTHERLAND, Edwin. A criminalidade de colarinho branco, cit.
33 Idem, ibidem.
34 Idem, ibidem.
35 Idem, ibidem.

Trata-se, portanto, de uma explicação para a origem das criminalidades de colarinho-branco e da classe baixa. Aqueles que se tornam criminosos de colarinho-branco, na maioria das vezes, iniciam suas carreiras em bons bairros e lares, são graduados em universidades com algum idealismo e, com pouca escolha por parte deles, participam de certas situações negociais em que a criminalidade é praticamente um costume e são introduzidos naquele sistema de comportamento como em qualquer outro costume. Os criminosos da classe baixa geralmente começam suas carreiras em bairros e famílias decadentes, encontram delinquentes disponíveis de quem adquirem as atitudes e técnicas do crime ao se associarem com aqueles e em segregação parcial de pessoas que respeitam a lei[36].

O essencial do processo seria o mesmo para as duas classes de criminosos. Não se trata de um processo de assimilação na sua totalidade, uma vez que inovações são feitas, talvez, com maior frequência no crime de colarinho-branco do que no da classe baixa. Os gênios inventivos para os criminosos da classe baixa, via de regra, seriam criminosos profissionais, enquanto que os para várias espécies de crime de colarinho-branco, geralmente, seriam operadores do Direito[37].

Portanto, segundo Sutherland, o comportamento criminoso não era herdado nem determinado por fatores fisiológicos: era simplesmente aprendido, como qualquer outro comportamento. Nessa visão, o delito é uma conduta aprendida na interação entre as pessoas, principalmente as mais próximas (pais, amigos). Por meio da interação são ensinadas as técnicas de cometimento de delitos e são reforçados os argumentos favoráveis à violação da lei. Um indivíduo se torna criminoso principalmente porque está fortemente exposto a motivações, tendências, racionalizações e atitudes que convergem para o crime. E é o ambiente em que ele vive que propicia tais contatos[38].

---

36   SUTHERLAND, Edwin. A criminalidade de colarinho branco, cit.
37   Idem, ibidem.
38   VERAS, Ryana Pala. *Nova criminologia e os crimes do colarinho branco*, cit., p. 13-14.

A significativa contribuição de Sutherland foi a criação do termo *white collar crime*[39] para dar ênfase à posição social dos criminosos (que seria o fato determinante de seu tratamento diferenciado) e trazer para o campo científico o estudo do comportamento de empresários, homens de negócios e políticos como autores de crimes profissionais e econômicos, o que antes não ocorria. Seu trabalho, portanto, ampliou o campo de estudo da criminologia para além das estatísticas oficiais, e mais, realizou uma crítica da própria utilização cega dos números. Impulsionou as pesquisas sobre os crimes do colarinho-branco e introduziu elementos suplementares nas discussões sobre as causas do crime como um todo. Buscou a verdadeira raiz da criminalidade nos valores de todo o sistema social, saindo do limitado universo das áreas de pobreza e de seus moradores[40].

Sutherland, assim, já antecipava a necessidade de a ciência estudar também a reação social como uma face indissociável da compreensão de todo fenômeno criminal. Entretanto, a inclusão dessa perspectiva no objeto da criminologia só aconteceria duas décadas depois, por meio do *labelling approach*[41].

O sociólogo ressaltou também que, em contraste com o poder dos criminosos do *white collar*, está a fragilidade de suas vítimas, na maioria das vezes coletividades desorganizadas e desprovidas de conhecimentos técnicos específicos ou titulares de interesses difusos, tais como consumidores e investidores, e até mesmo todos os indi-

---

39 "Esse conceito não pretende ser definitivo, mas meramente chamar atenção aos crimes que não estão ordinariamente incluídos no escopo da criminologia. Crime do colarinho-branco pode ser definido aproximadamente como um crime cometido por uma pessoa de respeitabilidade e alto *status* social no curso de sua atividade. Consequentemente isso exclui muitos crimes da classe mais alta tais como os casos de homicídio, envenenamento, adultério, eis que estes não fazem parte das atividades profissionais. Ainda, isso exclui os jogos de lealdade dos membros ricos do submundo, já que eles não são pessoas de respeitabilidade e alto *status* social" (SUTHERLAND, Edwin H. *Crime de colarinho branco*: versão sem cortes. Trad. Clécio Lemos. Rio de Janeiro: Revan, 2015. p. 33-34).
40 VERAS, Ryana Pala. *Nova criminologia e os crimes do colarinho branco*, cit., p. 24.
41 Idem, ibidem.

víduos, enquanto membros da sociedade. De forma oposta, os crimes tradicionais são cometidos por pessoas das classes mais baixas, sem a mínima influência social, principalmente contra o patrimônio e a integridade física dos mais ricos e mais poderosos. Por isso, sofrem forte reação da sociedade. Esse quadro contribui para a relativa imunidade dos criminosos do colarinho-branco[42].

Ao final de sua pesquisa, Sutherland afirma que uma explicação completa do crime de colarinho-branco não pode ser derivada a partir dos dados disponíveis. Os dados então disponíveis sugeriam que o crime de colarinho-branco tem a sua gênese no mesmo processo geral que conduz a outros comportamentos criminosos, ou seja, a associação diferencial. A hipótese da associação diferencial indica que o comportamento criminoso é apreendido em associação com aqueles que definem de forma favorável tal comportamento criminoso e em isolamento daqueles que o definem de forma desfavorável. A pessoa em uma situação apropriada se engaja em tal comportamento criminoso se, e somente se, o peso das definições favoráveis excede o peso das definições desfavoráveis. Certamente essa hipótese não é uma explicação completa ou universal dos crimes de colarinho-branco ou de outro tipo de crime, mas talvez se ajuste aos dados de ambos os tipos de crimes melhor do que qualquer outra hipótese geral[43].

O próprio Sutherland afirmou, em 1939, que não dispunha de um estudo estatístico para confirmar suas hipóteses, mas que as informações até então disponíveis eram bastante sugestivas no sentido das suas proposições.

Entretanto, em 1949, Sutherland publicou o resultado de outra pesquisa que consistiu em analisar a conduta das setenta maiores empresas dos Estados Unidos em sua época. Realizou basicamente uma "biografia" de tais empresas, coletando todas as decisões proferidas contra elas em toda a sua "vida", que possuíam em média quarenta e cinco anos. Buscou reunir todas as violações a leis que se

---

42   Idem, p. 28.
43   SUTHERLAND, Edwin H. *Crime de colarinho branco*, cit., p. 351.

encaixassem em seu conceito de *white collar crimes*. Suas fontes eram diversas: tribunais federais e estaduais (cíveis e criminais), decisões de tribunais administrativos especializados em matérias econômicas (federais, estaduais e municipais), sanções de outros órgãos da Administração Pública, de comissões e conselhos profissionais. Ao final da pesquisa, todas as empresas analisadas possuíam contra si decisões desfavoráveis, variando de um a cinquenta. A média foi fixada em quatorze condenações por empresa[44].

A pesquisa desenvolvida por Sutherland nos dez anos que se sucederam ao primeiro artigo comprovaram sua percepção a respeito dos *white collar crimes*. Afinal, eles eram de fato crimes, fenômenos da mesma natureza da criminalidade das classes baixas. O que diferenciava os *white collar crimes* dos demais delitos era apenas a reação social, que no caso dos primeiros era bem menos rigorosa, quase inexistente. Para Sutherland, a escassa persecução penal a esses crimes se devia principalmente a três fatores: 1) o *status* de seus autores; 2) a tendência a apenas reprimir tais condutas em outros ramos do direito; 3) a falta de organização das vítimas contra os *white collar crimes*[45].

O *status* social dos agentes influi no controle estatal devido a uma combinação de intimidação e admiração. Os agentes responsáveis pela justiça criminal por vezes têm medo de se confrontar com os homens de negócios, pois o antagonismo pode resultar em prejuízos a suas carreiras, que sofrem influência política, legítima ou ilegítima (até mesmo, mas em menor grau, as carreiras que gozam de independência funcional). Já a admiração surge de uma identificação cultural entre os legisladores, juízes e administradores da justiça com os homens de negócios, em razão da formação semelhante que tiveram. São conceitos que atuam no psiquismo dos agentes públicos[46].

---

44 VERAS, Ryana Pala. *Nova criminologia e os crimes do colarinho branco*, cit., p. 33.
45 Idem, ibidem.
46 Idem, ibidem.

Além disso, verifica-se, em relação aos *white collar crimes*, uma tendência de se reprovar comportamentos ilícitos em outras esferas do direito – quando adequado e suficiente –, obedecendo ao princípio democrático de um Direito Penal como *ultima ratio*[47].

A obra de Sutherland, embora tenha sido reconhecida pela maioria dos sociólogos como um marco na evolução do estudo da criminologia, foi alvo de várias críticas e enfrentou muita resistência para ser aceita. Em um período em que predominava o rigor científico do positivismo, as principais críticas dirigidas à pesquisa de Sutherland referiam-se à falta de precisão do conceito de *white collar crime* e aos métodos por ele utilizados[48].

Contudo, mesmo diante da dificuldade de comprovação de suas hipóteses e da maior abertura de seus conceitos, nada fez desaparecer o grande mérito da obra de Sutherland, que revelou, pela primeira vez, a existência de um sistema penal desigual, que pune com rigor os crimes praticados pelos mais pobres e membros das camadas inferiores da sociedade, enquanto controla de forma escassa os delitos praticados por indivíduos oriundos das classes mais altas.

Nesse sentido, Fragoso afirmou que o conceito revolucionário de Sutherland deu lugar a largo debate e controvérsia, mas a sua vitalidade é extraordinária. O que caracteriza a criminalidade de colarinho-branco é o fato de seus autores pertencerem a classe social elevada, atuando no exercício de sua atividade ocupacional (comerciantes e profissionais) e causando um dano extenso e considerável[49].

A partir da década de 1960, entretanto, devido à consolidação da guerra fria e à política interna conservadora dos Estados Unidos e da Europa, houve um hiato nos estudos sobre a criminalidade do colarinho-branco. Nos anos 1980, os estudos foram retomados, em razão da renovação da linha de pesquisa nas universidades, impulsionados pelo desenvolvimento da criminologia crítica e da sociolo-

---

47 Idem, p. 34-35.
48 Idem, p. 42.
49 FRAGOSO, Heleno Cláudio. Direito penal econômico e direito dos negócios, cit., p. 122-129.

gia do conflito, que via uma sociedade controlada por pessoas poderosas, de classes sociais dominantes, que utilizavam o direito, em especial o Direito Penal, como meio de manter sua posição[50].

É sobre a criminologia crítica que se tratará a seguir e sua capacidade explicativa do fenômeno da impunidade da criminalidade do colarinho-branco, devendo ser chamada a atenção do leitor para a similaridade das proposições, apesar de ser o estudo de Sutherland mais vinculado à criminologia etiológica, e a criminologia crítica pautada pelo paradigma da reação social.

3. A EXPLICAÇÃO DA CRIMINOLOGIA CRÍTICA

As escolas macrossociológicas, como dito anteriormente, têm por objeto o estudo do papel da sociedade na produção do crime. Essas teorias descrevem as instituições que formam a sociedade e como seu funcionamento induz os indivíduos a terem comportamentos criminosos. As principais teorias macrossociológicas são a teoria da anomia, o *labelling approach*, a criminologia do conflito e a criminologia crítica[51].

Após o *labelling approach*, que introduziu o paradigma da reação social, algumas teorias (conflitual e crítica) passaram a entender o crime como um conceito dinâmico, construído pela seleção de comportamentos e sua interpretação, realizada pelos órgãos estatais de reação social. Houve, assim, uma alteração no estudo da criminologia para alcançar os órgãos e o processo de seleção, interpretação e definição das condutas criminosas[52].

Nesse influxo, uma outra perspectiva para o tema ora proposto é fornecida pela criminologia crítica. A categoria da criminalidade de colarinho-branco não é trabalhada de forma expressa, como no estudo de Sutherland. Entretanto, a ideia da reação social e do contro-

---

50 VERAS, Ryana Pala. *Nova criminologia e os crimes do colarinho branco*, cit., p. 44.
51 Idem, p. 16.
52 Idem, p. 16-17.

le das formas de criminalização primária e secundária, por parte das classes dominantes, reforça a concepção inicialmente elaborada por Sutherland, acerca do tratamento diferenciado dispensado pelo sistema penal aos criminosos ricos e pobres.

Pois bem, Alessandro Baratta, ao refletir sobre o modelo de ciência penal global ou integral de Liszt[53], propôs um novo modelo integrado de ciências penais, que não se voltasse apenas à colaboração entre os estudiosos dos três campos que a compõem originalmente, ganhando contribuições da Ciência Política, da Sociologia, das teorias da argumentação, da ética social, entre outros campos do conhecimento, como também para um espaço no qual a Criminologia Crítica se tornasse um ponto de partida para análises externas das questões criminais. Nesse aspecto, o modelo proposto por Baratta supera o de Listz, no sentido de considerar que o componente criminológico deixa de ser interno para se tornar um dos demais pontos de vistas externos – juntamente com a política criminal, a atuação dos atores do sistema de justiça criminal, a ciência política, as ciências sociais, entre outros – que podem ser úteis à reflexão sobre os processos de criminalização[54].

Segundo Baratta, sobre a base do paradigma etiológico a criminologia se converteu em sinônimo de ciência das causas da criminalidade. Esse paradigma, com o qual nasce a criminologia posi-

---

[53] "Segundo o modelo da ciência penal global ou integral, de Franz von Liszt, do final do século XIX, composto por Criminologia, Política Criminal e Dogmática Jurídico-Penal, a Criminologia seria a ciência responsável pela análise dos fatos sociais reprováveis e, por esta razão, deveriam ser objeto de uma norma penal. A Política Criminal seria a ciência responsável pela valoração deste fato social, definido como relevante pela Criminologia: à análise político-criminal, portanto, caberia o juízo de valoração (moral, religiosa, social). Por fim, caberia à Dogmática Jurídico-Penal a normatização do fato social, relevante, reprovável, sob a forma de crime – com a descrição de uma conduta e sua consequente reprovação, em caso de descumprimento da norma, então, positivada"(FERREIRA, Carolina Costa. *A política criminal no processo legislativo*. Belo Horizonte: D'Plácido, 2017. p. 35-36).

[54] FERREIRA, Carolina Costa. *A política criminal no processo legislativo*, cit., p. 38-39.

tivista perto do final do século passado, constitui a base de toda a criminologia tradicional, mesmo de suas correntes mais modernas, às quais, à pergunta sobre as causas da criminalidade, dão respostas diferentes daquelas de ordem antropológica ou patológica do primeiro positivismo, e que nasceram, em parte, da polêmica com este (teorias funcionalistas, teorias ecológicas, teorias multifatoriais etc.)[55].

O paradigma etiológico supõe, portanto, uma noção ontológica da criminalidade, entendida como uma premissa pré-constituída às definições e, portanto, também à reação social, institucional ou não institucional, que põe em marcha essas definições. Dessa maneira, ficam fora do objeto da reflexão criminológica as normas jurídicas ou sociais, a ação das instâncias oficiais, a reação social respectiva e, mais em geral, os mecanismos institucionais e sociais através dos quais se realiza a definição de certos comportamentos qualificados como "criminosos"[56].

A partir da mudança do paradigma etiológico para o paradigma da reação social, processada desde a década de 1960, a criminologia não mais se define como uma ciência que investiga as causas da criminalidade, mas as condições da criminalização, ou seja, como o sistema penal, enquanto mecanismo de controle social formal (legislativo – lei penal – polícia – Ministério Público – judiciário – prisão – ciências criminais etc.), constrói a criminalidade e os criminosos em interação com o controle social informal (família – escola – universidade – mídia – religião – moral – mercado de trabalho – hospitais – manicômios), funcionalmente relacionados às estruturas sociais. Nesse movimento, a criminologia converte o sistema penal como um todo e, consequentemente, a lei penal e as ciências criminais (dimensões integrantes dele) em seu objeto, e problematiza a função de controle e dominação por ele exercida[57].

---

55 BARATTA, Alessandro. *Criminologia crítica e crítica do direito penal*: introdução à sociologia do direito penal. Trad. Juarez Cirino dos Santos. Rio de Janeiro: Revan, 2013. p. 209.
56 ANDRADE, Vera Regina Pereira de. *Pelas mãos da criminologia*: o controle penal para além da (des)ilusão. Rio de Janeiro: Revan; ICC, 2012. p. 343.
57 Idem, p. 343-344.

A criminologia da reação social, portanto, promove uma ruptura no conhecimento etiológico da criminologia positivista. A partir de então, a criminologia tem como objetivo não mais a busca das causas da criminalização levada a cabo pelo sistema penal. A criminologia crítica, por sua vez, assimila esse novo paradigma e acrescenta a ele a perspectiva da sociedade de conflito e do materialismo histórico, buscando, a partir de então, o entendimento do funcionamento do sistema penal, vinculado às estruturas econômicas e políticas respectivas[58].

Segundo Baratta, o momento crítico atinge a maturação na criminologia quando o enfoque macrossociológico se desloca do comportamento desviante para os mecanismos de controle social dele e, em particular, para o processo de criminalização. O Direito Penal não é considerado, nesta crítica, somente como sistema estático de normas, mas como sistema dinâmico de funções, no qual se podem distinguir três mecanismos analisáveis separadamente: o mecanismo da produção das normas (criminalização primária), o mecanismo da aplicação das normas, isto é, o processo penal compreendendo a ação dos órgãos de investigação culminando com o juízo (criminalização secundária) e, enfim, o mecanismo da execução da pena ou das medidas de segurança[59].

De acordo com essa perspectiva, as maiores chances de ser selecionado para fazer parte da "população criminosa" aparecem, de fato, concentradas nos níveis mais baixos da escala social (subproletariado e grupos marginais). A posição precária no mercado de trabalho (desocupação, subocupação, falta de qualificação profissional) e defeitos de socialização familiar e escolar, que são características dos indivíduos pertencentes aos níveis mais baixos, e que na criminologia positivista e em boa parte da criminologia liberal contemporânea são indicados como as causas da criminali-

---

[58] PRANDO, Camila Cardoso de Mello. Orientação político-criminal do Estado brasileiro: uma análise de leis promulgadas no período de 1998 a 2002. *Revista de Estudos Criminais*, n. 31, out.-dez. 2008.

[59] BARATTA, Alessandro. *Criminologia crítica e crítica do direito penal*, cit., p. 161.

dade, revelam ser, antes, conotações sobre a base às quais o *status* de criminoso é atribuído[60].

E mais, a aplicação seletiva das sanções penais estigmatizantes, e especialmente o cárcere, é um momento superestrutural essencial para a manutenção da escala vertical da sociedade. Incidindo negativamente, sobretudo no *status* social dos indivíduos pertencentes aos estratos sociais mais baixos, ela age de modo a impedir sua ascensão social[61]. É inquestionável, nesse ponto, a convergência de pensamentos entre a criminologia da criminalidade de colarinho--branco e a criminologia crítica.

Segundo Juarez Cirino dos Santos, a tese fundamental da criminologia crítica sobre o sistema de justiça criminal fundado no cárcere é clara: as funções declaradas de prevenção da criminalidade e de ressocialização do criminoso constituem retórica legitimadora da repressão seletiva de indivíduos das camadas sociais inferiores, fundadas em indicadores sociais negativos de marginalização, desemprego, pobreza etc., que marca a criminalização da miséria no capitalismo; ao contrário, as funções reais do sistema penal fundado no cárcere constituem absoluto sucesso histórico, porque a gestão diferencial da criminalidade garante as desigualdades sociais em poder e riqueza das sociedades fundadas na relação capital/trabalho assalariado[62].

Sob tal perspectiva, o sistema penal realiza a mesma função de reprodução das relações sociais e de manutenção da estrutura vertical da sociedade, criando, em particular, eficazes contraestímulos à integração dos setores mais baixos e marginalizados do proletariado, ou colocando diretamente em ação processos marginalizadores[63].

Ao tratar da aplicação da pena e de suas funções, Juarez Cirino dos Santos salienta que existe grave tensão entre a *aparência* do

---

60 Idem, p. 165.
61 Idem, p. 166.
62 SANTOS, Juarez Cirino. *A criminologia crítica e a reforma da legislação penal.* Trabalho apresentado na XIX Conferência Nacional dos Advogados (25-30 de setembro de 2005), Florianópolis, SC.
63 Idem, p. 175.

processo legal devido e a *realidade* do exercício seletivo do poder de punir: a) o discurso jurídico destaca o *processo legal devido*, regido pela dogmática penal e processual penal como critério de racionalidade, define o crime como realidade ontológica *pré-constituída* e apresenta o sistema de justiça criminal como instituição *neutra* que realiza uma atividade imparcial; b) a criminologia crítica revela o processo legal devido como *exercício seletivo do poder de punir*, mostra o crime como qualidade *atribuída* a determinados fatos, a criminalização como um *bem social negativo* distribuído desigualmente e, finalmente, o sistema de justiça criminal como instituição *ativa* na transformação do cidadão em criminoso, segundo a lógica menos ou mais inconsciente das chamadas *metarregras* (ou *basic rules*), definidas por Fritz Sack como o *momento decisivo* do processo de criminalização: mecanismos psíquicos emocionais atuantes no cérebro do operador do direito, constituídos de preconceitos, estereótipos, traumas e outras idiossincrasias pessoais, que explicariam por que a repressão penal se concentra nas drogas e na área patrimonial, por exemplo, e não nos crimes contra a economia, a ordem tributária, a ecologia etc.[64].

Em suma, enquanto a criminologia tradicional guia-se pelo paradigma etiológico e tem por objetivo justamente entender as causas do comportamento criminoso em face de uma lei penal previamente estabelecida, a criminologia crítica, guiada pelo paradigma da reação social, quer entender por que determinado comportamento é tipificado como crime, quais forças agiram para que determinado comportamento fosse classificado como crime, quais as consequências da tipificação do comportamento como atividade criminosa, como agem as estruturas de criminalização primária e secundárias, quais suas motivações – esses são os seus questionamentos. O paradigma etiológico, portanto, conduz ao estudo do criminoso e do contexto social em que inserido o indivíduo, ao passo que o paradigma da reação social tem por objeto a própria estrutura que conforma o sistema criminal, desde a tipificação da conduta, passando pela

---

64 SANTOS, Juarez Cirino dos. Política criminal: realidades e ilusões do discurso penal. *Discursos Sediciosos*, Rio de Janeiro, v. 12, p. 53-57, 2002.

persecução criminal e julgamentos, até a execução da pena e os efeitos estigmatizantes do cárcere.

Estabelecidas, portanto, as premissas históricas da criminalidade do colarinho-branco e o enfoque estrutural preconizado pela criminologia crítica para o exame do sistema penal como um todo, o próximo passo é compreender como a política criminal brasileira se comporta diante da criminalidade do colarinho-branco.

4. A REAÇÃO DA POLÍTICA CRIMINAL BRASILEIRA

Do incessante processo de mudança social, dos resultados que apresentem novas ou antigas propostas de Direito Penal, das revelações empíricas propiciadas pelo desempenho das instituições que integram o sistema penal, dos avanços e descobertas da criminologia, surgem princípios e recomendações para a reforma ou transformação da legislação criminal e dos órgãos encarregados de sua aplicação. A esse conjunto de princípios e recomendações denomina-se política criminal[65].

Pois bem, em que medida a política criminal no Brasil confirma ou infirma os referenciais apresentados pela teoria do crime de colarinho-branco, de Sutherland, e pela Criminologia Crítica? É dizer, no contexto do expansionismo penal brasileiro, iniciado nos anos 1980, o qual se caracteriza, principalmente, pela tutela de novos bens jurídicos, como a ordem econômica e o patrimônio público, os novos criminosos, empresários e agentes políticos, chamados de criminosos do colarinho-branco, são efetivamente punidos quando violam a lei penal?

Na tentativa de proceder a uma constatação válida, ainda que não sustentada em dados estatísticos oficiais, será examinado um aspecto da Lei n. 13.964/2019, conhecida como Lei Anticrime, mais especificamente o ponto em que introduz o denominado *acordo de não persecução penal* no ordenamento brasileiro[66].

---

65 BATISTA, Nilo. *Introdução crítica ao direito penal brasileiro*. Rio de Janeiro: Revan, 2017. p. 33.
66 Art. 28-A. Não sendo caso de arquivamento e tendo o investigado confessado formal e circunstancialmente a prática de infração penal sem violên-

No início de 2019, o Governo Federal encaminhou ao Congresso Nacional o chamado "Pacote Anticrime" (Projeto de Lei n. 882/2019). Entre as medidas propostas, encontrava-se prevista em sua redação original, no art. 28-A do CPP, a possibilidade da cele-

cia ou grave ameaça e com pena mínima inferior a 4 (quatro) anos, o Ministério Público poderá propor acordo de não persecução penal, desde que necessário e suficiente para reprovação e prevenção do crime, mediante as seguintes condições ajustadas cumulativa e alternativamente: I – reparar o dano ou restituir a coisa à vítima, exceto na impossibilidade de fazê-lo; II – renunciar voluntariamente a bens e direitos indicados pelo Ministério Público como instrumentos, produto ou proveito do crime; III – prestar serviço à comunidade ou a entidades públicas por período correspondente à pena mínima cominada ao delito diminuída de um a dois terços, em local a ser indicado pelo juízo da execução, na forma do art. 46 do Decreto--Lei nº 2.848, de 7 de dezembro de 1940 (Código Penal); IV – pagar prestação pecuniária, a ser estipulada nos termos do art. 45 do Decreto-Lei nº 2.848, de 7 de dezembro de 1940 (Código Penal), a entidade pública ou de interesse social, a ser indicada pelo juízo da execução, que tenha, preferencialmente, como função proteger bens jurídicos iguais ou semelhantes aos aparentemente lesados pelo delito; ou V – cumprir, por prazo determinado, outra condição indicada pelo Ministério Público, desde que proporcional e compatível com a infração penal imputada. § 1º Para aferição da pena mínima cominada ao delito a que se refere o *caput* deste artigo, serão consideradas as causas de aumento e diminuição aplicáveis ao caso concreto. § 2º O disposto no *caput* deste artigo não se aplica nas seguintes hipóteses: I – se for cabível transação penal de competência dos Juizados Especiais Criminais, nos termos da lei; II – se o investigado for reincidente ou se houver elementos probatórios que indiquem conduta criminal habitual, reiterada ou profissional, exceto se insignificantes as infrações penais pretéritas; III – ter sido o agente beneficiado nos 5 (cinco) anos anteriores ao cometimento da infração, em acordo de não persecução penal, transação penal ou suspensão condicional do processo; e IV – nos crimes praticados no âmbito de violência doméstica ou familiar, ou praticados contra a mulher por razões da condição de sexo feminino, em favor do agressor. § 3º O acordo de não persecução penal será formalizado por escrito e será firmado pelo membro do Ministério Público, pelo investigado e por seu defensor. § 4º Para a homologação do acordo de não persecução penal, será realizada audiência na qual o juiz deverá verificar a sua voluntariedade, por meio da oitiva do investigado na presença do seu defensor, e sua legalidade.

bração de acordo de não persecução penal entre criminoso e Ministério Público, em relação a crimes cometidos sem violência ou grave ameaça, cuja pena máxima não fosse superior a 4 anos.

Em decorrência do acordo, após a confissão do ilícito pelo criminoso, de forma circunstanciada, seriam imediatamente aplicadas penas e medidas distintas da prisão, como prestação de serviços comunitários e reparação dos danos, podendo a pena negociada ser fixada pelas partes tomando-se como referencial a pena mínima prevista para o crime, reduzida de um a dois terços.

Na prática, já que o resultado da persecução penal era previsível e o processo penal oneroso, objetivou-se acelerar e diminuir os seus custos, evitando-se, com isso, também, a prescrição, tanto da pretensão punitiva como da executória. É dizer, a condenação por crimes com pena máxima de 4 anos dificilmente acarretaria outro regime de cumprimento de pena que não fosse o aberto, e as consequências para o criminoso não seriam outras que não fosse a aplicação de medidas punitivas meramente restritivas de direito.

Portanto, racional e eficiente a medida proposta, mesmo porque não haveria qualquer abrandamento em relação ao combate à criminalidade tradicional (crimes cometidos com violência ou grave ameaça e tráfico de drogas) e aos crimes do colarinho-branco (corrupção, lavagem de dinheiro, sonegação tributária etc.).

Contudo, após a tramitação do projeto de lei no Congresso Nacional, aquele dispositivo supramencionado sofreu uma discreta modificação. Discreta, porém substancialmente significativa. Onde constava pena *máxima não superior a 4 anos*, passou a constar *pena mínima inferior a 4 anos*. E assim o projeto foi aprovado e sancionado[67].

---

67 Durante a tramitação na Câmara dos Deputados, o referido projeto de lei foi anexado ao Projeto de Lei n. 10.372/2018, que já tramitava naquela casa, e tratava de temas semelhantes, entre eles, do acordo de não persecução penal. A diferença é que no Projeto de Lei n. 10.372/2018, apesar de constar como parâmetro pena mínima inferior a quatro anos, havia previsão expressa no sentido de que o acordo de não persecução penal seria inaplicável aos crimes de lavagem de dinheiro e contra a administração pública, cometidos por funcionário público:"§ 2º Não será admitida a proposta nos

Como resultado dessa alteração ocorrida durante o processo legislativo, tornou-se possível a celebração do acordo de não persecução penal em relação aos crimes de colarinho-branco, cuja pena mínima seja inferior a 4 anos, os quais não estavam abrangidos pela redação original do projeto: a) peculato: de dois a doze anos; b) corrupção passiva: de dois a doze anos; c) corrupção ativa: de dois a doze anos; d) lavagem de dinheiro: de três a dez anos; e) caixa dois eleitoral: até cinco anos, se o documento é público, e até três anos, se o documento é particular; f) sonegação fiscal: de dois a cinco anos, entre outros crimes comumente relacionados à criminalidade do colarinho-branco, como a falsificação e o uso de documento falso.

Com efeito, considerando a possibilidade de negociação da pena restritiva de direito com base na pena mínima prevista para o crime, a ser reduzida de um a dois terços, o indivíduo que cometer os crimes de peculato, corrupção ativa, corrupção passiva ou sonegação fiscal poderá ser submetido ao cumprimento de uma pena restritiva de direito de meros oito meses. Já o que praticar lavagem de dinheiro poderá negociar uma pena de um ano de restrição de direitos. Curiosa será a negociação em relação ao crime de caixa dois eleitoral, já que não há definição de pena mínima no tipo penal.

Esse distanciamento entre pena de prisão e criminalidade de colarinho-branco caracteriza o que Luciano Feldens chamou de *processo de civilização* do Direito Penal:

> Cunhamos a expressão processo de "civilização" (despenalização) do Direito Penal para designar uma artificial e sorrateira, porém, "eficiente", manobra de extirpação do conteúdo material exsur-

---

casos em que: (...) II – o crime for hediondo ou equiparado (Lei n. 8.072/1990), de lavagem ou ocultação de bens, direitos e valores (Lei n. 9.613/1998), praticado por funcionário público contra a administração pública (Código Penal, Título XI, Capítulo I) ou nos casos de incidência da Lei n. 11.340, de 7 de agosto de 2006". Ocorre que, em plenário, o relator dos projetos, Deputado Lafayette de Andrada, apresentou um projeto substitutivo que, nesse particular, excluiu a vedação de aplicação aos crimes de lavagem de dinheiro e praticados por funcionário público contra a administração pública.

gente da sanção penal, consistente num conjunto de medidas legislativas que houveram por aproximá-la das sanções cíveis, próximas das disciplinas extrapenais, notadamente do direito civil (...) O curioso nesse episódio que cognominamos de "civilização" do Direito Penal, por meio da qual pretendemos chamar a atenção da comunidade jurídica, é que, como facilmente constatável, a maior parte das manifestações legislativas dessa *lobotomia criminal* aproveita exclusivamente os autores dos crimes do "colarinho-branco". Outrossim, as modificações legislativas que veiculam essa "civilização" vem dar-se "coincidentemente" em momento histórico em que o Direito Penal principia por alcançar sua maturidade, lançando-se ao sancionamento de crimes praticados em detrimento da ordem econômico-tributária e do sistema financeiro[68].

Portanto, o efeito direto desse abrandamento do trato legislativo é que o indivíduo que cometer quaisquer desses crimes, a princípio, não será punido com pena de prisão. O pior que pode acontecer é cumprir uma pena restritiva de direito, cujo tempo máximo passa a ser a pena mínima prevista no tipo penal, a qual ainda poderá ser reduzida em até dois terços. Vale lembrar, ainda, que o acordo de não persecução penal, por não envolver condenação formal, apesar da necessária confissão do crime, não gerará os efeitos técnicos da reincidência na hipótese de o indivíduo cometer outro crime no futuro.

CONCLUSÃO

A primeira conclusão possível é que foram identificadas evidências teóricas de que a política criminal brasileira atual confirma as hipóteses lançadas pela teoria da criminalidade de colarinho-branco, de Edwin Sutherland, de 1939, e se coaduna com os pres-

---

[68] FELDENS, Luciano. *Tutela penal de interesses difusos e crimes do colarinho branco*: por uma relegitimação da atuação do Ministério Público: uma investigação à luz dos valores constitucionais. Porto Alegre: Livraria do Advogado, 2002. p. 180-181 apud PANOEIRO, José Maria de Castro. *Política criminal e direito penal econômico*: um estudo interdisciplinar dos crimes econômicos e tributários. Porto Alegre: Núria Fabris, 2014. p. 40-41.

supostos lançados pela Criminologia Crítica, no sentido de ser seletiva em benefício da criminalidade do colarinho-branco, em razão da possível influência dos poderosos sobre quem formula as políticas criminais no Brasil e sobre quem as transforma em leis.

Em segundo lugar, restou confirmada a afirmação feita na introdução deste artigo, no sentido de que o processo de expansão criminal experimentado no Brasil, caracterizado, entre outros aspectos, pela tutela penal de novos bens jurídicos penais, entre eles a ordem econômica e o patrimônio público, está sendo severamente contido no que diz respeito às suas possibilidades punitivas, aproximando-se das políticas criminais imunizantes sustentadas por Hassemer e Silva Sanchez, os quais defendem, em tais casos, a substituição da pena privativa de liberdade por medidas meramente restritivas de direito.

Nesse sentido, observa José Maria Panoeiro que, no Brasil, o discurso de resistência, em que pese a autoridade de seus partidários, soa como extemporâneo. Ele se revela mais conectado com um modelo de Estado liberal e com os interesses do mercado do que com uma justiça social, própria do Estado Social, tal como comanda o art. 170, *caput*, da CF. Seus ataques ao Direito Penal Econômico, bem como suas propostas em torno de um "Direito de Intervenção" não deixam de ser uma tentativa de afastar da seara penal e da sua característica (ou consequência) mais evidente, a pena privativa de liberdade, o criminoso do colarinho-branco[69].

Panoeiro complementa seu raciocínio citando Andreas Eisele, o qual afirma que se trata de reação de pessoas que, no âmbito do Estado Liberal, se encontravam, juridicamente, na posição de vítimas de delitos que afetavam a vida, a liberdade e o patrimônio, e agora são alcançadas pela qualificação de delinquentes, por afetarem bens jurídicos coletivos ou difusos. Daí por que a proposta de um Direito Penal de Intervenção, claramente identificado com o discurso de resistência, não deixa de ser reelaboração de um velho problema do

---

69 PANOEIRO, José Maria de Castro. *Política criminal e direito penal econômico*, cit., p. 138-139.

sistema penal, o olhar estigmatizante para as pessoas socialmente excluídas, reservando tratamento privilegiado às classes dominantes[70].

Tal aspecto não seria novidade para Sutherland, que salientou, já na primeira metade do século passado, a característica da busca por meios de punição, em relação aos criminosos do colarinho-branco, em outros ramos direito, que não seja o penal, ao contrário da punição conferida aos criminosos clássicos, em flagrante demonstração do caráter seletivo da política criminal.

Sutherland diria ainda, de forma direta e objetiva, que essa seletividade da política criminal teria por finalidade manter os poderosos fora da prisão. Baratta talvez fosse um pouco mais sofisticado e agregaria ao argumento a questão da utilização da política criminal como mecanismo de controle exercido pelos poderosos sobre as camadas mais baixas da estratificação social.

Especificamente em relação ao acordo de não persecução penal, a forma como o projeto de lei foi transformado, de medida de racionalização dos trabalhos dos órgãos de persecução penal para uma quase anistia dos crimes de colarinho-branco, demonstra, sem sombra de dúvidas, que a classe dos bem-sucedidos e poderosos exerceu sua força e fez prevalecer seus interesses no processo de criminalização primária, quando da tramitação do Projeto de Lei Anticrime no Congresso Nacional. Conseguiram, portanto, reagir aos efeitos do expansionismo penal, como pressuposto no início deste estudo.

A quase impunidade, já existente em decorrência da substituição da pena privativa de liberdade pela restritiva de direito, quando o criminoso é condenado a pena não superior a quatro anos (art. 44, I, do CP) – o que é costumeiro em relação aos crimes de colarinho-branco –, foi superada por uma medida de imunização, a partir da possibilidade de celebração do acordo de não persecução penal.

Outros aspectos podem ser citados, como forma de demonstrar uma postura seletiva e defensiva, não apenas da atual política criminal brasileira, mas também da atuação do Poder Judiciário (crimina-

---

70   EISELE, Andreas. *Crítica ao direito penal tributário brasileiro*. Blumenau: Acadêmica, 2007. p. 29.

lização secundária) em relação à criminalidade do colarinho-branco, contudo, não há espaço para explorá-las no presente estudo.

Questões como a extinção da punibilidade penal em razão do pagamento do tributo sonegado, de forma integral ou parcelada; a necessidade do esgotamento das vias administrativas para a consumação do crime contra a ordem tributária, definida na Súmula Vinculante 24 do Supremo Tribunal Federal; a repercussão da referida súmula sobre a impossibilidade de investigação do crime de lavagem de dinheiro, quando a sonegação for o crime antecedente; ou, ainda, a aplicação do princípio da insignificância aos crimes de sonegação fiscal, quando o valor do débito não ultrapassar R$ 20.000,00 – todas elas revelam uma postura seletiva em benefício das classes às quais pertencem os criminosos do colarinho-branco.

Por fim, cabe registrar que a Lei n. 13.964/2019 estabeleceu que o acordo de não persecução penal poderá ser proposto pelo Ministério Público, desde que se mostre *necessário e suficiente para a reprovação e prevenção do crime*, ou seja, desde que cumpra as finalidades básicas da pena.

Vale dizer, então, que, quando o órgão acusador, titular da ação penal, entender que a pena passível de ser aplicada mediante a celebração do acordo entre as partes não for suficiente como medida punitiva e preventiva, poderá o acordo deixar de ser proposto e, consequentemente, a ação penal deverá ser oferecida. No mesmo sentido, então, poderá o Poder Judiciário deixar de homologar o acordo quando entender que as medidas propostas são insuficientes aos propósitos da pena.

Dessa forma, já que se trata de uma inovação legislativa recente, é de suma importância acompanhar como Ministério Público e Judiciário exercerão seus poderes de veto, vale dizer, se desempenharão um papel crítico, seletivo ou meramente contemplativo em relação à novel medida legal imunizante.

REFERÊNCIAS

ANDRADE, Vera Regina Pereira de. *Pelas mãos da criminologia*: o controle penal para além da (des)ilusão. Rio de Janeiro: Revan; ICC, 2012.

BARATTA, Alessandro. *Criminologia crítica e crítica do direito penal*: introdução à sociologia do direito penal. Trad. Juarez Cirino dos Santos. Rio de Janeiro: Revan, 2013.

BATISTA, Nilo. *Introdução crítica ao direito penal brasileiro*. Rio de Janeiro: Revan, 2017.

BECK, Ulrich. *Sociedade de risco*: rumo a uma outra modernidade. Trad. Sebastião Nascimento. São Paulo: Editora 34, 2011.

BOTTINI, Pierpaolo Cruz. *Crimes de perigo abstrato e princípio da precaução na sociedade de risco*. São Paulo: Revista dos Tribunais, 2010.

CALLEGARI, André Luís; ANDRADE, Roberta Lofrano. Sociedade do risco e direito penal. In: CALLEGARI, André Luís (org.). *Direito penal e globalização*: sociedade do risco, imigração irregular e justiça restaurativa. Porto Alegre: Livraria do Advogado, 2011.

DÍEZ RIPOLLÉS, José Luis. *A política criminal na encruzilhada*. Trad. André Luís Callegari. Porto Alegre: Livraria do Advogado, 2015.

EISELE, Andreas. *Crítica ao direito penal tributário brasileiro*. Blumenau: Acadêmica, 2007.

FERREIRA, Carolina Costa. *A política criminal no processo legislativo*. Belo Horizonte: D'Plácido, 2017.

FRAGOSO, Heleno Cláudio. Direito penal econômico e direito dos negócios. *Revista de Direito Penal e Criminologia*, n. 33, jan.-jun. 1982, p. 122-129.

HASSEMER, Winfried. Perspectivas de uma moderna política criminal. *Revista Brasileira de Ciências Criminais*, São Paulo: RT, n. 08, p. 49, out. 1994.

MACHADO, Linia Dayana Lopes; GUIMARÃES, Rejaine Silva. Direito penal no contexto da sociedade de risco: um desafio da pós-modernidade. *Revista Direito Penal, Processo Penal e Constituição*, Brasília, v. 3, n. 1, p. 1-16, jan.-jun. 2017.

MACHADO, Marta Rodriguez de Assis. Dogmática penal. In: RODRIGUEZ, José Rodrigo (org.). *Fragmentos para um dicionário crítico de direito e desenvolvimento*. São Paulo: Saraiva, 2011.

PANOEIRO, José Maria de Castro. *Política criminal e direito penal econômico*: um estudo interdisciplinar dos crimes econômicos e tributários. Porto Alegre: Núria Fabris, 2014.

PRANDO, Camila Cardoso de Mello. Orientação político-criminal do Estado brasileiro: uma análise de leis promulgadas no período de 1998 a 2002. *Revista de Estudos Criminais*, n. 31, out.-dez. 2008.

SANTOS, Juarez Cirino. *A criminologia crítica e a reforma da legislação penal*. Trabalho apresentado na XIX Conferência Nacional dos Advogados (25-30 de setembro de 2005), Florianópolis, SC.

SANTOS, Juarez Cirino. Política criminal: realidades e ilusões do discurso penal. *Discursos Sediciosos*, Rio de Janeiro, v. 12, p. 53-57, 2002.

SILVA SÁNCHEZ, Jesús-María. *A expansão do direito penal*: aspectos da política criminal nas sociedades pós-industriais. São Paulo: Revista dos Tribunais, 2002.

SOUZA, Luciano Anderson de. *Direito penal econômico*: fundamentos, limites e alternativas. São Paulo: Quartier Latin, 2012.

SUTHERLAND, Edwin. A criminalidade de colarinho branco. Trad. Lucas Minorelli. *Revista Eletrônica de Direito Penal e Política Criminal – UFRGS*, v. 2, n. 2, 2014.

SUTHERLAND, Edwin H. *Crime de colarinho branco*: versão sem cortes. Trad. Clécio Lemos. Rio de Janeiro: Revan, 2015.

VERAS, Ryana Pala. *Nova criminologia e os crimes do colarinho branco*. São Paulo: WMF Martins Fontes, 2010.

VIEIRA, Vanderson Roberto; ROBALDO, José Carlos de Oliveira. A sociedade do risco e a dogmática penal. *Âmbito Jurídico*, Rio Grande, X, n. 38, fev. 2007. Disponível em: http://www.ambito-juridico.com.br/site/index.php?n_link=revista_artigos_leitura&artigo_id=3593. Acesso em: jun. 2019.

3

Aspectos da denúncia criminal na macrocriminalidade

Manoel Veridiano F. R. Pinho[1]

Resumo: O presente artigo busca tratar de aspectos sobre a objetividade da denúncia no âmbito do processo penal, mais especificamente no contexto da macrocriminalidade, tendo-se em vista que há mais pessoas envolvidas no crime, mais crimes interligados entre si e diversidade de lugares da prática criminosa, muitas vezes em Estados diversos da Federação e até mesmo em países diferentes. Além disso, o processo penal na macrocriminalidade é marcado pela utilização de novos meios de prova, que não são muito utilizados na "microcriminalidade", como a interceptação telefônica e o acordo de colaboração premiada. Tudo isso faz com que a denúncia se torne um pouco mais complexa nos casos de macrocriminalidade, mas, mesmo assim, ela não pode deixar de ser clara, sucinta e objetiva, para garantir-se os direitos do acusado e o bom trâmite da ação penal.

Palavras-chave: Denúncia. Concisão. Macrocriminalidade. Ampla defesa. Processo justo.

---

1 Doutorando em Direito Constitucional pelo Instituto Brasileiro de Ensino, Desenvolvimento e Pesquisa (IDP). Mestre pela Universitat de Girona. Bacharel pela Faculdade de Direito da Universidade de São Paulo. Promotor de Justiça do Estado de Mato Grosso do Sul. Membro auxiliar da Corregedoria Nacional do Ministério Público.

1. ASPECTOS GERAIS DA DENÚNCIA

Os requisitos da denúncia, para que ela seja recebida, vêm expressos no art. 41 do CPP[2], sendo eles: a exposição do fato criminoso, com todas as suas circunstâncias, a qualificação do acusado ou esclarecimentos pelos quais se possam identificá-lo, a classificação do crime e o rol de testemunhas, se necessário.

A denúncia é a peça inicial da ação penal e é de atribuição privativa do Ministério Público, que atua como *dominus litis*, a teor do art. 129, I, da CF[3], à exceção da hipótese da ação penal privada subsidiária da pública, que é rara na prática, e está inserida na lista de direitos e garantias fundamentais do cidadão, no art. 5º, LIX, do mesmo texto constitucional[4].

A importância da denúncia se refere ao fato de que ela delimita o objeto da ação penal e, consectariamente, do que será levado a julgamento de mérito pelo Poder Judiciário, conforme o princípio da correlação entre acusação e sentença. Ademais, a denúncia, com o seu recebimento, dá início ao processo penal e confere o *status* de acusado àquele a quem se imputa o crime, ampliando-se o grau de aplicação e de incidência dos princípios do contraditório e da ampla defesa, estabelecidos no art. 5º, LV, da CF[5], em contraposição à fase inquisitorial.

Não se pode olvidar, nesse aspecto, posicionamento de relevante doutrina no sentido de que o próprio oferecimento da denún-

---

2 Art. 41. A denúncia ou queixa conterá a exposição do fato criminoso, com todas as suas circunstâncias, a qualificação do acusado ou esclarecimentos pelos quais se possa identificá-lo, a classificação do crime e, quando necessário, o rol das testemunhas.
3 Art. 129. São funções institucionais do Ministério Público: I – promover, privativamente, a ação penal pública, na forma da lei.
4 Art. 5º (...) LIX – será admitida ação penal privada nos crimes de ação pública, se esta não for intentada no prazo legal.
5 Art. 5º (...) LV – aos litigantes, em processo judicial ou administrativo, e aos acusados em geral são assegurados o contraditório e ampla defesa, com meios e recursos a ela inerentes.

cia já dá início ao processo penal, embora como uma relação linear entre o acusador e o juiz[6]. Será a denúncia rejeitada em casos de inépcia, falta de pressupostos processuais ou condições da ação, ou ausência de justa causa, nos termos do art. 395 e incisos do CPP[7]. Assim, todos esses requisitos devem ser observados pelo membro do Ministério Público ao oferecer a denúncia.

2. O FENÔMENO DA MACROCRIMINALIDADE

Pode-se considerar a macrocriminalidade como um complexo de crimes praticados por organizações criminosas que envolvem pessoas de bom padrão econômico e social, e que se passam por cidadãos de bem, de maneira respeitável, no seio social em que vivem. A doutrina costuma chamar esses crimes de crimes de colarinho--branco, que, além da presença dos elementos supradescritos, geram grande dano social, a partir de conceito proposto por Sutherland, como bem ensina o saudoso jurista Heleno Cláudio Fragoso[8].

---

6   Cf. BADARÓ, Gustavo Henrique. *Processo penal*. 4. ed. rev., atual. e ampl. São Paulo: Revista dos Tribunais, 2016. p. 597-598: "O CPP não prevê, expressamente, qual o momento em que se considera iniciado o processo penal. Predomina o entendimento de que o processo penal somente se inicia com o recebimento da denúncia. Discorda-se. O recebimento da denúncia, embora tenha efeitos importantíssimos (por exemplo, a interrupção do prazo prescricional – art. 117, I, do CP), não é o marco inicial do processo penal. A citação do acusado, que é outro marco muito relevante do processo, pois é somente neste momento que a relação jurídica processual se completa, não representa o início do processo. Antes do recebimento da denúncia e da citação, o processo ainda não está completo, mas já existe, embora somente entre o Ministério Público – ou o querelante – e o Estado-Juiz. (...) Oferecida a denúncia, o processo já existe, embora do ponto de vista subjetivo ainda seja uma relação linear entre o juiz e o acusador".

7   Art. 395. A denúncia ou queixa será rejeitada quando: I – for manifestamente inepta; II – faltar pressuposto processual ou condição para o exercício da ação penal; ou III – faltar justa causa para o exercício da ação penal.

8   Cf. FRAGOSO, Cláudio Heleno. Direito penal econômico e direito penal dos negócios. *Revista de Direito Penal e Criminologia*, Rio de Janeiro, n. 33,

Na América Latina, aí incluído o Brasil, a macrocriminalidade tem uma grande dimensão e não se resume aos crimes que têm como bem jurídico tutelado a ordem econômica, tributária e financeira. Pode ela se verificar através da prática de crimes contra a administração pública, crimes contra a ordem tributária, crimes contra o sistema financeiro nacional, crimes contra a ordem econômica e do consumidor, crimes contra o meio ambiente, crimes de corrupção privada, que afetam o patrimônio de empresas regularmente constituídas e que operam regularmente, crimes de tráfico de drogas, crimes contra a ordem do trabalho, crimes praticados por milícias, entre outros.

A macrocriminalidade é evidenciada por crimes que afetam um bem jurídico difuso, dentro de um contexto de posição privilegiada dos criminosos no seio social e político. Há também um ambiente de vulnerabilidade das vítimas[9], que acaba sendo, de modo geral, a sociedade como um todo, já que é composta, no Brasil, por pessoas mais humildes e de menor escolaridade, o que contribui para au-

---

p. 122-129, jan.-jun. 1982. p. 2-3: "Sutherland definia *white-collar crime* como *a violation of the criminal law by a person of the upper socio-economic class in the course of his occupational activities*. O conceito revolucionário de Sutherland deu lugar a largo debate e controvérsia, mas a sua vitalidade é extraordinária. O que caracteriza a criminalidade de colarinho-branco é o fato de seus autores pertencerem à classe social elevada, atuando no exercício de sua atividade ocupacional (comerciantes e profissionais) e causando um dano extenso e considerável".

9   Cf. SUTHERLAND, Edwin H. A criminalidade de colarinho branco. *Revista Eletrônica de Direito Penal & Política Criminal*, v. 2, n. 2, p. 93-103, 2014. p. 101. Disponível em: https://seer.ufrgs.br/redppc/article/view/56251. Acesso em: 2 out. 2020:"A posição privilegiada dos criminosos de colarinho-branco perante a lei resulta em pequena parte de subornos e pressões políticas, principalmente do aspecto de como são mantidos e sem maiores esforços da parte deles. O grupo mais poderoso na sociedade medieval gozou de relativa imunidade por meio do 'benefício do clero' e agora nossos grupos mais poderosos obtêm o mesmo efeito pelo 'benefício da empresa ou ocupação'. Em contraste com o poder dos criminosos de colarinho-branco está a vulnerabilidade de suas vítimas. Consumidores, investidores e acionistas são desorganizados, carecem de conhecimento técnico e são incapazes de se proteger".

mentar ainda mais as desigualdades sociais. Por exemplo: no caso da corrupção privada, ocasionam-se danos não só ao patrimônio da empresa, mas também ao meio ambiente, à integridade física e ao direito dos trabalhadores; e, no tráfico de drogas, ocasionam-se danos à saúde pública e à ordem social, já que é o maior gerador de crimes patrimoniais de pouca monta por pequenos usuários/traficantes de drogas e de problemas relacionados à saúde pública, individual e familiar.

Um importante aspecto da macrocriminalidade decorre do que Eugenio Raúl Zaffaroni chama de totalitarismo financeiro, em que grandes empresas constituem o principal poder do Estado, acima até mesmo do poder político e dos meios de comunicação, cujos crimes praticados alcançam dimensões lesivas a configurar verdadeiros crimes contra a humanidade[10].

Temos observado um movimento expansivo da dogmática penal e processual penal no campo da macrocriminalidade. Por outro lado, devem ser respeitadas as garantias básicas desses campos, inclusive a partir da denúncia criminal, para o bom trâmite da ação penal. Caso contrário, haverá prejuízos às garantias individuais, a exemplo do contraditório e da ampla defesa e do princípio da presunção de inocência, não só aos envolvidos na macrocriminalidade, mas também às pessoas pobres[11].

---

10   Cf. ZAFFARONI, Eugenio Raúl; SANTOS, Ílison Dias dos. *La nueva crítica criminológica*: criminología en tiempos de totalitarismo financiero. Quito: El Siglo, 2019. p. 105. (Série Pensamiento Penal Crítico, n. 2): "Hemos llegado al núcleo del ovillo y, si bien no es posible entrar en detalles, lo cierto es que la crítica criminológica debe al menos dar una idea de la magnitud de los daños producidos por los ilícitos mencionadas, que no son meros delitos contra el patrimonio, pues alcanzan las dimensiones lesivas de crímenes contra la humanidad, hoy por completo impunes".

11   Cf. CASTILHO, Ela Wiecko V. de. A ilusória democratização do (pelo) controle penal. In: PRANDO, Camila Cardoso de Mello; GARCIA, Mariana Dutra de Oliveira; ALVES, Marcelo Mayora (orgs.). *Construindo as criminologias críticas*: a contribuição de Vera de Andrade. Rio de Janeiro: Lumen Juris, 2018. p. 25: "As inovações da dogmática penal e processual penal, com

A expansão do direito penal moderno se dá em reformas na legislação penal, seja no Código Penal, seja na legislação extravagante, e passa a tipificar crimes que tutelam bens jurídicos difusos. Ao mesmo tempo, a política criminal moderna passa a tratar dos delitos de perigo abstrato, cujos bens jurídicos são universais, e de difícil determinação objetiva, já que tutelam diversos bens da vida, de maneira coletiva[12].

No aspecto processual penal visualiza-se a desformalização dos instrumentos tradicionais, de modo que os meios de prova são obtidos, por exemplo, além dos meios de prova tradicionais, por interceptações telefônicas e por acordos de colaboração, ampliando, assim, a invasão à esfera das garantias individuais[13]. Por esse motivo, há elementos que, nesse panorama, devem ser irrenunciáveis dentro de um Estado de Direito, quais sejam: a) a observância do princípio da culpabilidade no Direito Penal; b) a imputação individual do injusto e da culpabilidade no Direito Penal; e c) a observância de um processo justo no Processo Penal[14].

Por isso que a denúncia criminal na macrocriminalidade não pode se desbordar dos elementos irrenunciáveis do direito penal e processual penal à luz do Estado de Direito.

---

flexibilização das garantias em nome de uma proteção eficaz de bens jurídicos difusos e coletivos, certamente serão aplicadas não apenas para as organizações criminosas conceituadas na Lei n. 12.850, mas também para associações criminosas e situações de simples concurso, pois é forte a racionalidade punitiva que preside as relações sociais no Brasil. A expansão penal e a flexibilização de garantias individuais para incidir na criminalidade econômica, na criminalidade dos poderosos acaba incidindo para os mais pobres".

12   HASSEMER, Winfried. Desenvolvimentos previsíveis na dogmática do direito penal e na política criminal. *Revista Eletrônica de Direito Penal & Política Criminal*, v. 1, n. 1, p. 37-46, 2013. p. 2. Disponível em: https://seer.ufrgs.br/index.php/redppc/article/view/44239. Acesso em: 2 out. 2020.
13   Idem, p. 3.
14   Idem, p. 5-6.

3. O CONTEÚDO DA DENÚNCIA CRIMINAL

Devem constar na denúncia o juízo a que ela é dirigida, o tempo e o lugar do crime, e a tipificação legal. O corpo da denúncia deve conter apenas o fato que se considera criminoso e suas circunstâncias, se presentes indícios de autoria e prova da materialidade do fato, chamados em seu conjunto de justa causa. Ou seja, narra-se um fato que se subsome a algum tipo penal previsto em lei, desde que não se verifique qualquer causa de exclusão da ilicitude ou de extinção da punibilidade, escusas absolutórias ou perdão judicial.

É diferente do que ocorre, por exemplo, no processo civil, em que a petição inicial deve conter os fundamentos jurídicos e de fato, que correspondem à causa de pedir, e pode, facultativamente, narrar inclusive os chamados fatos simples, que não fundamentam o pedido, mas apenas servem para seu reforço, nos termos do art. 319, III, do CPC[15].

Normalmente, com base no inquérito policial ou em procedimento investigatório criminal, feito pelo próprio Ministério Público, que têm como conteúdo as provas colhidas na etapa de investigação, como perícias, laudos, oitiva de testemunhas, interrogatório do indiciado, auto de flagrante delito, auto de apreensão, auto de infração, documentos fiscais, transcrições de interceptações telefônicas, declarações de delação etc., o membro do Ministério Público, exercendo atividade hermenêutica, com base nas provas trazidas naquele momento, realiza um juízo duplo de valor: se há presença de indícios de autoria e prova da materialidade do fato, e, ao mesmo tempo, em qual tipo penal se enquadra a conduta do fato a narrar e descrever.

Emerson Garcia ensina que a denúncia deve conter exposição sintética dos fatos e, citando João Mendes Júnior, explica que se trata de uma peça narrativa e demonstrativa, ou seja, ela narra os fatos e suas circunstâncias, e demonstra através da narrativa a subsunção ao tipo penal[16].

---

15 Art. 319. A petição inicial indicará: (...) III – o fato e os fundamentos jurídicos do pedido.
16 Cf. GARCIA, Emerson. *Ministério Público*: organização, atribuições e regime jurídico. 3. ed. Rio de Janeiro: Lumen Juris, 2008. p. 269-270: "Na síntese de

A denúncia precisa ser clara, objetiva, sucinta e precisa, a fim de que se possibilite o direito de defesa, para que o acusado saiba do que está sendo imputado e do que terá que se defender. Isso porque ele se defenderá justamente dos fatos narrados, e não da classificação dada ao crime na denúncia.

Uma denúncia com essas características também contribui para que se alcance um processo justo, pois permite sua adequada compreensão por todos os operadores do direito envolvidos e, consequentemente, permite o bom trâmite da ação penal. O que se quer dizer com isso é que o membro do Ministério Público não precisa fundamentar a atividade hermenêutica que percorreu para chegar à conclusão de que há indícios de autoria e prova da materialidade do fato para oferecer a denúncia, seja no seu próprio corpo, seja em documento separado. Por exemplo, em denúncia de homicídio, apenas se individualiza o acusado e narra-se seu liame com o crime, demonstrando a adequação típica. É desnecessário dizer por que chegou àquela conclusão, senão apenas narrar o fato e suas circunstâncias, e demonstrar a subsunção legal. Precisa, no entanto, registrar a morte, através do laudo necroscópico, para demonstrar o fato narrado do homicídio.

Entretanto, nos crimes mais comuns no dia a dia das varas criminais, como homicídio, roubo, furto, tráfico de droga, violência

---

João Mendes Júnior, 'a denúncia é uma exposição narrativa e demonstrativa. Narrativa porque deve revelar o fato com todas as suas circunstâncias, isto é, não só a ação transitiva como a pessoa que a praticou (*quis*), os meios que empregou (*quibus auxiliis*), o malefício que produziu (*quid*), os motivos que a determinaram a isso (*cur*), a maneira por que a praticou (*quomod*), o lugar onde o praticou (*ubi*) e o tempo (*quando*). Demonstrativa, porque deve descrever o corpo de delito, dar as razões de convicção ou presunção e nomear as testemunhas e informantes'. Esses fatores devem permitir a identificação do suporte probatório mínimo que necessariamente acompanhará a denúncia (*v.g.*: as provas colhidas no curso do inquérito policial), vale dizer, a 'justa causa' para o seu ajuizamento. Evidentemente, a denúncia deve conter uma exposição sintética dos fatos, não sendo a seara adequada para o revolvimento das provas até então colhidas no procedimento inquisitorial, o que será feito por ocasião das alegações finais".

doméstica, direção sob o efeito de álcool ou outra substância etc., fora do contexto da macrocriminalidade, é comum ver na prática, além do fato narrado como típico, fatos secundários, ou até mesmo a própria narrativa das provas trazidas no inquérito policial. Nesses casos, não há maiores problemas, já que a denúncia, embora narre fatos secundários ou contenha dados desnecessários, não a torna muito longa, visto que há um só acusado, ou alguns poucos acusados e poucos fatos. Isso não causa maiores prejuízos à sua compreensão, portanto.

Desse modo, a denúncia criminal deve ser apresentada nesses termos supraexpostos, narrando e demonstrando o fato criminoso e suas circunstâncias, de forma clara, concisa, precisa e objetiva, e estritamente necessária para ser sucinta.

4. A DENÚNCIA CRIMINAL NA MACROCRIMINALIDADE

Em razão do grande número de agentes e de fatos, muitas vezes espalhados em várias localidades do país, com presença de meios de prova mais complexos, como a interceptação telefônica e as declarações de delação, e ainda a utilização de pessoas jurídicas para a prática dos crimes, tudo isso torna a denúncia na macrocriminalidade naturalmente mais extensa e complicada.

Por isso deve ser evitada a narrativa de dados desnecessários à denúncia, sob pena de se prejudicar sua própria compreensão, desnaturá-la, causar prejuízos ao bom trâmite do processo, à ampla defesa e à própria persecução penal. Assim, por já ser naturalmente mais extensa e complexa, deve-se ter muita cautela para não a tornar exageradamente extensa e de difícil compreensão.

As denúncias exageradamente extensas tornam-se prolixas e de difícil compreensão. O que se busca com esse tipo de prática, na verdade, é fazer um resumo de todo o encartado de investigações, quando, na verdade, esse não é o objetivo da denúncia. Pressupõe-se que os operadores do direito irão ler e estudar tudo o que a instruiu, e a denúncia, por isso, deve cumprir o seu papel conforme as disposições legais do processo penal.

Assim, por exemplo, a narrativa introdutória de como começou a operação relativa à investigação, as origens do nome dado às investigações e à operação, aspectos noticiados na imprensa etc. não devem ser inclusos na denúncia. Eventuais explicações adicionais, por exemplo, sobre o *modus operandi* genérico da organização criminosa, que não se enquadrem em elementos essenciais da maneira de execução do crime a se narrar, podem ser feitas em relatório de investigação em momento anterior à denúncia.

A narrativa de provas encartadas no inquérito policial que não sejam necessárias à explicação do crime e de suas circunstâncias também não deve ser incluída.

Clarificando, em uma denúncia de organização criminosa de tráfico de drogas, se uma pessoa X remete certa quantidade de droga, apreendida nos autos, para outro Estado, é esse fato que deve ser bem delineado, qualificando-se o acusado e demonstrando seu liame com o crime. Não é necessário dizer que foi ele que remeteu a droga porque no áudio Y da interceptação ele diz que remeterá e no áudio W, outra pessoa diz que ele remeteu.

Ou, ainda, imagine-se uma denúncia de corrupção privada operada por meio de outras pessoas jurídicas criadas para tal finalidade pelos próprios funcionários do alto escalão da empresa vítima, em um crime de estelionato, por exemplo. Verifica-se que é contratada uma empresa fantasma operada pelos próprios acusados que ocupam cargos altos na empresa vítima, mas que não presta serviço algum, que deveria, no entanto, ser prestado de maneira efetiva no próprio país, e recebe os valores, desviando-os ilicitamente do patrimônio da empresa.

Basta, nesse caso, narrar e descrever o fato delituoso, ou seja, quem praticou, como praticou, qual foi a vantagem ilícita obtida e qual foi o meio fraudulento utilizado. Não é necessário narrar, por exemplo, a versão do acusado de que os serviços eram prestados em reuniões que se davam em cafés em outros países, até mesmo porque isso é justamente uma prova que poderá sustentar a existência do fato criminoso narrado durante a instrução processual.

A característica de a denúncia ser sucinta não permite, por outro lado, a denúncia genérica nos crimes de autoria coletiva, de modo que deve haver a correta narrativa e descrição das condutas imputadas, indicando-se o liame existente entre certa conduta classificada como criminosa e seu autor[17].

5. A JURISPRUDÊNCIA SOBRE O TEMA

A jurisprudência dos Tribunais Superiores assenta que o fato de a denúncia ser sucinta não a torna inepta, desde que descreva um fato típico, antijurídico e culpável, com as suas circunstâncias, e permita a visualização da conduta criminosa e da responsabilidade do acusado. Pelo contrário, o que gera a inépcia da denúncia é a constatação de plano de ausência da justa causa, entendida esta como ausência de um conjunto probatório mínimo, atipicidade da conduta ou a presença de causa de extinção da punibilidade. Destarte, o fato de a denúncia ser sucinta não impede a ampla defesa, pelo contrário, a permite.

Citamos aqui, pela importância do decidido em relação ao tema exposto, os abaixo mencionados excertos dos julgamentos do Superior Tribunal de Justiça nesse sentido. Trata-se de julgados que dizem respeito, respectivamente, a crimes praticados por milícias, a crimes de sonegação tributária e ao tráfico de drogas:

> 3. Por ser a denúncia a petição inicial do processo criminal, com caráter meramente descritivo, deve limitar-se a descrever o fato

---

17 Cf. PACELLI, Eugenio; FISCHER, Douglas. *Comentários ao Código de Processo Penal e sua jurisprudência*. 9. ed. rev. e atual. São Paulo: Atlas, 2017. p. 109: "Outra solução se deve dar à acusação genérica, por meio da qual, dada a pluralidade e/ou complexidade dos atos imputados, não se possa atribuir com clareza a individualização dos comportamentos dos réus, comprometendo-se, por isso mesmo, a amplitude da defesa. Se a peça acusatória, cuidando, por exemplo, de crimes financeiros, não distingue, dentre vários comportamentos, quais seriam os atos imputados como de gestão, bem como não identifica quais seriam, especificamente, os responsáveis por eles, não só a instrução criminal terá significativos obstáculos, como também a própria defesa de cada acusado, se e na medida em que cada um deles exerça funções diferentes na cadeia de condutas e na organização do empreendimento delituoso".

criminoso com todas as suas circunstâncias, conforme verificado na espécie, pois a autoria delitiva e a pormenorização da empreitada delituosa só serão elucidadas ao final da instrução processual.

4. Na espécie, o *Parquet* estadual descreveu, na exordial, o modo de funcionamento da organização criminosa e explicitou, ainda que de forma sucinta, os fatos ilícitos praticados por cada denunciado, a permitir o exercício amplo da defesa e do contraditório.

5. Banida a inépcia da denúncia, a negativa de prosseguimento da demanda criminal apenas se sustentaria, caso restasse provada, de modo manifesto e de plano, a ausência de justa causa, a atipicidade da conduta ou a causa extintiva da punibilidade. Contudo, não há falar, por ora, em escassez notória de justa causa para a propositura da ação penal, porquanto houve a indicação de elementos mínimos de autoria e materialidade, bem como a descrição fática bastante, capazes de subsidiar o processo deflagrado[18].

– O trancamento da ação penal, na via estreita do *habeas corpus*, somente é possível, em caráter excepcional, quando se comprovar, de plano, a inépcia da denúncia, a atipicidade da conduta, a incidência de causa de extinção da punibilidade ou a ausência de indícios de autoria ou de prova da materialidade do delito.

– Não há que se falar em inépcia da denúncia que descreveu adequadamente a atuação do réu na sonegação de tributos por meio de lançamentos inexatos dolosos. O fato de a narrativa da conduta do acusado contida na inicial acusatória ser sucinta e não descer a pormenores não prejudica a sua ampla defesa, pois foi descrita, com acuidade, a prática de fato típico, antijurídico e culpável[19].

18　BRASIL. Superior Tribunal de Justiça. Recurso Ordinário em *Habeas Corpus* 114.138/RJ. Sexta Turma. Rel. Min. Rogério Schietti Cruz. Brasília, 23 de junho de 2020. *Portal do Superior Tribunal de Justiça*, Brasília, 1º jul. 2020. p. 2. Disponível em: https://scon.stj.jus.br/SCON/GetInteiroTeorDoAcordao?num_registro=201901689711&dt_publicacao=01/07/2020. Acesso em: 2 out. 2020 (grifou-se).

19　BRASIL. Superior Tribunal de Justiça. Agravo Regimental no *Habeas Corpus* 468.165/SP. Quinta Turma. Rel. Min. Reynaldo Soares da Fonseca. Brasília,

2. Apesar de a acusação estar relativamente sucinta, a imputação fática relativa aos delitos descritos nos arts. 2º, §§ 2º, 3º e 4º, I, todos da Lei n. 12.850/2013; 35, c/c o art. 41, IV e VI, ambos da Lei n. 11.343/2006 está suficientemente delineada na denúncia, visto que é possível identificar, nos termos do que dispõe o art. 41 do Código de Processo Penal, qual a responsabilidade do agravante nos fatos em apuração, vale dizer, quais condutas ilícitas supostamente por ele praticadas.

3. Em crimes de autoria coletiva, a doutrina e a jurisprudência têm abrandado o rigor do disposto no art. 41 do Código de Processo Penal, dada a natureza dessas infrações, visto que nem sempre é possível, na fase da formulação da peça acusatória, realizar uma descrição detalhada da atuação de cada um dos indiciados, de forma que se admite um relato mais generalizado do comportamento tido como delituoso.

4. Embora a inicial acusatória não possa ser de todo genérica, é válida quando, apesar de não descrever minuciosamente as atuações individuais de cada um dos acusados, demonstra um liame entre seu agir e a suposta prática delituosa, estabelecendo a plausibilidade da imputação e possibilitando ao réu compreender os termos da acusação e dela defender-se, tal como ocorreu no caso[20].

No Supremo Tribunal Federal a orientação é a mesma. Cita-se o seguinte caso referente a crimes ambientais da Lei n. 9.605/98:

> Rejeitado pedido de trancamento de ação penal, dada a expressa previsão legal, nos termos da legislação ambiental, da responsabilização penal de dirigentes de pessoa jurídica e a verificação de que

---

2 de junho de 2020. *Portal do Superior Tribunal de Justiça*, Brasília, 15 jun. 2020. p. 2. Disponível em: https://scon.stj.jus.br/SCON/GetInteiroTeor DoAcordao?num_registro=201802318300&dt_publicacao=15/06/2020. Acesso em: 2 out. 2020 (grifou-se).

20 BRASIL. Superior Tribunal de Justiça. Agravo Regimental no *Habeas Corpus* 514.320/SC. Sexta Turma. Rel. Min. Rogério Schietti Cruz. Brasília, 28 de abril de 2020. *Portal do Superior Tribunal de Justiça*, Brasília, 30 abr. 2020. p. 1-2. Disponível em: https://scon.stj.jus.br/SCON/GetInteiroTeorDo Acordao?num_registro=201901630343&dt_publicacao=30/04/2020. Acesso em: 2 out. 2020 (grifou-se).

consta da denúncia a descrição, embora sucinta, da conduta de cada um dos denunciados[21].

Ainda, no Supremo Tribunal Federal decidiu-se, em caso de tráfico de drogas praticado por organização criminosa em vários Estados da Federação, que a concisão da denúncia é característica salutar. Cita-se aqui trecho do voto da relatora Ministra Rosa Weber:

> Além disso, reitero que a denúncia, embora sucinta no tópico em que descreve a conduta imputada à agravante, aponta as ações criminosas deflagradas e levadas a efeito pelos acusados.
>
> Após minuciosa investigação efetuada pela Polícia Federal, identificada estruturada organização criminosa, instalada na fronteira com o Paraguai, voltada para a prática do tráfico ilícito de entorpecentes, atuante nas regiões de Amambai/MS e Coronel Sapucaia/MS, responsável por promover o envio e o carregamento de toneladas de drogas para outras Unidades da Federação.
>
> **Inobstante o artigo 41 do Código de Processo Penal exija a exposição de todas as circunstâncias do fato criminoso, a descrição sucinta não acarreta, por si só, a inépcia da peça acusatória. Diversamente disso, é até mesmo salutar, em prol do escorreito exercício da ampla defesa pelo acusado, que a denúncia seja concisa, limitando-se a narrar, de forma objetiva, os elementos do fato delituoso em tese praticado.** É despiciendo portanto, ao acusador, tecer minúcias, exaurir todas as questões de fato e de direito envolvidas, tarefa essa reservada às alegações finais. Não é a inicial, também, o espaço adequado para digressões de ordem doutrinária ou jurisprudencial[22].

---

21 BRASIL. Supremo Tribunal Federal. *Habeas Corpus* 85.190/SC. Segunda Turma. Rel. Min. Joaquim Barbosa. Brasília, 8 de novembro de 2005. *Portal do Supremo Tribunal Federal*, Brasília, 10 mar. 2006. p. 1. Disponível em: http://redir.stf.jus.br/paginadorpub/paginador.jsp?docTP=AC&docID=358735. Acesso em: 2 out. 2020.

22 BRASIL. Supremo Tribunal Federal. Agravo Regimental no *Habeas Corpus* 118.066/MS. Primeira Turma. Rel. Min. Rosa Weber. Brasília, 3 de setembro de 2013. *Portal do Supremo Tribunal Federal*, Brasília, 25 set. 2013. p. 7. Disponível em: http://redir.stf.jus.br/paginadorpub/paginador.jsp?docTP=TP&docID=4567684. Acesso em: 2 out. 2020 (grifou-se).

CONCLUSÕES

– A importância da denúncia se refere ao fato de que ela delimita o objeto da ação penal e o que será levado a julgamento de mérito pelo Poder Judiciário, conforme o princípio da correlação entre acusação e sentença, dando início, ainda, ao processo penal, com o seu recebimento.

– A macrocriminalidade é um fenômeno complexo de crimes praticados por organizações criminosas que envolvem pessoas de bom padrão econômico e social, e que gera grande dano social, contribuindo para o aumento das desigualdades sociais.

– Na América Latina, aí incluído o Brasil, a macrocriminalidade tem uma grande dimensão, e abarca também os crimes de tráfico de drogas, crimes de corrupção privada, crimes contra a ordem do trabalho, crimes ambientais e crimes praticados por milícias.

– A macrocriminalidade vem acompanhada de uma expansão do direito penal e processual penal moderno. Nesse contexto, há elementos irrenunciáveis em um Estado Democrático de Direito, que devem ser respeitados na ação penal, inclusive a partir da denúncia criminal, quais sejam: a) observância do princípio da culpabilidade no Direito Penal; b) imputação individual do injusto e da culpabilidade no Direito Penal; e c) a observância de um processo justo no Processo Penal.

– A necessidade de denúncia ser clara, objetiva, sucinta e precisa ganha maior relevo nos casos da macrocriminalidade, a fim de se possibilitar o amplo direito de defesa e a formação e o bom trâmite de um processo penal justo, de modo que ela deve ter conteúdo intersubjetivamente compreensível e controlável por todos os operadores do direito.

– Em casos de crimes praticados por milícias, crimes de sonegação tributária, tráfico de drogas e crimes ambientais, por exemplo, o Superior Tribunal de Justiça e o Supremo Tribunal Federal assentaram a jurisprudência de que a denúncia deve delinear o fato criminoso e suas circunstâncias, demonstrando o liame entre o fato e o autor, sendo salutar a sua concisão e sucintez.

REFERÊNCIAS

BADARÓ, Gustavo Henrique. *Processo penal*. 4. ed. rev., atual. e ampl. São Paulo: Revista dos Tribunais, 2016.

BRASIL. Superior Tribunal de Justiça. Agravo Regimental no *Habeas Corpus* 468.165/SP. Quinta Turma. Rel. Min. Reynaldo Soares da Fonseca. Brasília, 2 de junho de 2020. *Portal do Superior Tribunal de Justiça*, Brasília, 15 jun. 2020. p. 2. Disponível em: https://scon.stj.jus.br/SCON/GetInteiroTeorDoAcordao?num_registro=201802318300&dt_publicacao=15/06/2020. Acesso em: 2 out. 2020.

BRASIL. Superior Tribunal de Justiça. Agravo Regimental no *Habeas Corpus* 514.320/SC. Sexta Turma. Rel. Min. Rogério Schietti Cruz. Brasília, 28 de abril de 2020. *Portal do Superior Tribunal de Justiça*, Brasília, 30 abr. 2020. p. 1-2. Disponível em: https://scon.stj.jus.br/SCON/GetInteiroTeorDoAcordao?num_registro=201901630343&dt_publicacao=30/04/2020. Acesso em: 2 out. 2020.

BRASIL. Superior Tribunal de Justiça. Recurso Ordinário em *Habeas Corpus* 114.138/RJ. Sexta Turma. Rel. Min. Rogério Schietti Cruz. Brasília, 23 de junho de 2020. *Portal do Superior Tribunal de Justiça*, Brasília, 1º jul. 2020. p. 2. Disponível em: https://scon.stj.jus.br/SCON/GetInteiroTeorDoAcordao?num_registro=201901689711&dt_publicacao=01/07/2020. Acesso em: 2 out. 2020.

BRASIL. Supremo Tribunal Federal. Agravo Regimental no *Habeas Corpus* 118.066/MS. Primeira Turma. Rel. Min. Rosa Weber. Brasília, 3 de setembro de 2013. *Portal do Supremo Tribunal Federal*, Brasília, 25 set. 2013. p. 7. Disponível em: http://redir.stf.jus.br/paginadorpub/paginador.jsp?docTP=TP&docID=4567684. Acesso em: 2 out. 2020.

BRASIL. Supremo Tribunal Federal. *Habeas Corpus* 85.190/SC. Segunda Turma. Rel. Min. Joaquim Barbosa. Brasília, 8 de novembro de 2005. *Portal do Supremo Tribunal Federal*, Brasília, 10 mar. 2006. p. 1. Disponível em: http://redir.stf.jus.br/paginadorpub/paginador.jsp?docTP=AC&docID=358735. Acesso em: 2 out. 2020.

CASTILHO, Ela Wiecko V. de. A ilusória democratização do (pelo) controle penal. In: PRANDO, Camila Cardoso de Mello; GARCIA, Mariana Dutra de Oliveira; ALVES, Marcelo Mayora (orgs.). *Cons-*

truindo as criminologias críticas: a contribuição de Vera de Andrade. Rio de Janeiro: Lumen Juris, 2018.

FRAGOSO, Cláudio Heleno. Direito penal econômico e direito penal dos negócios. *Revista de Direito Penal e Criminologia*, Rio de Janeiro, n. 33, p. 122-129, jan.-jun. 1982.

GARCIA, Emerson. *Ministério Público*: organização, atribuições e regime jurídico. 3. ed. Rio de Janeiro: Lumen Juris, 2008.

HASSEMER, Winfried. Desenvolvimentos previsíveis na dogmática do direito penal e na política criminal. *Revista Eletrônica de Direito Penal & Política Criminal*, v. 1, n. 1, p. 37-46, 2013. p. 2. Disponível em: https://seer.ufrgs.br/index.php/redppc/article/view/44239. Acesso em: 2 out. 2020.

PACELLI, Eugenio; FISCHER, Douglas. *Comentários ao Código de Processo Penal e sua jurisprudência*. 9. ed. rev. e atual. São Paulo: Atlas, 2017.

SUTHERLAND, Edwin H. A criminalidade de colarinho branco. *Revista Eletrônica de Direito Penal & Política Criminal*, v. 2, n. 2, p. 93-103, 2014. p. 101. Disponível em: https://seer.ufrgs.br/redppc/article/view/56251. Acesso em: 2 out. 2020.

ZAFFARONI, Eugenio Raúl; SANTOS, Ílison Dias dos. *La nueva crítica criminológica*: criminología en tiempos de totalitarismo financiero. Quito: El Siglo, 2019. (Série Pensamiento Penal Crítico, n. 2)

4

A função da pena à luz da criminalidade de colarinho-branco

Alekssandro Souza Libério[1]

Resumo: O texto pretende repensar as funções da pena para os crimes de colarinho-branco. A discussão se situa no campo da criminologia crítica e analisa, a partir de uma abordagem bibliográfica da literatura criminológica e da teoria da associação diferencial proposta por Edwin H. Sutherland, o caráter da prevenção especial das penas, especialmente quando da execução penal. A análise se concentra em torno do problemático caráter reintegrador das penas e suas implicações práticas referentes aos crimes cometidos pelos detentores de poder econômico. Busca-se, portanto, propor novas reflexões sobre a prevenção geral e a prevenção especial na criminalidade de colarinho-branco, exatamente para discutirmos possibilidades de redução do alcance do direito penal. Num contexto atual de aprofundamento das discussões acerca do direito penal econômico e da macrocriminalidade, o debate endossa as análises imprescindíveis ao desenvolvimento da criminologia enquanto escopo teórico para promoção de uma dogmática penal

---

[1] Mestre em Direito Constitucional pelo Mestrado Interinstitucional (Minter IDP/iCEV). Advogado criminalista. Professor universitário.

mais alinhada com os direitos fundamentais e com o critério da intervenção punitiva mínima.

Palavras-chave: Macrocriminalidade. Colarinho-branco. Reintegração. Execução penal.

INTRODUÇÃO

A partir de uma releitura da teoria da associação diferencial proposta por Edwin Sutherland ainda na década de 1930, associada a uma abordagem das funções da execução penal explicitadas no art. 1º da Lei de Execução Penal brasileira, levanta-se a discussão sobre a problemática que representa o caráter ressocializador da pena, especialmente quanto aos crimes de colarinho-branco.

A pretensão deste texto é repensar a semântica da execução penal quanto aos crimes de colarinho-branco a partir de uma releitura das funções da pena. A discussão se situa no campo da criminologia crítica, e as lições de Alessandro Baratta servem de base para primeiro questionar o caráter preventivo da lei penal, depois a tutela de bens jurídicos pelo Direito Penal, e o caráter igualitário das leis. Da mesma forma, o caminho pavimentado por Eugenio Raúl Zaffaroni nos possibilita uma abordagem do direito penal mínimo no sentido de um poder punitivo situado numa abordagem sociológica da execução penal.

Inicialmente, propõe-se uma releitura da teoria da associação diferencial de Sutherland no intuito de uma análise crítica da estratificação social e suas implicações no campo criminológico, para logo em seguida problematizar as funções da pena durante a execução penal e, por fim, repensar o controle penal dos condenados por crimes de colarinho-branco.

Num contexto atual de aprofundamento das discussões acerca do direito penal econômico e da macrocriminalidade, o debate endossa as análises imprescindíveis ao desenvolvimento da criminologia enquanto escopo teórico para promoção de uma dogmática penal mais alinhada com os direitos fundamentais e com o critério da intervenção punitiva mínima.

1. A MACROCRIMINALIDADE E SELETIVIDADE PENAL NO CONTEXTO DA TEORIA DA ASSOCIAÇÃO DIFERENCIAL

Os debates mais estruturantes da Criminologia até o século XX tinham no crime e no criminoso importantes objetos de análise, de forma que se associavam disciplinas do pensamento biopsicológico e bioantropológico para perseguir a ontologia criminal[2]. Com a inclusão da criminologia no campo das ciências sociais, ou seja, a partir de uma leitura do fenômeno criminal pelos métodos sociológicos, rompe-se com a tradição do positivismo criminal que operava as ciências penais até então.

O método sociológico se apresenta como alternativa à criminologia positivista, e servirá de base para as teorias criminológicas que lhe sucedem. Para Baratta[3], "a teoria funcionalista da anomia se situa na origem de uma profunda revisão crítica da criminologia de orientação biológica e caracteriológica". E, nesse sentido, a análise da estrutura social é o novo campo em que se inserem criminólogos como Edwin H. Sutherland e Robert Merton. Embora seja preciso dizer que o desenvolvimento desse campo de estudo já produzia seus primeiros ensaios sobre sociologia urbana com Enrico Ferri[4], e adiante nos debates desenvolvidos pela chamada Escola de Chicago.

As questões que se levantam por ocasião dessa nova perspectiva de análise vão de encontro com os discursos teóricos da etiolo-

---

[2] Cf. BARATTA, Alessandro. *Criminologia crítica e crítica do direito penal*: introdução à sociologia do direito penal. Trad. Juarez Cirino dos Santos. 6. ed. Rio de Janeiro: Revan, 2019. (Pensamento Criminológico). p. 29; ANDRADE, Vera Regina Pereira de. *A ilusão de segurança jurídica*: do controle da violência à violência do controle penal. Porto Alegre: Livraria do Advogado, 2003. p. 52; VIANA, Eduardo. *Criminologia*. 6. ed. Salvador: JusPodivm, 2018. p. 23; ZAFFARONI, Eugenio Raúl; PIERANGELI, José Henrique. *Manual de direito penal brasileiro*. 9. ed. São Paulo: Revista dos Tribunais, 2011. vol. 1, p. 151.

[3] BARATTA, Alessandro. *Criminologia crítica e crítica do direito penal*, cit., p. 59.

[4] Enrico Ferri, em 1884, publica em Bolonha, na Itália, o livro *Sociologia criminal*.

gia criminal tradicional"que tem por objeto de estudo o criminoso e a criminalidade, concebidos como realidades ontológicas preexistes ao sistema de justiça criminal e explicados pelo método positivista"[5], e que busca nas causas do crime respostas para seu enfrentamento. As referências do padrão criminológico recaíam com acentuada agudeza sobre homens, particularmente pobres, e que ostentassem certos fenótipos. E é nesse cenário publicista dos anos 30 do século XX que Edwin H. Sutherland ousou com sua teoria sobre os crimes cometidos, não pelos tradicionalmente vulneráveis ao sistema, mas pelos poderosos.

Sutherland, ao publicar em 1940 o ensaio *The White Colar Criminal*[6], oferece uma nova chave interpretativa para se entender a criminalidade ao inserir os delitos dos poderosos no debate criminal. A reflexão proposta por Sutherland foi uma das mais importantes do século por"indicar como errôneas, definitivamente, as teorias que até então continuavam falando de genes, de testes de inteligência, de complexos psicológicos, de uma forma ou de outra, de uma anormalidade e inferioridade individual no delinquente"[7].

Nesse sentir, Anitua observa que Sutherland identifica que a criminalidade não é produzida geneticamente, tampouco por problemas de personalidade ou pela pobreza. No caso específico do *White Collar Crimes*, o crime se dá pelo aprendizado que ocorre por intermédio das interações com outras pessoas num processo comunicativo. A teoria das "associações diferenciais" parte do pressuposto de que os indivíduos aprendem modelos e esquemas de comportamento diferentes em cada área cultural diferenciada. Trata-se, sim, de um comportamento aprendido por meio do con-

---

5 SANTOS, Juarez Cirino dos. *Direito penal*: parte geral. 3. ed. Curitiba: ICPC; Lumen Juris, 2008. p. 711.
6 *The White Colar Criminal* foi um discurso proferido por Edwin Hardin Sutherland, em 1939, à Sociedade Americana de Sociologia, e publicado na forma de *paper* no ano seguido (1940).
7 ANITUA, Gabriel Ignácio. *Histórias dos pensamentos criminológicos*. Trad. Sérgio Lamarão. Rio de Janeiro: Revan, 2008. (Pensamento Criminológico). p. 495.

tato diferencial, por intermédio da interação com outras pessoas no processo comunicativo[8].

O ponto sensível da análise de Sutherland é a constatação de que esses delitos integram a forma socialmente admitida de fazer negócios entre determinados grupos[9]. E que, portanto, as classes altas estariam protegidas contra o sistema de justiça. Anitua aponta para possíveis razões, a primeira delas é que a sociedade e as instituições não censuram tais condutas ilegais pelo *status* dos delinquentes e a criação de tribunais especiais para julgá-los, como também pela insensibilidade da sociedade que não compreende as reais consequências desse tipo de crime[10].

A partir desse ponto, é preciso assinalar a seletividade que opera o sistema de justiça criminal quanto aos *crimes de colarinho--branco*. A crítica inicial se situa na própria escolha terminológica. A ideia de que existem crimes de colarinho-branco (que se referem aos crimes dos poderosos) e crimes de colarinho azul (os crimes de rua, pois se referem aos trabalhadores que usam uniformes azuis) denota uma diferenciação social que se reflete até mesmo no tratamento dado pelos criminólogos aos agentes delitivos. Ademais, a crítica se concentra na finalidade da punição dos criminosos que será tratada mais adiante.

Prosseguindo na análise, Sutherland verificava uma situação de anomia, pois, em razão de fatores como velocidade das mudanças, complexidade técnica, invisibilidade e generalidade das vítimas, não era possível elaborar valores ou normas sociais próprias dos grupos[11]. Num diálogo estabelecido entre o sistema de normas e valores recebidos pelo direito penal e aqueles definidos como fundamentais – oriundos ou não de uma consciência social –, Baratta[12], conside-

---

8   Idem, p. 492.
9   Idem, p. 495.
10 Idem, p. 496.
11 Idem, ibidem.
12 BARATTA, Alessandro. *Criminologia crítica e crítica do direito penal*, cit., p. 75-76.

rando a estrutura pluralista e conflitual existente no interior das sociedades modernas, reconhece que há valores comuns e outros específicos de determinados grupos que integram o saber penal, e, assim, esse direito não reflete apenas regras e valores unânimes, mas valores e modelos alternativos, num reconhecimento da relatividade de tais preceitos. Portanto, a construção do delito e do delinquente pela dogmática deve partir de uma análise das estruturas sociais que os condicionam.

A dogmática jurídico-penal brasileira conta com a Lei n. 7.492/86, que define os crimes contra o sistema financeiro, que tem como figuras penais a gestão fraudulenta, fraudes quanto a valores e títulos mobiliários, falsificação e sonegação de informações relativas a operações ou situações financeiras, entre outras práticas delitivas no âmbito dos negócios. Há ainda a Lei n. 9.613/98, que dispõe sobre os crimes de "lavagem" ou ocultação de bens, direitos e valores e prevenção da utilização do sistema financeiro para os ilícitos, mais conhecida no meio jurídico como Lei de *Lavagem de Capitais*. Essa lei penal cria, ainda, o Conselho de Controle de Atividades Financeiras (COAF)[13], cuja finalidade era disciplinar, aplicar penas administrativas, receber, examinar e identificar as ocorrências suspeitas de atividades ilícitas, e que constituía importante instrumento no controle das práticas econômicas dos grandes empresários, investidores e operadores do sistema financeiro.

Toda essa legislação penal que se apresenta num primeiro momento como controle penal da criminalidade econômica vem, anemicamente, dar cabo aos crimes de colarinho-branco que ocorrem no Brasil. Anemicamente, porque somos confrontados com os dados oficiais[14] do cenário prisional brasileiro, que é composto, em grande

---

[13] A Lei n. 13.901, de 11 de novembro de 2019, desestruturou o COAF em razão da política econômica perseguida pelo Presidente da República eleito da época.

[14] Os dados são do Infopen de 2019 (Levantamento Nacional de Informações Penitenciárias) do Departamento Penitenciário Nacional (Depen), cuja finalidade é reunir informações estatísticas do sistema penitenciário brasileiro.

parte, por presos pobres e que praticaram, em sua maioria[15], os chamados crimes de rua. Os crimes contra o sistema financeiro sequer aparecem nas estatísticas oficiais.

Ainda acerca da dogmática, especialmente no campo do Direito Penal Econômico, há que se mencionar que os crimes de colarinho-branco integram a denominada *macrocriminalidade*, que vem a ser, na perspectiva de Hassemer, a criminalidade organizada, que é menos visível que a criminalidade de rua, e constitui-se em um fenômeno cambiante, pois segue as tendências dos mercados nacionais e internacionais de difícil análise isolada, e compreende uma gama de infrações penais sem vítimas imediatas ou com vítimas difusas[16].

A macrocriminalidade ainda se encontra num estado inicial de abordagem jurídica, devido principalmente aos novíssimos discursos das teorias sociológicas da criminologia sobre a temática.

Assim, a estratificação social é o ponto de partida das análises da teoria da associação diferencial. Por ela, a sociedade é entendida como composta por classes sociais, e, nesse sentido, o Direito Penal alcançaria essas classes de forma distinta, algumas mais, outras menos molestadas pelo Poder punitivo.

2. AS FUNÇÕES DAS PENAS PELO DISCURSO OFICIAL

No aspecto estruturante das ciências criminais, somos herdeiros da tradição liberal e iluminista, portanto, o tema das funções do Direito Penal, e, por sua vez, dos delitos e das penas, remete a um discursão que não é nova, que ultrapassa o tempo e as sociedades.

Esses dois objetos centrais da dogmática penal – delitos e penas – permitem muitas abordagens, sobretudo acerca do seu caráter conceitual e proposital, que se constituem em enorme espaço de disputa interpretativa desde os teóricos clássicos do iluminismo até

---

15 Segundo o Infopen de 2019, entre a população prisional masculina, 50,96% dos crimes praticados são contra o patrimônio (furto e roubo).
16 HASSEMER, Winfried. *Três temas de direito penal*. Publicações Fundação Escola Superior do Ministério Público, 1993. p. 66-67.

os mais contemporâneos. Mas, partindo da abordagem ilustrada e humanizadora de Beccaria[17], o certo é que os delitos e as penas devem guardar uma relação de proporcionalidade conforme a dimensão da lesão concreta ao bem jurídico objeto de proteção do direito penal.

Na pretensão de tutelar certos bens jurídicos tidos como fundamentais à sociedade, o Estado criminaliza comportamentos que ameacem ou violem esses objetos de proteção. Assim, para Zaffaroni[18], "podemos dizer provisoriamente que o direito penal (legislação penal) é o conjunto de leis que traduzem normas que pretendem tutelar bens jurídicos, e que determinam o alcance de sua tutela, cuja violação se chama 'delito'". Nesse sentido, a tutela de bens fundamentais à sociedade é o discurso oficial quanto à finalidade das penas[19].

Tratando especificamente do delito e das penas como pressupostos metodológicos fundamentais da lei penal, podemos sublinhar que o propósito geral da punição, dentro da construção político-criminal brasileira, está expressa no art. 59 da codificação penal[20]. Nessa disposição, o legislador informa que o juiz aplicará a pena conforme seja necessário e suficiente para reprovação e prevenção do crime. Quanto mais relevante a lesão ao bem jurídico tutelado pelo direito penal, maior a certeza e necessidade da punição. Aqui reside a ideia do fundamento do direito penal, embora não haja consenso entre os teóricos quanto a esse aspecto.

Existe uma diferença muito profunda de base de pensamento entre as teorias legitimadoras da pena (e, portanto, do direito penal) e as teorias deslegitimadoras que se desenvolvem no campo da crítica à razão punitiva. Sucintamente, em um primeiro plano, temos as teorias legitimadoras absolutas de Kant e Hegel, as relativas de

---

17   BECCARIA, Cesare. *Dos delitos e das penas*. 6. ed. São Paulo: Martin Claret, 2014. p. 63.
18   ZAFFARONI, Eugenio Raúl; PIERANGELI, J. Henrique. *Manual de direito penal brasileiro*, cit., p. 83-84.
19   SANTOS, Juarez Cirino dos. *Direito penal*: parte geral. 8. ed. Florianópolis: Tirant lo Blanch, 2018. p. 5.
20   O art. 59 do CP brasileiro (1940) vigente nos informa as circunstâncias judiciais do crime.

Feuerbach, Jakobs e Liszt, e a eclética de Roxin e Ferrajoli. Em um segundo plano, as teorias deslegitimadoras, que vão do minimalismo penal de Zaffaroni e Baratta, ao abolicionismo penal de Hulsmann[21].

Contudo, o desenvolvimento de toda uma engenhosa e detalhista teoria do delito e um processo penal de cunho garantista é posto em xeque se, na realidade, for utilizada para punir comportamentos de mínima lesão concreta aos interesses sociais fundamentais[22]. Isso porque "o direito penal é desnecessário quando se pode garantir a segurança e a paz jurídica através do direito civil, de uma proibição de direito administrativo ou de medidas preventivas extrajurídicas"[23]. Por outro lado, a utilização do Direito Penal para punir condutas que lesem gravemente bens jurídicos protegidos apresenta um elemento significativo de fundamentação. Mas não é só a fundamentação que reclama a atenção dos juristas, os limites do Direito Penal são tão importantes quanto qualquer defesa do seu uso.

Os danos causados pelos crimes de colarinho-branco, na interpretação de Sutherland, são muito superiores aos crimes comumente abordados pelo Direito Penal, especialmente no Brasil, embora, para esse autor, os danos às relações sociais ainda sejam mais significativos que os financeiros, pois violam a confiança social e desembocam numa desorganização em larga escala[24].

Embora a construção do modelo atual de ciências penais integradas[25] traga pressupostos dogmáticos precisos para a análise do

---

21 QUEIROZ, Paulo. *Direito penal*: parte geral. 4. ed. Rio de Janeiro: Lumen Juris, 2008. p. 83-102.
22 ROXIN, Claus. *Estudos de direito penal*. Trad. Luis Greco. Rio de Janeiro: Renovar, 2006. p. 31.
23 Idem, p. 33.
24 SUTHERLAND, Edwin. Criminalidade de colarinho-branco. In: FRANÇA, Leandro Ayres (coord.). *Colarinho-branco*: reflexões sobre a discussão original (1940-1960). Porto Alegre: Canal Ciências Criminais, 2020. p. 14-15.
25 BARATTA, Alessandro. La política criminal y el derecho penal de la Constitución: nuevas reflexiones sobre el modelo integrado de las ciencias penales. *Revista Brasileira de Ciências Criminais*, São Paulo, v. 29, p. 27-52, mar. 2000. Trimestral.

delito, as operações do sistema se apresentam de forma seletiva, conforme estudos empíricos desenvolvidos por diversos teóricos e instituições que mapeiam o sistema de justiça criminal[26]. Nesse sentido, esse sistema sai em busca de sujeitos que apresentam comportamentos desviantes, "pessoas consideradas engajadas numa espécie de negação coletiva da ordem social, elas representam defeitos nos esquemas motivacionais da sociedade"[27] e que, portanto, ensejam a intervenção penal como forma de assegurar a paz social.

A seletividade, fundada na estratificação social, ocorre em todos os processos de criminalização. Quanto à criminalização primária, os valores perseguidos e expressos nas normas penais abstratas refletem precipuamente a cultura burguesa-individualista, com a consequente censura aos desvios típicos das camadas mais baixas da sociedade. Ainda do ponto de vista normativo, os crimes de colarinho-branco parecem revestir-se de maior imunidade. Na criminalização secundária predominam os critérios seletivos do preconceito e estereótipos quando da aplicação das normas penais, para então desaguar no etiquetamento sofrido de forma mais evidente pelos marginalizados na fase da criminalização terciária[28].

Nos processos de criminalização dos marginalizados, há evidente sonegação de direitos[29] quando se analisam os gêneros, as

---

26 Ver BARATTA, Alessandro. Direitos humanos: entre a violência estrutural e a violência penal. *Fascículo de Ciências Penais*, Porto Alegre, v. 6, n. 2, p. 44-61, abr.-maio-jun. 1993; BRANDÃO, Cláudio. Poder e seletividade: os processos de criminalização na América Latina e os seus impactos na crise do discurso penal *power and selectivity*. *Caderno de Relações Internacionais*, Faculdade Damas da Instrução Cristã, [s.l.], v. 10, n. 18, p. 297-319, set. 2019; HASSEMER, Winfried. Ressocialização e Estado de Direito. *Revista de Estudos Criminais*, Porto Alegre, v. 6, n. 21, p. 9-13, jan.-mar. 2006.

27 GOFFMAN, Erving. *Estigma*: notas sobre a manipulação da identidade deteriorada. 4. ed. Rio de Janeiro: LCT, 1988. p. 121.

28 BARATTA, Alessandro. *Criminologia crítica e crítica do direito penal*, cit., p. 176.

29 ALVES, Enedina do Amparo. *Rés negras judiciário branco: uma análise da interseccionalidade de gênero, raça e classe na produção de punição em uma prisão paulista*. 2015. 149f. Dissertação (Mestrado) – Curso de Ciências Sociais, Pontifícia Universidade Católica de São Paulo, São Paulo, 2015.

raças e as classes que compõem o mundo carcerário brasileiro. Além disso, há erosão de garantias fundamentais, notadamente, violadoras de Direitos Humanos. Nesse aspecto, a ADPF 347 do Supremo Tribunal Federal[30] reconheceu o estado de coisas inconstitucional do sistema carcerário brasileiro, numa evidente demonstração jurídica das graves e sistemáticas corrosões dos direitos humanos da população carcerária. Por outro lado, o direito processual penal garantista se revela eficiente quanto aos grupos sociais privilegiados, posto que na atuação da justiça criminal há poucos relatos de graves violações a direitos de sujeitos pertencentes às classes sociais mais privilegiadas quando são molestados pelo Direito Penal.

A promoção dos crimes de rua pela grande mídia na busca pelos índices lucrativos traz uma sensação social de que somente esses delitos e os marginalizados são delinquentes[31], ao passo que os delitos praticados por setores econômicos da sociedade não ganham o mesmo espaço midiático, e, nesse contexto, o estereótipo (*labelling approach*) recai de forma desproporcional nas camadas populares violadoras das normas penais.

Diante de todo esse cenário é que o direito penal desce ao plano do simbólico, posto que, a pretexto de combater a criminalidade, acaba atuando de forma seletiva nas situações concretas, e, por essa razão, algumas teorias deslegitimam o direito penal e clamam por sua abolição[32].

Portanto, o que se apresenta a nós é que "muitos sociólogos estão bem familiarizados com o crime, mas não acostumados a considerá-lo como manifesto nos negócios"[33], daí resulta o ocultamento dos delitos praticados pelos homens de negócios. Isso reflete na dissociação do discurso oficial da reprovação com o caso

---

30   Disponível em: http://portal.stf.jus.br/processos/detalhe.asp?incidente =4783560. Acesso em: 2 ago. 2020.
31   ZAFFARONI, Eugenio Raúl; BATISTA, Nilo. *Direito penal brasileiro I*. 4. ed. Rio de Janeiro: Revan, 2011. p. 47.
32   BARATTA, Alessandro. *Criminologia crítica e crítica do direito* penal, cit., p. 205.
33   SUTHERLAND, Edwin. Criminalidade de colarinho-branco, cit., p. 11.

concreto. A redução da criminalidade aos sujeitos pertencentes às camadas mais baixas da sociedade é o principal objeto de crítica da nova abordagem de Sutherland. "Era nessa redução que as explicações baseadas na pobreza ou em problemas de personalidade e, no final das contas, todo o positivismo criminológico, falhavam"[34]. Por isso, a legislação penal se apresenta atuando de forma desigual na nossa sociedade.

Ainda, quanto ao aspecto reintegrador da pena, ou seja, a prevenção especial positiva, podemos verificar que algumas lacunas se revelam quanto a essa função da pena no que diz respeito aos crimes de colarinho-branco.

Sobre esse campo de discussão, qual seja, a prevenção especial, tivemos embate teórico a partir das teorias do correcionalismo espanhol, especialmente de Dorado Montero; da escola positiva italiana da tríade criminológica Lombroso, Ferri e Garófalo; na escola alemã o exponente mais influente, Franz von Liszt; sem deixar de mencionar a corrente da defesa social encabeçada por Gramatica e Ancel[35]. Para essas correntes, que não apresentam uma unanimidade teórica, o poder punitivo deveria intervir no criminoso para transformá-lo em cidadão de bem, promovendo uma ressocialização durante a execução penal. Aliás, ressalta Mir Puig que a prevenção especial opera na imposição e execução da pena, e não na cominação legal do crime[36].

No Brasil, a reintegração ocorre a partir da execução de diversas medidas durante o cumprimento da pena de prisão. Inicialmente, a inclusão obrigatória[37] do preso em trabalhos internos ou externos, como forma de avaliar a sua disciplina na execução do trabalho, sob

---

34 ANITUA, Gabriel Ignácio. *Histórias dos pensamentos criminológicos*, cit., p. 490.
35 MIR PUIG, Santiago. *Derecho penal*: parte general. 10. ed. Barcelona: Reppertor, 2016. p. 91.
36 Idem, ibidem.
37 Lei n. 7.210/84 (Lei de Execução Penal), art. 31.

pena de incorrer em infrações e sofrer punição.[38] Além disso, a Lei de Execução Penal esclarece que o trabalho se justifica como dever social e condição de dignidade humana, e terá finalidade educativa e produtiva[39].

A progressão de regime constitui outro elemento no processo de reintegração social do condenado. Por meio dela, o condenado vai deixando os regimes de cumprimento de pena mais gravosos à medida que cumpre os requisitos objetivo (tempo) e subjetivo (comportamento)[40] para sua concessão.

A inclusão do preso em programas de educação, conforme prevê a Lei de Execução Penal, se mostra outro fator de reintegração social. Por meio dela o condenado pode remir o tempo de pena conforme demonstre que esteja estudando[41]. Esses e outros meios são os dispostos pela lei como efetivos instrumentos de reintegração social.

Retomando a ideia de Sutherland, o criminoso de colarinho-branco, em geral, é homem, branco, de classe social privilegiada e detentor de capital. Esses sujeitos possuem acesso a educação, trabalho e todos os serviços e produtos de que necessitam para uma vida digna. Nesse sentido, a prevenção especial positiva perde, em tese, o sentido semântico de reintegração social.

3. O CONTROLE PENAL DOS PODEROSOS A PARTIR DA EXECUÇÃO DAS PENAS

A propósito de trazer a análise da criminalização das práticas ilícitas de colarinho-branco para o campo da execução penal, numa perspectiva das funções do direito penal acerca desses delitos, a questão que se levanta é qual seria a fundamentação para se punir os poderosos, tendo em vista que a função das penas seria reintegrar o condenado como forma de prevenir a prática de novos delitos?

---

38   Lei n. 7.210/84 (Lei de Execução Penal), art. 50, IV.
39   Lei n. 7.210/84 (Lei de Execução Penal), art. 28.
40   Lei n. 7.210/84 (Lei de Execução Penal), art. 112.
41   Lei n. 7.210/84 (Lei de Execução Penal), art. 126.

Inicialmente, é bastante esclarecedor mencionar que o art. 1º da Lei de Execução Penal brasileira normatiza que "a execução penal tem por objetivo efetivar as disposições de sentença ou decisão criminal e proporcionar condições para a harmônica integração social do condenado e do internado"[42]. O ponto de questionamento desse estudo se refere à finalidade da execução penal em "proporcionar condições para a harmônica integração social do condenado"[43].

O criminoso de colarinho-branco é descrito por Sutherland como sendo "respeitáveis homens profissionais e de negócios, ou pelo menos respeitados"[44]. Esse sujeito geralmente é homem, de meia-idade, proveniente de família respeitável, comumente bem integrado à sociedade, ou seja, não é marginal, tem bons empregos, bom nível de escolaridade, além de ter passado pelo filtro das instituições de controle social informal, como família, escola, religião, compartilha dos valores mais tradicionais da sociedade, enfim, um cidadão em pleno gozo de todos os direitos e garantias fundamentais.

Se as condições de marginalização são requisitos para delinquência, como quiseram fazer acreditar as teorias antecessoras, por que os homens de negócio cometeriam crimes? Essa indagação foi objeto de uma série de estudos após o estudo de Sutherland[45] e nos direciona a uma série de outras questões. Mas o ponto a ser desenvolvido neste debate é: se a função da pena é reintegrar o condenado à sociedade, qual seria o propósito de se reintegrar um sujeito que ostenta as mencionadas qualificações de um homem de negócio? Assim também nos provoca inquietação onde e como reintegrar. A reintegração nessas circunstâncias nos convida a refletir sobre uma nova semântica penal.

---

42 BRASIL. *Lei de Execução Penal n. 7.210, de 11 de julho de 1984*. Institui a Lei de Execução Penal. Presidência da República Casa Civil Subchefia para Assuntos Jurídicos. Brasília, DF, 11 jul. 1984. Disponível em: http://www.planalto.gov.br/ccivil_03/leis/l7210.htm. Acesso em: 3 ago. 2020.
43 Idem, ibidem.
44 SUTHERLAND, Edwin. Criminalidade de colarinho-branco, cit.
45 LANE, Robert E. Por que homens de negócio violam a lei? In: SUTHERLAND, Edwin. Criminalidade de colarinho-branco, cit., p. 128-143.

Inicialmente, para propormos qualquer resposta à questão é necessário se reportar ao quesito conceitual de reintegração, ou ressocialização. O conteúdo que dá sentido ao termo reintegração não é unívoco, nem plurívoco, mas análogo. Na literatura criminológica, há quem entenda que "o pensamento ressocializador carece de fundamento filosófico e ideológico unitário"[46], e, dessa maneira, impede um controle racional e crítico do seu conteúdo.

Não há monopólio do discurso sobre o sentido de reintegração, mas povoa a literatura penal brasileira argumento de que a reintegração "compreende a assistência e ajuda na obtenção dos meios capazes de permitir o retorno do apenado e do internado ao meio social em condições favoráveis para sua integração"[47].

Enquanto o discurso oficial é de que o condenado e internado deverá cumprir a pena na perspectiva de se reintegrar à sociedade da qual é excluído, a realidade desponta divergente. No sistema carcerário, o condenado sofre um processo negativo de socialização, em primeiro lugar porque é desaculturado, que, segundo Baratta, consiste na desadaptação às condições para a vida em liberdade, passando pela perda do senso de responsabilidades, até a redução do senso de realidade do mundo externo. Em segundo lugar, porque sofre com a aculturação, visto que é imerso na subcultura carcerária, em que atitudes, comportamentos e valores são inversamente proporcionais às chances de reintegração social[48].

A prevenção especial positiva (ressocialização/reintegração) é aquilo que Foucault chama de ortopedia moral[49] essencialmente representado pela correção, reeducação e cura dos criminosos. A

---

46 MOLINA, Antonio García-Pablos de; GOMES, Luiz Flávio. *Criminologia*. 5. ed. São Paulo: Revista dos Tribunais, 2006. p. 370.
47 MIRABETE, Julio Fabbrini. *Execução penal*. 11. ed. São Paulo: Atlas, 2007. p. 28.
48 BARATTA, Alessandro. *Criminologia crítica e crítica do direito penal*, cit., p. 184-185.
49 FOUCAULT, Michel. *Vigiar e punir*: o nascimento das prisões. 42. ed. Petrópolis: Vozes, 2014. p. 15.

crítica que se levanta é no sentido de questionar o direito do Estado em melhorar pessoas segundo critérios morais próprios, ou melhor, prender para melhoria terapêutica[50].

Sem adentrar na discussão de que prisões não são os melhores locais para desenvolver políticas públicas de reintegração social, é importante dizer que medidas ressocializadoras, como as previstas na Lei de Execução Penal, que em alguma medida propõem "condições melhores" de inserção do condenado por meio do trabalho e da educação, carecem de sentido quando se trata do condenado por crime de colarinho-branco, justamente em razão de esses homens de negócios já possuírem as "melhores condições de vida" que uma sociedade capitalista nos moldes brasileiros pode ostentar. Os comportamentos desses sujeitos são vistos como "bem-sucedidos" e objeto de ambição social. Por tudo isso, os comportamentos aprendidos no cárcere não surtirão os efeitos desejados de reintegrar, posto que tais sujeitos já são muito bem integrados, embora violadores de normas, e correm sério risco de entrar numa subcultura do cárcere na qual habitam comportamentos nada desejosos para uma ordem social.

Para ostentar um "bom comportamento" carcerário e receber os benefícios que daí decorrem (progressão de regime, visita, remissão, livramento condicional, autorização de saídas etc.), o condenado precisa trabalhar e/ou estudar. A disciplina é a principal característica do bom comportamento carcerário. Todavia, em se tratando do condenado com perfil de criminoso de colarinho-branco, em que consiste a aplicação de tais medidas, posto que, como já mencionado, referidos criminosos são detentores de características tais que os afastam da marginalização social, laboral, educacional, moral etc.?

O desenvolvimento da teoria da associação diferencial por Sutherland trouxe o argumento de que o crime é aprendido a partir das práticas comuns a certos grupos. Nas próprias palavras de Sutherland, "é aprendida em associação direta ou indireta com aqueles que já praticaram o comportamento"[51].

---

50   SANTOS, Juarez Cirino dos. *Direito penal*, cit., p. 453.
51   SUTHERLAND, Edwin. Criminalidade de colarinho-branco, cit., p. 20.

Se o crime é aprendido, e o condenado por colarinho-branco é inserido no cárcere para convivência enclausurada e ociosa com os demais condenados, por uma lógica dedutiva, é possível afirmar que terá chances significativas de aprender sobre outros delitos a partir do convívio com os demais presos. Isso pode se dar em um contexto de sobrevivência interna, ou sob a necessidade de obedecer às ordens superiores. A institucionalização do condenado o submete a novas regras e valores que, *a priori*, são incompatíveis com métodos de socialização. E, seguindo o raciocínio de Sutherland, "aqueles que aprendem esse comportamento criminoso são segregados de contatos frequentes e íntimos com o comportamento obediente à lei"[52].

Se as propostas de reintegração apresentam sérias dificuldades de implementação aos condenados marginalizados, o pretenso objetivo se constitui um *mito* em face dos condenados de colarinho--branco[53].

Dentro de uma perspectiva pluralista de sociedade, vale mencionar Ferrajoli, que, se valendo de uma análise garantista do direito, afirma que a recuperação ou reintegração de indivíduos adultos fere os princípios fundamentais do Estado Democrático de Direito especialmente quanto às diversidades e à tolerância[54]. É preciso entender o caráter social do homem e suas esferas de convivência, para, a partir disso, propor mecanismos reais de controle, sob pena de instrumentos de controle de um grupo não surtirem efeitos desejados em outro. Nesse sentido, Miguel Reale sugere o abandono do mito da ressocialização, argumentando que o delito é obra de um conjunto de circunstâncias, não apenas do condenado[55].

---

52 Idem, ibidem.
53 SÁ, Alvino Augusto de. A reintegração social dos encarcerados: construção de um diálogo em meio às contradições. *Boletim IBCCRIM*, São Paulo, p. 7-8, 2011.
54 FERRAJOLI, Luigi. *Razão e direito*: uma teoria do garantismo penal. 2. ed. São Paulo: Revista dos Tribunais, 2006. p. 254.
55 REALE JÚNIOR, Miguel. *Instituições de direito penal*. 2. ed. São Paulo: Forense, 2004. v. 2, p. 11.

É importante esclarecer aqui que a pretensão dessas reflexões não é advogar que se deixe de punir aqueles que violam as leis, sobretudo as penais, mas sim repensar o caráter reintegrador/ressocializador das penas quanto aos crimes de colarinho-branco. Ao que parece, quanto às teorias da pena, a única função que assume a punição nesses tipos de crime é o seu caráter retributivo, posto que a reintegração dos criminosos de colarinho-branco não encontra conteúdo normativo suficientemente claro de como implementar medidas nesse sentido. É preciso, pois, repensar a execução das penas, notadamente a reintegração social, quanto aos crimes de colarinho-branco, especialmente pelo avanço que o direito penal econômico logrou a esse respeito nos últimos anos.

CONSIDERAÇÕES FINAIS

A título conclusivo aos argumentos expostos, a função de reintegração social de que se revestem as penas no Brasil parece estar vazia de sentido quando da sua execução em face dos crimes de colarinho-branco. Isso porque, conforme o perfil do criminoso desenvolvido por Sutherland, a reintegração social típica praticada no Brasil perde sua estruturação lógica, posto que esses sujeitos já possuem as melhores condições de vida social e demonstram uma integração social evidente.

Mesmo reconhecendo que a principal contribuição de Sutherland tenha sido trazer argumentos que invalidassem a associação entre pobreza/marginalização e crime, é preciso pensar também nos efeitos práticos do reconhecimento de crimes praticados por detentores de poder econômico, especialmente no campo das finalidades da punição.

A questão aqui levantada propõe alargar as questões acerca do papel do poder punitivo nos crimes de grandes danos sociais e que são praticados por sujeitos de colarinho-branco. Além disso, alargar o debate acerca do propósito punitivo atinente à prevenção a novos crimes, ou seja, a prevenção geral e especial. Esse alargamento é necessário para que, dentro de uma perspectiva de estancar o populismo punitivo típico do nosso tempo, se inicie o processo de redução da intervenção penal, até redundar numa sociedade efetivamente livre e harmônica, nos exatos termos constitucionais.

REFERÊNCIAS

ALVES, Enedina do Amparo. *Rés negras judiciário branco: uma análise da interseccionalidade de gênero, raça e classe na produção de punição em uma prisão paulista*. 2015. 149f. Dissertação (Mestrado) – Curso de Ciências Sociais, Pontifícia Universidade Católica de São Paulo, São Paulo, 2015.

ANDRADE, Vera Regina Pereira de. *A ilusão de segurança jurídica*: do controle da violência à violência do controle penal. Porto Alegre: Livraria do Advogado, 2003.

ANITUA, Gabriel Ignácio. *Histórias dos pensamentos criminológicos*. Trad. Sérgio Lamarão. Rio de Janeiro: Revan, 2008. (Pensamento Criminológico)

BARATTA, Alessandro. *Criminologia crítica e crítica do direito penal*: introdução à sociologia do direito penal. Trad. Juarez Cirino dos Santos. 6. ed. Rio de Janeiro: Revan, 2019. p. 29. (Pensamento Criminológico)

BARATTA, Alessandro. Direitos humanos: entre a violência estrutural e a violência penal. *Fascículo de Ciências Penais*, Porto Alegre, v. 6, n. 2, p. 44-61, abr.-maio-jun. 1993.

BARATTA, Alessandro. La política criminal y el derecho penal de la Constitución: nuevas reflexiones sobre el modelo integrado de las ciencias penales. *Revista Brasileira de Ciências Criminais*, São Paulo, v. 29, p. 27-52, mar. 2000. Trimestral.

BECCARIA, Cesare. *Dos delitos e das penas*. 6. ed. São Paulo: Martin Claret, 2014.

BRANDÃO, Cláudio. Poder e seletividade: os processos de criminalização na América Latina e os seus impactos na crise do discurso penal *power and selectivity*. *Caderno de Relações Internacionais*, Faculdade Damas da Instrução Cristã, [s.l.], v. 10, n. 18, p. 297-319, set. 2019.

BRASIL. *Lei de Execução Penal n. 7.210, de 11 de julho de 1984.* Institui a Lei de Execução Penal. Presidência da República Casa Civil Subchefia para Assuntos Jurídicos. Brasília, DF, 11 jul. 1984. Disponível em: http://www.planalto.gov.br/ccivil_03/leis/l7210.htm. Acesso em: 3 ago. 2020.

FERRAJOLI, Luigi. *Razão e direito*: uma teoria do garantismo penal. 2. ed. São Paulo: Revista dos Tribunais, 2006.

FOUCAULT, Michel. *Vigiar e punir*: o nascimento das prisões. 42. ed. Petrópolis: Vozes, 2014.

GOFFMAN, Erving. *Estigma*: notas sobre a manipulação da identidade deteriorada. 4. ed. Rio de Janeiro: LCT, 1988.

HASSEMER, Winfried. Ressocialização e Estado de Direito. *Revista de Estudos Criminais*, Porto Alegre, v. 6, n. 21, p. 9-13, jan.-mar. 2006.

HASSEMER, Winfried. *Três temas de direito penal*. Publicações Fundação Escola Superior do Ministério Público, 1993.

MIR PUIG, Santiago. *Derecho penal*: parte general. 10. ed. Barcelona: Reppertor, 2016.

MIRABETE, Julio Fabbrini. *Execução penal*. 11. ed. São Paulo: Atlas, 2007.

MOLINA, Antonio García-Pablos de; GOMES, Luiz Flávio. *Criminologia*. 5. ed. São Paulo: Revista dos Tribunais, 2006.

QUEIROZ, Paulo. *Direito penal*: parte geral. 4. ed. Rio de Janeiro: Lumen Juris, 2008.

REALE JÚNIOR, Miguel. *Instituições de direito penal*. 2. ed. São Paulo: Forense, 2004. v. 2.

ROXIN, Claus. *Estudos de direito penal*. Trad. Luis Greco. Rio de Janeiro: Renovar, 2006.

SÁ, Alvino Augusto de. A reintegração social dos encarcerados: construção de um diálogo em meio às contradições. *Boletim IBCCRIM*, São Paulo, p. 7-8, 2011.

SANTOS, Juarez Cirino dos. *Direito penal*: parte geral. 3. ed. Curitiba: ICPC; Lumen Juris, 2008.

SANTOS, Juarez Cirino dos. *Direito penal*: parte geral. 8. ed. Florianópolis: Tirant lo Blanch, 2018.

SUTHERLAND, Edwin. Criminalidade de colarinho-branco. In: FRANÇA, Leandro Ayres (coord.). *Colarinho-branco*: reflexões sobre a discussão original (1940-1960). Porto Alegre: Canal Ciências Criminais, 2020.

VIANA, Eduardo. *Criminologia*. 6. ed. Salvador: JusPodivm, 2018.

ZAFFARONI, Eugenio Raúl; BATISTA, Nilo. *Direito penal brasileiro I*. 4. ed. Rio de Janeiro: Revan, 2011.

ZAFFARONI, Eugenio Raúl; PIERANGELI, José Henrique. *Manual de direito penal brasileiro*. 9. ed. São Paulo: Revista dos Tribunais, 2011. vol. 1.